Iranienne
et libre

Shirin Ebadi

PRIX NOBEL DE LA PAIX

Avec la collaboration d'Azadeh Moaveni

Iranienne et libre

Mon combat pour la justice

TRADUIT DE L'ANGLAIS
PAR LAURE MANCEAU

Boréal

C ET OUVRAGE est un document. Certains noms et détails ont été modifiés. Les conversations ont été reconstituées à partir des souvenirs de l'auteur – Une partie des droits d'auteurs de ce livre sera versée à une organisation caritative.

L'édition originale de cet ouvrage a été publiée par Random House en 2006 sous le titre *Iran Awakening : A Memoir of Revolution and Hope.*

Photo de la couverture: Khaligh Ali/UPI. Gamma/Ponopresse

© Shirin Ebadi 2006
© Les Éditions du Boréal 2006 pour l'édition française au Canada
© Les Éditions La Découverte 2006 pour l'édition française dans le reste du monde
Dépôt légal : 2ᵉ trimestre 2006
Bibliothèque et Archives nationales du Québec

Diffusion au Canada : Dimedia

Catalogage avant publication de Bibliothèque et Archives Canada
Ebadi, Shirin

    Iranienne et libre : mon combat pour la justice
    Autobiographie.
    Traduction de : Iran awakening.

    ISBN 2-7646-0448-3

    1. Ebadi, Shirin. 2. Femmes – Iran – Conditions sociales. 3. Iran – Politique et gouvernement – 1979-1997. 4. Iran – Politique et gouvernement – 1997- . 5. Femmes défenseurs des droits de l'homme – Iran – Biographies. 6. Avocates – Iran – Biographies. I. Moaveni, Azadeh, 1976- . II. Titre.

DS318.84.E22A3   2006b   323.092   C2006-940689-8

À LA MÉMOIRE
DE MA MÈRE ET DE MA SŒUR AÎNÉE, MINA
TOUTES DEUX DÉCÉDÉES
AU COURS DE L'ÉCRITURE
DE CE LIVRE.

Ce sont les heures mélancoliques que je chéris,
Celles où une ville de lumière s'élève des ruines ivres de
mon esprit.
Dans ces moments où je me fais aussi muet que la terre,
L'on m'entend rugir et gronder dans tout l'univers.

Mowlana Jalaleddin Rumi

J'en jure par l'heure de l'après-midi,
L'homme travaille à sa perte.
Tu en excepteras ceux qui croient et pratiquent les bonnes
œuvres, qui recommandent aux autres la vérité et la
patience.

Coran, sourate 103

À L'AUTOMNE 2000, presque dix ans après mes débuts d'avocate dans les tribunaux d'Iran, j'ai vécu les dix jours les plus atroces de toute ma carrière. Les affaires dont je m'occupais – enfants battus, femmes victimes de mauvais traitements conjugaux, prisonniers politiques – m'amenaient à côtoyer chaque jour la cruauté humaine, mais le cas en question était autrement plus sensible. Le gouvernement venait de reconnaître sa part de responsabilité dans la série de meurtres prémédités qui avaient coûté la vie à des dizaines d'intellectuels à la fin des années 1990. Certains avaient été étranglés dans la rue, d'autres tués à coups de couteau chez eux. Je représentais la famille de deux des victimes, et j'attendais avec impatience d'avoir accès à l'enquête des magistrats.

Mais le juge n'avait accordé qu'une dizaine de jours aux avocats des victimes pour lire la totalité du dossier. Ces précieuses journées seraient notre seule porte ouverte sur les conclusions de l'enquête, notre unique chance de dénicher des preuves afin de préparer nos plaidoiries. Enquête désordonnée, tentatives de dissimuler le rôle de l'État, suicide mystérieux en prison d'un des principaux suspects... tout concourait à entraver la reconstitution précise des faits, depuis les fatwas ordonnant les meurtres jusqu'à leur mise à exécution. Les enjeux étaient on ne peut plus importants : c'était la première fois dans l'histoire de la République islamique que l'État reconnaissait avoir fait assassiner ses détracteurs, et la première fois que les coupables auraient à répondre de leurs actes devant la justice. Le gouvernement avait reconnu qu'un groupe proche du ministère des Renseignements était responsable de ces meurtres, mais aucun procès n'avait encore eu lieu. Quand le grand jour arriva enfin, c'est avec une appréhension mêlée de détermination que nous sommes arrivés au Palais de justice.

Là nous attendaient des piles et des piles de dossiers, qui toutes nous dépassaient d'une tête. Face à un tel volume, nous avons vite compris qu'il faudrait nous partager la tâche, donc, excepté pour l'un d'entre nous, les lire dans le désordre. Par déférence, les autres avocats me permirent de commencer par le début : chaque nouvelle page que je tournais était vierge de tout examen.

Le soleil filtrait à travers les vitres encrassées et déclinait bien trop vite, tandis que, voûtés au-dessus d'une unique petite table, nous épluchions les dossiers. On n'entendait que le bruissement du papier et, de temps à autre, le bruit sourd de ma chaise bancale sur le parquet. Les passages clés et les transcriptions des interro-gatoires des accusés étaient éparpillés çà et là, noyés dans toute cette paperasse. Les documents laissaient deviner la brutalité des assassins ; un passage notamment relatait la violence et le plaisir évident avec lesquels un des meurtriers avait crié « *Ya Zahra* » à chaque coup de couteau, en hommage à la fille du Prophète Mahomet. Dans la pièce d'à côté, les avocats de la défense lisaient d'autres parties de l'enquête, et il était impossible de ne pas sentir, à travers le mur, la présence de ces hommes qui défendaient ceux qui avaient tué au nom de Dieu. Pour la plupart, les accusés étaient de petits fonctionnaires du ministère des Renseignements, des sous-fifres agissant pour le compte de représentants plus haut placés.

Vers midi, le courage commençait à nous manquer, et l'un des avocats demanda au jeune soldat posté dans le couloir de nous apporter du thé. Le plateau arriva et chacun reprit sa lecture. J'avais atteint une section plus intéressante que les pages précédentes et ralentis ma lecture pour en saisir tous les détails. C'était la retrans-cription d'une conversation entre un ministre du gouvernement et un membre de l'escadron de la mort. Lorsque mon regard se posa pour la première fois sur la phrase qui me hanterait pendant des années, je crus avoir mal lu. Je clignai des yeux, mais les mots étaient bien là, noir sur blanc : « La prochaine personne à éliminer s'appelle Shirin Ebadi. »

Ma gorge se noua. Je relus la phrase, encore et encore, jusqu'à ce que ma vue se brouille. La seule autre femme dans la pièce, Parastou Forouhar, dont les parents avaient été les premiers à être exécutés – poignardés et sauvagement mutilés dans leur maison de Téhéran en pleine nuit –, était assise à côté de moi. Je la poussai du coude en désignant la page. Elle pencha sa tête voilée et la parcourut depuis le début. « Tu as lu ? Tu as lu ? » ne cessait-elle de murmurer. Elle continua à lire avec moi. Mon « aspirant meurtrier » s'était rendu au ministère des Renseignements pour demander l'autorisation de mener à bien mon exécution. « Pas pendant le mois de Ramadan, avait répondu le ministre. — Mais ils ne jeûnent pas, avait répliqué le mercenaire, ces gens-là ont rompu avec Dieu. » C'était par cet argument – les intellectuels et moi-même avions abandonné Dieu – qu'ils justifiaient leurs assassinats. Un devoir religieux, en somme. Dans la sinistre terminologie de ceux qui interprètent l'Islam avec violence, notre sang était *halal*, c'est-à-dire que Dieu permettait qu'on le fasse couler.

Au même moment, la porte s'ouvrit. Encore du thé, des tasses de breuvage insipide mais qui nous gardait éveillés. J'essayais de me distraire en classant quelques papiers, mais cette phrase bour-donnait dans ma tête. Je n'avais pas peur. Je n'étais pas non plus en colère. Je me souviens surtout d'avoir été submergée par un sentiment d'incrédulité. Pourquoi me haïssent-ils autant ? Qu'ai-je fait pour susciter une telle haine ? Comment me suis-je fait de tels ennemis, si avides de faire couler mon sang qu'ils ne peuvent attendre la fin du Ramadan ?

Nous n'avons pas interrompu notre travail ; l'heure n'était pas à l'indignation, ni à l'apitoiement. Nous ne pouvions pas nous permettre de perdre une seule seconde du précieux temps qu'on nous avait accordé. Alors, tout en sirotant mon thé, je repris ma lecture, bien que mes doigts, comme paralysés, aient eu du mal à tourner les pages. Vers deux heures, nous quittions le Palais de justice, et ce n'est qu'une fois dehors, dans la cour, que je partageai la nouvelle avec les autres avocats. « *Alhamdolellah* », murmurèrent plusieurs d'entre eux, « grâce à Dieu ». À la différence des victimes dont nous représentions les familles, j'avais échappé à la mort.

Dans les rues de Téhéran résonnait la joyeuse cacophonie du trafic, les larges avenues étant envahies à cette heure de la journée par de vieilles voitures asthmatiques. Je rentrai chez moi en taxi, bercée par le ronron de l'antique Paykan. Une fois arrivée, je me dépêchai d'ôter mes vêtements et me précipitai sous la douche. Pendant plus d'une heure, je restai sous le jet d'eau fraîche pour me débarrasser de la crasse de tous ces dossiers, logée sous mes ongles et jusque dans mon esprit. Ce n'est qu'après dîner, une fois mes filles au lit, que je décidai de parler à mon mari. « Tu sais, lui dis-je, il m'est arrivé une drôle d'histoire au travail aujourd'hui... »

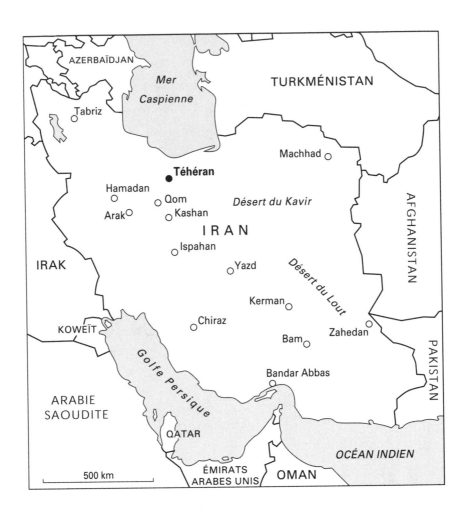

CHAPITRE PREMIER

Une enfance
à Téhéran

MA GRAND-MÈRE, qui n'avait pour ses petits-enfants que paroles tendres et affectueuses, éleva la voix pour la première fois le 19 août 1953. Nous étions en train de jouer dans un coin du salon lorsque soudain elle se tourna vers nous, le visage sévère, et nous demanda d'arrêter notre raffut. C'était l'année avant que j'entre à l'école primaire, et nous passions l'été dans la maison de campagne de mon père aux environs d'Hamadan, une ville du centre-ouest de l'Iran, région où mes parents avaient grandi. Ma grand-mère aussi possédait une propriété non loin de là, et les petits-enfants s'y retrouvaient tous les étés ; on passait notre temps à jouer à cache-cache dans le verger et on rentrait au coucher du soleil pour se réunir autour de la radio avec les grands. Je garde un souvenir très précis de cette soirée-là : en arrivant à la maison, doigts collants et vêtements tachés de baies écrasées, nous avions trouvé les adultes abattus, pour une fois indifférents à notre chahut. Regroupés autour de la radio, ils tendaient l'oreille plus près que d'habitude, très attentifs, et n'avaient pas touché aux bols de dattes et de pistaches posés devant eux. À la radio, une voix tremblante annonça qu'après quatre jours d'agitation à Téhéran le Premier ministre Mohammed Mossadegh avait été renversé par un coup d'État. Pour nous autres enfants, cette nouvelle ne signifiait rien. Amusés, nous nous sommes moqués de la tête d'enterrement que faisaient nos parents, et avons fini par déguerpir de ce lugubre salon.

Les partisans du Shah, qui s'étaient emparés du réseau hertzien national, déclarèrent qu'avec la chute de Mossadegh c'était le peuple iranien qui triomphait. En dehors de ceux que l'on avait payés pour participer au coup d'État, peu de gens partageaient ce sentiment : pour les laïcs comme pour les croyants, pour les ouvriers comme pour les riches, Mossadegh était bien plus qu'un homme politique populaire. C'était un héros national, une figure digne du culte qu'ils lui vouaient, un leader taillé pour guider leur grande civilisation, forte de ses deux mille cinq cents ans d'histoire. Deux ans auparavant, en 1951, il avait nationalisé l'industrie pétrolière iranienne, jusqu'alors contrôlée par des consortiums occidentaux qui géraient l'extraction et l'exportation de grandes quantités de pétrole iranien en ne laissant à l'Iran qu'un faible pourcentage des profits. Cet acte audacieux, qui contrecarrait les projets pétroliers de l'Occident au Moyen-Orient, valut à Mossadegh l'éternelle reconnaissance des Iraniens, qui le considéraient comme le père de l'indépendance iranienne, un peu comme les Indiens vénèrent le Mahatma Gandhi pour avoir libéré leur nation du joug britannique. Démocratiquement porté au pouvoir par une écrasante majorité en 1951, Mossadegh ne devait pas sa popularité qu'à son nationalisme. Ses encouragements à la liberté de la presse, son habitude de diriger le pays depuis son lit, son éducation suisse, son bon sens et sa compréhension de l'Iran séduisaient le peuple, qui voyait en lui un leader brillant incarnant à la fois leurs aspirations et cette idée complexe d'« iranité » – comme eux, c'était un homme pétri de contradictions : racines aristocratiques et ambitions populistes, fibre laïque qui n'excluait cependant pas des alliances avec de puissants membres du clergé.

La Constitution iranienne de 1906 n'octroyait qu'un pouvoir symbolique à la monarchie. Pourtant, de 1926 à 1941, sous le règne de Reza Shah, un dictateur doublé d'un modernisateur qui bénéficiait d'un certain soutien populaire, c'est bel et bien la monarchie qui dirigeait le pays. Mais, en 1941, après l'occupation du territoire iranien par les forces armées britanniques et russes au cours de la Seconde Guerre mondiale, Reza Shah fut forcé d'abdiquer en faveur de son fils, Mohammed Reza Pahlavi. Le règne du jeune Shah fut une période d'ouverture politique relative, marquée par une plus grande liberté de la presse et un retour du pouvoir aux mains du gouvernement élu – le Parlement et son Premier ministre prenant le contrôle des affaires du pays, comme le stipulait la Constitution. Durant le bref mandat du Premier ministre Mossadegh, le Shah n'exerçait qu'un pouvoir symbolique et, jusqu'au coup d'État de 1953, les Iraniens furent réellement gouvernés par leurs représentants élus.

En 1951, âgé de trente-deux ans, inexpérimenté, malaimé, héritier d'une dynastie impopulaire fondée par un officier cosaque, le Shah faisait pâle figure à côté du Premier ministre. Il observait l'ascension de Mossadegh avec inquiétude. Face au soutien populaire grandissant dont bénéficiait le Premier ministre, il était confronté à sa propre vulnérabilité de monarque mal vu, soutenu seulement par ses généraux, les États-Unis et la Grande-Bretagne. Les deux puissances occidentales avaient protesté contre la nationalisation du pétrole iranien, mais elles attendaient le bon moment pour répondre à Mossadegh. En 1953, elles décidèrent que les conditions étaient favorables à son renversement. Kermit Roosevelt, petit-fils de Theodore Roosevelt, fut dépêché à Téhéran pour rassurer le Shah et superviser les opérations du coup d'État. Avec presque un million de dollars à sa disposition, il paya les foules des quartiers pauvres du sud de la capitale afin qu'elles manifestent pour demander la démission de Mossadegh et soudoya la presse afin qu'elle relaie cette fausse information à renfort de gros titres. Au bout de quatre jours à peine, le Premier ministre adoré et souffrant se cachait dans une cave, et le jeune Shah vénal rejoignait son trône, remerciant Kermit Roosevelt en ces termes : « Je dois mon trône à Dieu, mon peuple, mon armée, et à vous. » Ce fut une terrible humiliation pour les Iraniens, qui voyaient les États-Unis s'ingérer dans leurs affaires comme si leur pays était une province annexée et que leur leader pouvait être porté au pouvoir ou détrôné selon les caprices d'un président américain et de ses conseillers de la CIA.

Le Shah ordonna que Mossadegh soit jugé par un tribunal militaire, et les journaux publièrent en une des photos du Premier ministre déchu entrant dans le tribunal bondé, sa silhouette émaciée et son profil aquilin plus saisissants que jamais. Le juge opta pour la peine de mort, mais décida de commuer la peine en trois ans de prison, en rendant grâces à l'extrême bonté du Shah.

Mossadegh dépérit donc pendant trois ans dans une prison du centre de Téhéran, puis retourna dans son village, Ahmadabad, pour y passer sa retraite à répondre aux lettres de ses fidèles partisans, affligés par son sort. Quelques années plus tard, ses réponses, subtiles et lucides, apparaissaient encadrées dans les bureaux des figures majeures de l'opposition, celles-là mêmes qui, un quart de siècle plus tard, renverseraient le Shah au cours de la révolution de 1979.

DOUZE ANS avant le coup d'État, mes parents se rencontraient et se mariaient, au terme d'une cour traditionnelle typique pour des Iraniens de leur génération, un rituel nommé *khastegari*. Par un clair après-midi du printemps 1945, tandis qu'un vent frais de montagne soufflait sur la ville antique d'Hamadan, mon père se présenta chez les parents de ma mère pour demander sa main. Ils étaient parents éloignés, et s'étaient rencontrés quelques mois auparavant chez un cousin. On le reçut dans le salon réservé aux invités, où ma mère servit des *shirini* (un mot qui signifie « douceurs » et a une origine commune avec mon prénom), jetant de temps à autre un œil au séduisant profil de mon père tandis qu'elle s'appliquait à verser le thé à la cardamome avec des gestes gracieux maintes fois répétés. Il tomba amoureux d'elle dès le premier instant et, à ce jour, je n'ai jamais vu homme aussi dévoué envers une femme. Tout au long de leur vie, il s'est adressé à elle avec le plus grand respect, comme s'il craignait que toute forme de familiarité diminue sa considération à son égard ; il l'appelait Minu *khanum* – la particule persane pour « dame ». Quant à elle, elle l'appelait Mohammed Ali Khan.

En grandissant, ma mère avait émis l'envie de devenir médecin. Mais sa famille refusa, pour des raisons sur lesquelles ma mère n'eut pas son mot à dire. Lorsqu'elle entra dans l'adolescence, il n'échappa à personne qu'elle devenait une très belle jeune femme. Si elle était née une génération auparavant, à l'époque où aucune femme ne faisait d'études supérieures, son teint clair et lumineux et sa silhouette élancée auraient été des atouts dans le seul domaine dans lequel elle aurait pu concourir : la course au mariage. Mais, pour une jeune femme née à la fin des années 1920, époque où le gouvernement patriarcal commençait à relâcher son emprise sur la société iranienne et où quelques femmes étaient admises dans les universités, sa beauté était un handicap l'empêchant de viser plus haut que le mariage.

Elle ne portait pas le voile, car sa famille n'était pas traditionnelle au point d'exiger que les filles se couvrent les cheveux. Mais elle fut témoin de l'interdiction du port du hidjab, mesure de la campagne de modernisation lancée par Reza Shah, qui s'autoproclama roi d'Iran en 1926. Transformer un pays de villages et de paysans en une nation centralisée avec chemins de fer et système juridique moderne n'était pas chose facile. Reza Shah pensait que cela serait impossible sans la participation des femmes, aussi entreprit-il de les émanciper en interdisant le port du voile, symbole du joug de la tradition. Reza Shah fut le premier dirigeant iranien, mais pas le dernier, à faire passer un programme politique – modernisation laïque, diminution de l'influence du clergé – en utilisant le corps des femmes.

Les circonstances empêchaient donc ma mère d'accéder à une éducation universitaire, mais au moins elle épousa un homme aussi antipatriarcal que l'on pouvait l'être à l'époque. Mon père était serein de nature, il gardait toujours le contrôle de lui-même, et on ne le surprit jamais à élever la voix. Si jamais il était contrarié ou irrité, il faisait les cent pas dans la maison, mains dans le dos, ou se roulait tranquillement une cigarette, et ne relevait la tête que lorsqu'il était tout à fait calmé.

Son père était un riche propriétaire terrien qui avait été colonel dans l'armée à la fin de la dynastie des Kadjar, qui précédait celle de Reza Shah. Il avait épousé une princesse kadjar qu'il aimait infiniment, mais qui ne pouvait lui donner d'enfants. Après des années de tentatives infructueuses, il finit par céder à ses frères et, avec l'approbation de sa femme, prit une seconde épouse, Shahrbanu, qui donna naissance à mon père et à mon oncle. Mon grand-père décéda lorsque mon père avait sept ans, laissant Shahrbanu seule avec deux enfants. La famille se disputa l'héritage et dépouilla la veuve de la majeure partie des propriétés et des richesses de son mari. Indignée, elle décida de riposter. Elle partit pour Qom, ville sainte et centre religieux du pays, espérant y trouver des religieux qui l'aideraient à s'assurer la garde de ses enfants et des avoirs fonciers qui lui restaient. Grâce à leur concours, elle réussit à garder ses enfants et assez de biens pour subvenir aux besoins de sa famille. À l'époque, les femmes avaient une conscience de leurs droits qui se limitait à leur intuition de ce qui était bien ou mal ; jamais elles n'auraient songé à demander réparation aux tribunaux, elles faisaient plutôt appel aux hommes influents dans la société – souvent des religieux, perçus comme les pourfendeurs des petites et grandes injustices – pour plaider en leur faveur.

*J*E SUIS NÉE le 21 juin 1947, l'été avant que mes parents ne quittent Hamadan pour Téhéran. Dans mes souvenirs d'enfance, je revois surtout notre maison, dans la rue qui s'appelait à l'époque Shah Street (rebaptisée après la Révolution islamique, comme la plupart des rues de la ville). C'était une grande maison avec un étage et une multitude de pièces, un véritable terrain de jeux pour mon frère, mes sœurs et moi-même. Sur le mode des maisons iraniennes traditionnelles, elle était construite autour d'un jardin central empli de rosiers et de lis. Il y avait un bassin au milieu, où nageaient des poissons argentés ; les soirs d'été, nos lits étaient installés à l'extérieur et l'on s'endormait sous la voûte étoilée, dans le parfum des fleurs, au chant des criquets. La maison était immaculée – ma mère ne supportait pas le désordre, et s'était entourée de domestiques. De nombreux ouvriers agricoles de mon père avaient demandé à nous suivre à Téhéran. Elle avait donné à chacun sa tâche : l'un faisait les courses, l'autre la cuisine, le troisième le ménage, et le quatrième servait le thé et les repas aux invités.

Bien que leur mariage ait été arrangé et l'ait empêchée d'aller à l'université, ma mère aimait mon père d'un amour véritable. À la fin de la journée, elle attendait avec impatience que la voix de mon père résonne dans la cour intérieure. Mais, après son mariage, elle s'est révélée une personne terriblement angoissée. Si l'on rentrait ne serait-ce que cinq minutes en retard, on la trouvait, dans l'allée devant la maison, paniquée à l'idée que l'on ait été kidnappés ou renversés par une voiture. Cette nervosité se manifestait aussi physiquement ; elle tombait souvent malade, voyait différents médecins, incapables de traiter ou diagnostiquer les véritables causes de cette nervosité permanente. Il n'y avait aucune raison apparente. Tous s'accordaient à dire qu'elle avait de la chance – épouse d'un mari aimant, mère d'enfants obéissants et en bonne santé, situations sociale et financière confortables. Plus qu'il n'en fallait pour satisfaire la plupart des Iraniennes de l'époque. Mais, d'aussi loin que je m'en souvienne, il ne me semble pas avoir vu ma mère heureuse une seule fois.

Elle était toujours très soignée ; elle se posait pour tricoter dans le coin le plus ombragé de notre impeccable maison, sourire aux lèvres, mais ses inquiétudes continuaient à la ronger de l'intérieur, et son corps était la proie de toutes sortes d'affections. Elle était constamment malade, et l'attention qu'elle prêtait à ses défaillances ne faisait qu'alimenter sa nervosité. Asthmatique pendant quelque temps, elle arpentait la maison, se plaignant d'une sensation d'étouffement. Ma grande sœur finit par se marier et retourna vivre à Hamadan ; j'avais alors quatorze ans, et me retrouvais en position d'aînée. La santé fragile de ma mère était la toile de fond immuable de notre vie, et je vivais dans la crainte permanente de sa mort. La nuit venue, incapable de dormir, les yeux rivés au plafond à travers la moustiquaire, je m'inquiétais pour mon frère et mes sœurs. Qu'adviendrait-il d'eux si jamais ma mère mourait ? Nuit après nuit, j'implorais Dieu de la garder en vie jusqu'à ce que mon petit frère et ma sœur aient grandi. Dans ma tête de petite fille, je me disais que, si elle venait à mourir, il me faudrait quitter l'école et reprendre son rôle de maîtresse de maison.

Un jour de cette même année, je m'isolai dans le grenier pour prier Dieu de toutes mes forces. « S'il vous plaît, mon Dieu, s'il vous plaît, gardez ma mère en vie, pour que je puisse rester à l'école. » Soudain, une sensation indescriptible s'empara de moi, depuis la poitrine jusqu'au bout des doigts. Le temps de ce frémissement, j'eus l'impression que Dieu me répondait. Ma tristesse s'évanouit d'un coup, un étrange sentiment d'euphorie me réchauffa le cœur. Depuis ce jour, ma foi en Dieu est inébranlable. Avant, je récitais mes prières comme un perroquet, parce qu'on m'avait appris à les dire, tout comme on m'avait appris à me débarbouiller avant d'aller au lit. Mais, après l'épisode du grenier, je me suis mise à les réciter avec ferveur et conviction. Il est dur de décrire l'éveil à la spiritualité, aussi dur que d'expliquer à quelqu'un qui n'est jamais tombé amoureux l'émotion que l'on ressent lors d'une telle expérience. Cette épiphanie dans le grenier me fait penser à un vers d'un poème persan : « Toi que la main de Dieu a touché/Tu reçois Son amour, tu ne l'apprends pas. »

Au cours de mon enfance – comme pour la plupart des enfants, pour qui le monde se résume à l'environnement familial – je n'ai jamais remarqué que notre famille avait quelque chose de spécial. Le fait que mon frère ne bénéficie pas d'un traitement de faveur par rapport à ses sœurs n'avait rien d'exceptionnel. Cela me semblait parfaitement naturel, et je supposais qu'il en allait de même dans toutes les familles. Or j'avais tout faux. Dans la plupart des foyers iraniens, les petits garçons jouissaient d'un statut privilégié, gâtés et choyés qu'ils étaient par une foule de tantes, sœurs et autres cousines. Ils avaient donc l'impression, et à juste titre, d'être l'unique centre d'intérêt de la famille. Soit on fermait les yeux sur leur rébellion, soit on en faisait l'éloge. Leurs goûts culinaires préoccupaient les gens de cuisine au premier chef. À mesure que les enfants grandissaient, les droits des garçons – de la simple balade dans le quartier jusqu'aux sorties entre amis – se multipliaient tandis qu'on rognait sur ceux des filles, pour s'assurer qu'elles restent *najeeb*, honorables et bien élevées. Dans la culture iranienne, qu'un père aime plus ses fils que ses filles allait de soi ; les fils étaient les dépositaires des ambitions familiales ; l'affection que l'on portait à un fils était un investissement.

À la maison, mes parents distribuaient l'attention, l'affection et les sanctions de manière équitable. Je n'ai jamais eu l'impression que mon père s'occupait plus de Jafar parce que c'était un garçon. Nous devions dire où nous allions et rentrer à l'heure. Je n'ai eu le droit d'aller au cinéma ou à des fêtes avec des amis qu'après le lycée, mais ces règles étaient valables aussi pour mon frère.

Parfois, l'impartialité de mon père intriguait nos gens de maison. Ils considéraient mon frère comme leur futur patron, et s'attendaient à le voir exercer son autorité sur le sexe opposé dès son plus jeune âge. Naturellement, leur éducation traditionnelle leur avait enseigné que les garçons méritaient une indépendance et une liberté toutes particulières, censées les préparer à se faire respecter une fois devenus des hommes. Puisque j'avais cinq ans de plus que mon frère, c'était toujours moi qui gagnais lorsque nous nous battions. Mes parents ne m'ont jamais punie, ni grondée ; ils arbitraient nos querelles en douceur, comme s'ils négociaient une trêve entre adultes. Scandalisés par cette dégradation de l'ordre social, les domestiques se plaignaient bruyamment : « Comment pouvez-vous laisser une fille frapper Jafar ? » demandaient-ils à mon père. Il souriait, puis leur répondait : « Ce sont des enfants. Ils se réconcilieront. »

Je n'ai pris conscience que bien plus tard que l'égalité des sexes était une notion que l'on m'avait inculquée à la maison. En examinant ma place dans le monde d'un point de vue d'adulte, je me suis rendu compte que mon éducation m'avait épargné la dépréciation de soi et la dépendance que j'observais chez des femmes élevées dans des foyers plus traditionnels. Le fait que mon père ait pris fait et cause pour mon indépendance, depuis le jardin d'enfants jusqu'à ma décision de devenir juge, m'a insufflé une confiance que je n'ai jamais ressentie consciemment, mais que j'ai considérée plus tard comme mon héritage le plus précieux.

*L*ORSQUE je repense à ces lointaines années, la plupart de mes souvenirs balancent entre Hamadan et Téhéran, mais aucun n'est figé précisément dans le temps, à part ma révélation dans le grenier et le jour où Mossadegh a été renversé. Le jour où le premier dirigeant iranien démocratiquement élu a été évincé du gouvernement par un coup d'État organisé par la CIA. Je n'ai que très peu de souvenirs d'avant, et seulement quelques fragments de ce qui s'est passé par la suite. À l'époque, je ne pouvais pas saisir à quel point cette journée fut un tournant dramatique, mais je me rappelle parfaitement le visage des adultes, la mine sévère de ma grand-mère, et même le bois lustré de ce fameux transistor.

Un quart de siècle plus tard, lorsque la Révolution islamique renversa le Shah et que des radicaux envahirent l'ambassade américaine, je mesurai l'ampleur des répercussions de ce coup d'État. Mais, bien avant ça, je pus en constater les effets à la maison. Mon père, partisan de longue date du Premier ministre, fut démis de ses fonctions. Avant le coup d'État il était parvenu au poste de ministre adjoint à l'Agriculture. Mais après il dut se morfondre des années dans des emplois subalternes, sans jamais être renommé au poste qu'il avait occupé. Sa prise de position – et ses conséquences – eut pour effet de transformer la maison en terrain neutre, où l'on ne parlait jamais politique. Il ne nous a jamais expliqué ce qui s'était passé, ni pourquoi, tout à coup, il passait ses journées à la maison, l'air pensif. Lorsqu'un événement terrible survient, la réaction instinctive des Iraniens est de le cacher à leurs enfants, qui remarquent aussitôt que quelque chose cloche et doivent ensuite ajouter le fardeau de l'ignorance à leur inquiétude. C'est à cette époque que j'ai pris la résolution d'agir différemment avec mes propres enfants.

Le coup d'État amena les Iraniens à penser que la politique était sordide, un obscur manège d'accords passés en coulisses et d'intérêts déguisés, dans lequel les gens ordinaires sont des pions que l'on manipule ; cela nourrissait le sentiment que nous n'étions pas maîtres de notre destin et la tendance à croire que les ramifications d'un événement déterminent ses origines. Après ce jour, mon père refusa que l'on aborde les sujets politiques à la maison, afin que ses enfants n'aient pas la tentation de s'intéresser à une réalité sur laquelle ils n'avaient aucune prise. Convaincu qu'il suffisait d'une seule carrière brisée dans la famille, il insista pour que nous étudiions dans les meilleures universités pour devenir des fonctionnaires au service du pays. L'autre particularité de mon enfance et de mon adolescence fut donc mon indifférence à la politique, à l'exception de cette fameuse soirée de 1953.

CHAPITRE 2

À la découverte de la justice

L'ANNÉE 1965, alors que je commençais mes études de droit, fut un tournant dans ma vie. Le campus de l'université de Téhéran était en proie à l'effervescence ; les jeunes parlaient avec passion d'un Iran en pleine expansion, et de changements dont j'avais à peine conscience. Lorsque j'avais décidé de m'inscrire à la faculté de droit, je ne pensais pas y trouver des étudiants aussi exaltés par la politique. Lorsque, à la fin du printemps 1965, il m'avait fallu choisir une orientation, j'avais envisagé les sciences politiques, car il m'arrivait de m'imaginer en ambassadrice. Mais, pour être tout à fait honnête, je savais que j'avais plus de chances de réussir le concours d'entrée à la faculté de droit, plus en adéquation avec mes aptitudes. Dans le système juridique iranien, un juge n'est pas obligé d'exercer au préalable la profession d'avocat, aussi me lançai-je dans mes études avec la ferme intention de devenir juge. D'autres étudiants avaient la même vocation que moi, d'autres encore se destinaient à devenir professeurs de droit ou consultants. Nous passions des heures à la bibliothèque, plongés dans des textes de droit pénal, mais mes camarades de classe étaient tout aussi absorbés par ce qui se tramait dans le pays, sinon plus.

Par un bel après-midi, ils se mirent à se plaindre des frais de scolarité, trop élevés. Ils exigeaient que l'administration universitaire prenne ses responsabilités. La foule d'étudiants réunie à l'université de Téhéran criait et revendiquait toutes sortes de choses – du moins toutes celles qui ne leur vaudraient pas d'être arrêtés sur-le-champ. Je me sentais électrisée par cette assemblée de protestataires, où se mêlaient jeunes femmes en minijupe et jeunes hommes en chemise à manches courtes et au visage grave. Les manifestations m'attiraient comme un aimant. Au fond, peu importait ce que scandaient les étudiants. Ils se plaignaient surtout des frais de scolarité, mais s'ils avaient manifesté contre le prix exorbitant du thé je les aurais sans doute aussi rejoints. Il y avait quelque chose dans le conflit – peut-être l'adrénaline, le jaillissement d'une idée, ou cette ébullition collective – qui me fascinait, et je participais régulièrement aux manifestations. C'était la fin des années 1960, les étudiants manifestaient un jour sur deux, je n'avais pas le temps de m'ennuyer.

Ces manifestations inquiétaient la Savak, la police secrète du Shah, qui ratissait activement le campus, tout comme elle passait au peigne fin la plupart des villes du pays ainsi que les groupes d'étudiants iraniens installés aux États-Unis et en Europe, afin de dénicher les dissidents dont les activités politiques allaient au-delà de la simple manifestation. Car quel jeune Iranien – croyant ou laïque, intellectuel ou non, engagé ou simplement curieux – ne participait pas à ces mouvements protestataires ? Toutes les ressources et l'énergie d'un gigantesque appareil policier étaient nécessaires pour déterminer ceux qui complotaient pour ébranler le régime du Shah et ceux qui ne faisaient que passer pour voir ce que c'était que toute cette agitation. Pour échapper aux tentacules de la Savak, les étudiants contestaient les frais d'inscription, alors qu'en réalité ils auraient préféré crier : « Arrêtez de gaspiller l'argent du pétrole en achetant des avions de chasse aux Américains ! » ou bien : « Revenez de Saint-Moritz et occupez-vous des quartiers pauvres ! ».

Ce jour-là, à la recherche de mes amies, j'observais les arbres penchés et les bâtiments du campus, un peu mornes mais qui avaient coûté cher, l'une des rares universités décentes du pays alors que les revenus du pétrole auraient pu financer la construction de beaucoup d'autres. Comme mes amies dispersées dans la foule, j'étais loin d'imaginer que ces manifestations marquaient le début d'une nouvelle ère. À aucun moment je n'ai pensé qu'elles changeraient le cours de nos vies, enverraient des ondes de choc à travers le monde et provoqueraient la dernière grande révolution du XXe siècle. Elles rythmaient notre vie universitaire, c'étaient nos shoots d'adrénaline avant nos réunions dans le café en face du campus, après les cours, devant un café glacé – une boule de glace à la vanille plongée dans du café.

Mais, ce jour-là, pas de réunion au café. Une de mes amies avait une vieille Paykan et, à six dans sa voiture, nous nous sommes dirigées vers Darband, où cafés et restaurants jalonnaient le piémont de l'Elbourz, chaîne de montagnes qui borde la frontière au nord de la capitale. On revenait d'une manifestation, et croyez-vous que nous nous mettions à parler de choses sérieuses ? Pas du tout ! Notre discussion tournait autour de nos camarades de classe, des films que nous avions vus, de la destination de notre prochain voyage, le genre de choses dont parlent les jeunes étudiantes entre elles. Dans le milieu universitaire de l'époque, c'était à la mode de faire l'intellectuel et de critiquer le Shah mais, à vrai dire, c'était le cadet de nos soucis.

Sur le trajet, les signes de transformation de Téhéran – une petite capitale discrète entourée de vergers en passe de devenir une gigantesque métropole – étaient partout visibles. Des écha-faudages habillaient chaque coin de rue, des camions transpor-tant des sacs de ciment et des planches sillonnaient la ville comme autant de fourmis, des affiches de films montrant des stars du cinéma européen s'étalaient sur les places animées, les kiosques vendaient des magazines de photos de starlettes américaines en bikini... Ce n'était déjà plus le Téhéran de mon enfance : il y avait plus de quartiers pauvres, plus de restaurants, plus de ciné-mas, plus de jeunes de province, aux vêtements couverts de pous-sière et bottes croûtées de boue, qui vaquaient à leurs petits boulots.

Curieuses de voir par nous-mêmes le chic légendaire des restaurants français de Darband, nous avions économisé trois jours d'argent de poche pour nous offrir un somptueux déjeuner. L'endroit que nous avions choisi surplombait le fleuve qui sinuait lentement entre les contreforts des monts Elbourz, et notre petite table, décorée avec goût, était collée contre une baie vitrée étince-lante. Un serveur peu amène nous tendit les menus, mais les prix étaient prohibitifs. Impossible de nous payer quoi que ce soit, à part une boisson. Alors, pour nous tirer de cette situation délicate, nous avons décidé de commander LE plat qu'à coup sûr ils ne servaient pas : le *kabob-koobideh*, de simples brochettes de boulettes de bœuf qui n'avaient pas leur place parmi les gratins et autre coq-au-vin qui figuraient au menu. Le serveur secoua la tête, et nous sommes parties, feignant une profonde déception.

Ce jour-là, nous avons appris à ne plus faire cas des récits des plaisirs chics de Téhéran : le restaurant grec où ils cassaient les assiettes, les terrasses de café où des couples sur leur trente et un écoutaient les *Four Tops* tout en buvant des vodkas tonic. Nous avons limité nos sorties aux restaurants plus modestes de Shemiran – un nom qui délimite le nord de Téhéran à la fois géographiquement et symboliquement – où, en mettant notre argent en commun, on pouvait se partager une coupe de glace.

On sortait en groupes mixtes, mais en tout bien tout honneur. Certes, la minijupe était à la mode et, à l'université – et dans toute la ville à vrai dire –, les jeunes filles élégantes dévoilaient leurs jambes en hommage au mannequin Twiggy, l'icône de l'époque. Mais l'imitation de l'Occident n'était guère plus qu'un effet de mode. Les étudiants de Téhéran étaient issus des classes moyennes ou ouvrières et n'envisageaient pas leur vie comme un champ d'expérimentation sociale. On ne portait pas le voile – les trois filles voilées de notre classe se faisaient d'ailleurs remarquer – mais on ne fréquentait pas non plus. Filles et garçons se retrouvaient pour boire des cafés, pour partir en week-end ou travailler ensemble en bibliothèque, mais en cours les filles occupaient toujours les rangs de devant et les garçons ceux du fond.

Pour le clergé conservateur, l'université était un lieu de corruption et de débauche où, sous prétexte de bénéficier d'un enseignement mixte, hommes et femmes en profitaient pour pécher.

Dans l'esprit des classes attachées à la tradition, dominées par des pères qui préféraient voir leurs filles dans l'enceinte du foyer à hacher des fines herbes pour le dîner plutôt qu'à l'école, l'arrivée de la minijupe était perçue comme un symbole de l'invasion de la culture occidentale, l'excuse parfaite pour leur interdire l'accès à l'enseignement supérieur.

*A*LORS QUE les années 1960 touchaient à leur fin, le monde politique était en proie à des tensions grandissantes. En 1964, l'année précédant mon entrée à la faculté, le Shah avait expulsé en Irak – à Nadjaf – un clerc à la mine renfrognée et peu connu, l'Ayatollah Ruhollah Khomeiny, en raison de ses prêches violents contre le gouvernement. Mais, en l'absence de l'Ayatollah, aucun autre leader n'avait émergé pour fédérer les opposants au Shah. Ce qui rendait les attaques contre le Shah faciles, car la plupart des gens non directement liés à la cour avaient leurs doléances, et un avis critique ne vous affiliait pas à un groupe d'opposition aisément identifiable. À l'époque, être anti-Shah ne voulait pas nécessairement dire être pro-Khomeiny. Souvent, lorsque j'entendais des bribes de conversations politiques dans les couloirs, il me semblait qu'un nombre grandissant d'élèves devenaient anti-Shah sans savoir pourquoi, comme la marque d'une certaine posture intellectuelle, un peu comme lire du Simone de Beauvoir.

Un matin, en cours de français, un des étudiants de maîtrise arriva en retard, vêtu de noir de pied en cap. Tout le monde pensait qu'un membre de sa famille venait de mourir. « Je porte le deuil de Mossadegh », annonça-t-il. Nous avons cru qu'il parlait d'un de nos camarades de classe, Hamid Mossadegh, jeune poète très populaire que l'on retrouvait de temps en temps pour prendre un thé à la cafétéria. « Mais il était si jeune ! C'est terrible ! Il avait un cancer ? demandait-on, incrédules. — Je parle du Dr Mossadegh, nous interrompit le jeune homme en noir. — Oh, mais il était très vieux, c'est normal ! » nous sommes-nous écriés, soulagés. Il nous a regardés d'un air ahuri, a tourné les talons, et ne nous a pas adressé la parole pendant une semaine.

Après avoir vu l'information se répandre dans tous les journaux et remarqué la réaction de mon père, je regrettai mon insolence. L'ancien Premier ministre Mossadegh n'était pas seulement un homme d'État déchu, il était l'un des grands dirigeants de l'histoire de notre pays, grâce auquel l'Iran avait senti pour la première fois le souffle de la démocratie. Même à la fin de sa vie, avant qu'il ne tombe gravement malade et meure dans un hôpital de Téhéran, ce qu'il avait accompli au cours de sa carrière brutalement interrompue se faisait sentir à travers le pays. Depuis le renversement de Mossadegh, les Iraniens en voulaient à l'Occident, en particulier aux Américains, et leur rancune ne faisait que grandir avec le temps. Bien que l'ex-Premier ministre soit mort de causes naturelles, le peuple le pleura comme un martyr, un héros tombé au combat. La profonde tristesse de la jeunesse iranienne reflétait également le mépris qu'elle éprouvait pour le Shah, sentiment qui s'aiguisait de jour en jour.

*J*E DEVINS juge en mars 1970, à l'âge de vingt-trois ans. Le système juridique iranien n'imposait pas d'âge minimum pour exercer cette profession. Tout comme les vingt autres filles de ma promotion, j'avais passé mes deux dernières années d'études à faire des stages dans les différents départements du ministère de la Justice. Une fois que les juges estimaient que l'on maîtrisait les divers codes, ils nous autorisaient à présider un tribunal. Après l'obtention de notre diplôme, fortes d'une expérience de deux ans de stage, nous étions donc éligibles au poste de juge.

Lors de la prestation de serment, à laquelle assistaient le ministre de la Justice, des juges haut placés et des professeurs de la faculté de droit, les deux meilleurs étudiants de la promo devaient porter un énorme Coran sur l'estrade. Moi j'étais très petite, et l'autre étudiant était très grand. Tandis que nous traversions la scène clopin-clopant, le Coran tanguait d'avant en arrière. « Baisse tes mains, sifflai-je à mon camarade en essayant de maintenir l'équilibre. — Lève les tiennes », murmura-t-il en retour. Finalement, le gigantesque livre saint arriva à bon port, après quoi je fis mon discours, d'une voix claire et sonore. Je lus le serment, les autres étudiants ont répété après moi, et nous sommes descendus de l'estrade, convaincus que nous nous dirigions vers une vie au service de la justice.

Si j'entrais au service d'un gouvernement impopulaire, je n'avais pas pour autant le sentiment de devoir choisir mon camp. Sous le régime du Shah, la plupart des Iraniens rongeaient leur frein, mais ce mécontentement n'allait pas jusqu'à provoquer une coupure radicale entre le peuple et le régime, et la population ne se méfiait pas particulièrement des institutions gouvernementales telles que le pouvoir judiciaire. Même s'ils frémissaient au seul mot de « Savak », les gens faisaient toujours confiance au système judiciaire et croyaient sincèrement que les lois protégeaient leurs droits.

Moi-même, qui commençais à prêter attention aux bavardages politiques autour de moi, j'enfilais mon tailleur-jupe tous les matins et me rendais au ministère de la Justice, fière de le représenter. Le régime du Shah poursuivait ses opposants devant des tribunaux militaires, à l'écart du système judiciaire public. Dans ces cours militaires, les dissidents entendaient les chefs d'accusation habituels – sabotage, mise en danger de la sécurité nationale et autres crimes de ce genre – que les régimes totalitaires réservent aux activités qu'ils jugent menaçantes. Mais le système judiciaire auquel les Iraniens avaient recours, pour des questions de divorce ou d'escroquerie, demeurait dans leur esprit une institution juste et non corrompue.

D'ORDINAIRE, on ne laissait pas la télévision allumée au ministère, mais en ce jour de 1971, lorsque le Shah étala toute son arrogance et son ego démesuré à la face de la nation, nul ne pouvait y échapper. Il avait organisé une fête spectaculaire, pour commémorer les deux mille cinq cents ans de l'Empire perse, sur le site de Persépolis, siège des rois d'Iran depuis des siècles et avant même la naissance du Christ. Monarques et présidents du monde entier avaient fait le déplacement pour assister à cette folie destinée à célébrer la prodigieuse modernisation de l'Iran ainsi que son glorieux passé. Les Iraniens étaient censés prendre conscience du prestige de leur pays dans le monde. Mais ce qu'ils virent, c'est que le Shah avait dépensé trois cents millions de dollars en tentes de soie équipées de toilettes en marbre, mets et vins pour vingt-cinq mille personnes, venues en avion depuis Paris. Il y a un détail que je n'oublierai jamais : les membres de la Garde impériale, portant le costume des anciens soldats de l'empire achéménide, la barbe longue et soigneusement bouclée. C'était comme si, victimes d'un sortilège, ils avaient surgi des ruines antiques pour défiler devant la cour du XXe siècle.

L'Ayatollah Khomeiny condamna ces excès depuis Nadjaf, évoquant les millions d'Iraniens pauvres qui, selon lui, réclamaient l'aide du clergé pour la construction de bains publics : « Les crimes des rois d'Iran ont noirci les pages de l'histoire... Que sont devenues ces belles promesses, ces allégations prétentieuses selon lesquelles le peuple serait prospère et heureux ? »

Assise là, devant la télévision, dans les bureaux du ministère, j'eus une sorte de vision prémonitoire. L'Iran du Shah, tout comme son extravagante cérémonie, ne pouvait pas durer éternellement. Comme la fête, il était trop baroque, trop éloigné de notre réalité. Le discours de Nadjaf n'attira pas spécialement mon attention et, comme la plupart des Iraniens, je n'ai guère prêté d'attention aux critiques du clergé à l'encontre du Shah. Pourtant témoin de tous ces événements depuis mon bureau, je ne fis pas le lien entre ce qui se passait sur l'écran et l'endroit où j'étais assise. Je n'attribuais pas consciemment au Shah le mérite de gouverner un pays dans lequel je pouvais exercer mon métier de juge, tout comme je n'imaginais pas que l'Ayatollah Khomeiny, suite à la révolution qui allait bientôt éclater, m'en empêcherait.

*M*ÊME SI le pays était dirigé par un gouvernement laïque, même si j'étais une femme juge et qu'une carrière prometteuse me tendait les bras, le patriarcat dominait toujours la culture iranienne, ce qui faisait fuir mes prétendants les uns après les autres. Heureusement, je me moquais bien que ma profession vienne à ce point contrarier mes chances de me marier un jour.

Mes livres de droit et le monde des idées m'intéressaient plus que les plans de table et la décoration d'intérieur, et mon travail complétait et enrichissait si bien ma vie que je ne ressentais pas ce grand vide que seul un mari aurait pu combler.

Néanmoins, il ne m'échappa pas que, bien que venant d'une bonne famille, avec mon physique plutôt avenant et exerçant un métier respectable, j'avais peu de soupirants. Comprendre : ma carrière semait la peur dans le cœur des hommes de mon pays. Dès le moment où ils envisageaient de m'épouser, ils s'imaginaient en pleine dispute conjugale avec un juge – effrayés à l'idée de ne pas pouvoir s'en sortir avec un « Parce que j'ai dit que c'était comme ça » et d'un claquement de porte – et ils prenaient leurs jambes à leur cou. Et c'était valable aussi bien pour les Iraniens éduqués, soi-disant modernes, que pour ceux attachés à la tradition ; ils préféraient tout simplement être supérieurs aux femmes qu'ils épousaient. Et, naturellement, une femme indépendante et très occupée ne serait pas en permanence à leur disposition.

Le même scénario se répéta donc plusieurs fois, et nombreux furent les prétendants qui m'expliquèrent leurs réticences sans gêne aucune, comme s'il était évident à leurs yeux qu'on ne pouvait pas épouser une femme juge. Un jour, lors d'une fête donnée par un ami, un jeune homme me tourna autour pendant la moitié de la soirée, jusqu'à ce qu'il persuade notre hôte de faire les présentations. Sa façon d'insister était si charmante que, lorsque l'hôte me demanda si je voulais bien le rencontrer, j'acceptai. Il fut donc convenu que nous nous reverrions à une autre soirée la semaine suivante. Il se déclara fou d'amour et dit que, si je lui témoignais le même intérêt, il me demanderait en mariage sur-le-champ. Apparemment, il ne se doutait absolument pas que j'étais juge. Mais, le soir de la fête, il le découvrit avant de me saluer et alla trouver notre hôte pour lui dire que, s'il l'avait su, il n'aurait jamais insisté pour me revoir.

*P*AR UN FRAIS MATIN de printemps de l'année 1975, un jeune ingénieur électricien du nom de Javad Tavassolian entra dans mon tribunal, prétextant vouloir mon avis sur une obscure question juridique. Il portait un élégant costume blanc cassé sur une chemise marron et s'attarda un peu pour bavarder. C'était ma voisine, une amie commune, qui avait suggéré que l'on se rencontre. Je ne fus pas aussitôt attirée par lui, mais j'étais suffisamment intriguée pour accepter son invitation à dîner. Au bout de quelques rendez-vous, que nous passions à discuter autour d'un café ou d'une glace, il me demanda en mariage. Après une longue réflexion, je lui dis que je ne pouvais pas lui donner de réponse tout de suite. « J'ai une idée, lui proposai-je. Pourquoi ne pas passer encore six mois à apprendre à nous connaître, puis ne pas nous voir pendant un mois ? Et, à la fin de ce mois, on pourra décider si on est faits l'un pour l'autre. » Il accepta, et le compte à rebours commença.

Ouverts d'esprit, mes parents comprenaient que je veuille apprendre à connaître mon futur mari avant de lier mon avenir au sien. Ils nous laissaient donc sortir et nous voir à notre gré. Deux ou trois soirs par semaine, Javad et moi nous retrouvions pour dîner, naviguant dans la circulation dense à la recherche d'un restaurant, ne sachant lequel choisir parmi tous ceux qu'offrait Téhéran. On s'attardait de longues heures après le repas, les mains autour de nos tasses de thé, à écouter les chanteurs qui se produisaient à l'époque dans les clubs de la ville ; on comparait nos attentes de la vie, nos définitions de l'avenir idéal. Nos rapports étaient simples, et j'avais l'impression de le connaître depuis plus longtemps que ces quelques mois. Un soir, à la fin de l'un de nos dîners, le serveur passait et repassait devant notre table, oubliant à chaque fois de nous apporter l'addition. Adossé à sa chaise, Javad attendait patiemment. D'un coup, je pris mon sac à main. « Où est-ce que tu vas ? me demanda-t-il. On n'a pas encore payé. — Voilà comment on attire l'attention des gens », répondis-je. Je me levai et sortis. Après avoir hésité une seconde, il me suivit. Comme il fallait s'y attendre, le serveur nous rattrapa à la porte et nous tendit l'addition en s'excusant. Je scrutai le visage de Javad, pour voir si mon audace l'avait déçu. Mais il cherchait ses clés dans ses poches, comme si cette sortie impromptue avait été la chose la plus naturelle du monde.

À la fin du sixième mois de cour, nous avons cessé de nous voir pendant un mois, comme prévu. Trente jours pour réfléchir, au terme desquels nous avons décidé que ce n'était pas l'habitude qui nous réunissait, mais l'intime conviction que nous pourrions vivre ensemble. La famille de Javad se rendit chez mes parents à Téhéran, et tous les rites furent observés. Ils procédèrent au *khastegari* et demandèrent ma main. Ma famille organisa un *aghd-konoon* à la maison et, en compagnie de nos familles et de nos amis proches, nous nous sommes réunis devant le *sofreh aghd*, le tapis de table iranien traditionnel. Le procureur général de Téhéran était l'un de nos témoins, et il était en retard. Tandis que nous l'attendions, ma mère eut le temps de remarquer que le Coran posé sur le tapis de table était trop petit, ce qui la tracassa énormément. Au même moment, le procureur fit son entrée, un beau Coran de taille tout à fait honorable à la main en guise de cadeau de mariage. Un très bon présage, me dis-je en posant le nouveau

Coran sur le tapis. Les femmes mariées et célibataires (les femmes divorcées étaient exclues de la cérémonie, de crainte qu'elles portent malchance à notre union) tenaient au-dessus de nos têtes un voile de dentelle garni de petits ballotins de sucre en poudre qui symbolisaient la douceur à venir de notre vie de couple. Javad avait alors trente-trois ans, et moi vingt-huit.

Après une semaine de lune de miel idyllique à Chiraz, nous sommes rentrés dans notre nouvel appartement à Téhéran pour commencer notre vie à deux. Javad possédait une maison dans Niavaran, un quartier du nord de Téhéran. Aujourd'hui, d'atroces barres d'appartements couleur crème jalonnent le nord de la capitale, et ses rues sont embouteillées à n'importe quelle heure du jour et de la nuit ; mais, à l'époque, c'était une zone peu habitée, envahie de vergers, loin du centre-ville. Nous avons décidé de mettre cette maison en location et de louer un appartement à Amirabad, près de chez mes parents.

Lorsque nous avons emménagé, je ne m'étais pas rendu compte que le rez-de-chaussée de ce modeste immeuble à deux étages était occupé par un juge de la Cour suprême. De son côté, il s'était renseigné sur ses nouveaux voisins, et il vint frapper à notre porte un jour que je me demandais comment disposer les canapés. C'était un homme imposant aux longues moustaches et, en guise de cadeau de bienvenue, il m'apportait un livre qui expliquait comment éviter les conflits conjugaux, dont il était l'auteur. « Ne laissez pas la rancune s'immiscer dans votre mariage, me conseilla-t-il d'un air grave. Essayez de résoudre vos conflits avant qu'ils ne dégénèrent en disputes, qui ne servent qu'à décharger notre haine, au détriment du couple. » Je ne manquai pas de le remercier chaleureusement. Deux soirs plus tard, par la fenêtre ouverte, j'entendis une clameur assourdissante, suivie par ce qui ressemblait au feulement d'un gros chat enragé. Puis une grosse voix se mit à tonner – indubitablement celle du juge – et à déverser un flot d'injures, auquel répondait sa femme avec la même véhémence. Une fois la fenêtre fermée, leurs cris continuaient de résonner dans l'appartement. Je devrais peut-être descendre lui rendre son propre livre, pensai-je, amusée.

Quatre ou cinq jours après notre emménagement, on frappa à notre porte à dix heures et demie du soir. Javad alla ouvrir et se trouva face à mes amies de la faculté, cachées derrière des bouquets de fleurs. Elles voulaient voir si je me conduirais comme la Shirin qu'elles connaissaient, ou comme une jeune mariée. Dans les couples iraniens traditionnels, il est très fréquent que l'épouse mette immédiatement un terme à ces soirées ou sorties improvisées entre amis ; le mari considère son foyer comme une enceinte privée dont le monde extérieur est exclu, un sanctuaire entièrement dédié à son confort. Les amis qui débarquent tard le soir sans prévenir ne sont pas censés franchir le seuil. Ne sachant pas comment Javad allait réagir, je l'observais avec une certaine appréhension. Mais il avait l'air très content, et fit entrer tout ce petit monde avec un plaisir manifeste.

Javad venait d'un milieu conservateur, mais il était aussi tolérant que ses semblables étaient rigides. Dès le début, il m'a acceptée telle que j'étais et m'a encouragée dans mon métier, qu'il considérait comme une partie intégrante de ma personne et non comme un hobby ou un caprice. Après mon père, il a été le deuxième homme dans ma vie à tout faire pour favoriser, plutôt qu'entraver, mon indépendance. Mais cela ne voulait pas dire pour autant qu'il ne fallait pas honorer le contrat séculaire qui lie les époux iraniens. Je dus donc faire de la place dans mon emploi du temps déjà bien rempli pour m'arrêter chez le primeur faire le plein de fines herbes, fruits et autres provisions. Le ménage ? Cette tâche-là m'incombait également, ainsi que celle de tenir les comptes. On ne pouvait pas parler de partage des tâches, puisque toutes, de la cuisine au ménage en passant par la paperasse, m'étaient échues. Mais je ne lui en voulais pas ; c'était ainsi, voilà tout. Le fait que Javad prenne fait et cause pour ma carrière était en soi exceptionnel ; si je devais en retour assurer la totalité des tâches ménagères, c'était un compromis que j'étais entièrement disposée à faire.

À mesure que je voyais mes amies entrer dans la vie active et se marier, mes choix et les compromis qu'ils impliquaient me semblaient être les bons. Nous avions presque toutes un travail. Parmi mes intimes, seule une de mes amies, Roya, fit une croix sur sa carrière après son mariage. Sa magnifique chevelure auburn et son allure raffinée avaient attiré l'attention d'un jeune et riche ingénieur peu de temps après la fin de nos études. À ses yeux, une femme ne devait travailler que si les revenus de son mari ne suffisaient pas à leur assurer un train de vie confortable. Puisqu'il était fortuné, il ne voyait aucune raison à ce que Roya travaille, et il la dissuada de devenir juge. Elle pensait qu'en insistant avec douceur, il finirait par céder et se rendre compte qu'elle désirait travailler pour s'enrichir elle, et non leur compte en banque. Je lui suggérai de faire une demande d'autorisation pour exercer comme avocate afin qu'elle puisse commencer à travailler aussitôt si jamais son mari changeait d'avis. Elle obtint son autorisation, il resta campé sur ses positions, et sa carrière prit fin avant d'avoir commencé.

Deux autres de mes amies proches, Maryam et Sara, ont épousé des hommes qui s'accommodaient fort bien de leur ambition professionnelle. Je privilégiais surtout ma relation avec Maryam. Nous désirions toutes les deux plus que tout devenir juge, et passions des heures à discuter de subtils détails des textes de loi. Elle relisait avec attention les articles que j'avais commencé à écrire pour des revues, et aspirait comme moi à œuvrer pour la justice aussi longtemps que notre rôle nous le permettrait. À la différence de Maryam et de moi-même, Sara avait un côté rat de bibliothèque. La complexité des différents régimes juridiques la fascinait, de la même façon que la dynamique des procédures nous attirait ; et elle était capable de trouver captivants des sujets aussi soporifiques que le droit économique. Diplôme en poche, elle commença à travailler à la faculté de droit comme chercheuse, et tomba amoureuse d'un professeur. Elle continua à travailler après leur mariage. Lorsque l'on se retrouvait toutes pour dîner, à l'exception de Roya, nous avions toujours une multitude de choses à nous raconter.

*U*N MATIN d'automne, en 1977, alors que je travaillais dans mon bureau au tribunal, un tract posé sur une pile de dossiers attira mon attention. C'était une mise en garde adressée au Shah : il outrepassait les pouvoirs que lui accordait la Constitution, et son statut de monarque ne l'autorisait pas à s'immiscer dans les affaires du gouvernement. Les mots étaient ceux du défunt Premier ministre Mossadegh. Je pris le tract et passai en revue les signatures. Parmi les noms figurait celui de Dariush Forouhar, avocat au tribunal de première instance. Je n'en savais rien à l'époque, mais au cours des années suivantes je serais souvent amenée à voir son nom sur des dossiers, certains bien plus sinistres que je ne l'aurais jamais imaginé. Dans les couloirs du ministère, on ne parlait que de ce tract. Je ne mesurais pas vraiment les implications d'une telle déclaration dans une antichambre du gouvernement. Je me souviens en tout cas d'avoir été très impressionnée par l'audace des signataires, qui provoquaient le monarque en utilisant les paroles du Premier ministre qu'il avait destitué.

Dans les rues de Téhéran, l'atmosphère changeait aussi. Avant que le cours frénétique des événements ne commence à faire la une des journaux, j'en remarquai les signes avant-coureurs dans mon univers professionnel. Quelque temps après l'apparition du fameux tract, le régime du Shah tenta de réduire le pouvoir des tribunaux en créant le soi-disant Conseil de médiation, un appareil extrajudiciaire qui aurait jugé des affaires en dehors du cadre légal officiel. Plusieurs juges, indignés, envoyèrent une lettre de protestation à la cour, exigeant que tous les procès aient lieu dans une cour de justice. C'était la première action groupée menée par les juges, et elle provoqua une vive controverse. J'ai moi-même signé cette lettre, car je me sentais concernée par cette affaire au premier chef – et m'opposais bien évidemment à ce que la justice soit rendue par un conseil *ad hoc*. Les signataires furent menacés d'être démis de leurs fonctions, mais la menace resta lettre morte.

Il faut dire que le Shah avait des questions plus importantes à régler que le mécontentement d'une poignée de juges. Le 1er janvier 1978, le président Jimmy Carter se rendit à Téhéran en visite officielle et qualifia l'Iran d'« îlot de stabilité ». Le journal du soir diffusa des images du Shah trinquant au champagne avec le président américain ; c'était la première fois qu'une nation majoritairement musulmane voyait son leader boire de l'alcool sur une chaîne de télévision nationale. Peu de temps après, un journal publia un article injurieux prenant violemment à partie l'Ayatollah Khomeiny. Le lendemain, les étudiants en théologie de Qom se révoltèrent et défilèrent pour réclamer le retour de l'Ayatollah. La police tira dans la foule, et plusieurs hommes furent tués.

À aucun moment précis je n'ai compris ce qui se tramait. Rien dans cette agitation dans le pays n'annonçait une révolution sous l'étendard de l'Islam. L'intervention des mollahs dans la politique iranienne n'était d'ailleurs pas une nouveauté. En 1906, par exemple, le mouvement à l'origine de la Révolution constitutionnelle avait bénéficié du soutien des mollahs, avant de forcer la dynastie régnante à ordonner la création d'une Constitution et d'un Parlement à l'occidentale. Pendant la majeure partie des deux siècles précédents, l'espace public était organisé autour de la mosquée et du bazar. La mosquée en particulier offrait un espace de rassemblement où l'on pouvait exprimer et échanger librement ses doléances à l'encontre du roi au pouvoir, derrière les murs semi-protégés du sanctuaire. Notre histoire est remplie d'exemples d'intervention fructueuse des mollahs, et il n'était donc pas choquant ni particulièrement surprenant d'entendre l'Ayatollah Khomeiny accabler le Shah de reproches depuis son exil irakien.

À L'ÉTÉ 1978, l'atmosphère était à la haine ; les manifestations drainaient de plus en plus de monde, et il était devenu dangereux de sortir de chez soi pour observer les violentes confrontations qui agitaient le pays. Au début du mois d'août, un cinéma bondé d'Abadan fut réduit en cendres. Prisonnières des flammes, quatre cents personnes y périrent, brûlées vives. Le Shah accusa les conservateurs religieux, tandis que Khomeiny accusait la Savak, déjà très réputée pour sa brutalité envers les opposants au gouvernement.

Ce tragique incendie persuada de nombreux Iraniens que le Shah n'était pas seulement un monarque fantoche au service des Américains qui jouait avec les intérêts de la nation, mais un despote cruel prêt à sacrifier des vies innocentes pour rester au pouvoir. Ce n'est que vingt ans plus tard que j'ai mesuré l'importance de cet événement – la capacité d'un drame à électriser une population jusqu'alors indécise et à la convaincre qu'un conflit confiné à la sphère politique a des conséquences susceptibles de la faire sortir de chez elle. Un mois plus tard, à la fin du Ramadan, cent mille personnes descendirent dans la rue, c'était la première grande marche contre le Shah. Une foule d'Iraniens avait envahi les boulevards de Téhéran à perte de vue, et élevait la voix contre le régime.

Je me suis sentie attirée par ces voix de l'opposition qui acclamaient l'Ayatollah Khomeiny. Il ne me semblait absolument pas contradictoire qu'une femme comme moi – instruite et active – soutienne un mouvement qui combattait les injustices sous la bannière de la religion. La foi occupait une place centrale dans la vie des classes moyennes, même si l'on pratiquait de manière discrète ; ma mère avait passé des heures penchée sur le *jah-namaz*, le tapis de prière, à m'apprendre à prier, et mon père m'a toujours encouragée à réciter mes prières. Avec qui avais-je le plus de points communs ? Une opposition guidée par des mollahs qui entendaient les Iraniens et savaient s'adresser à eux ? Ou la cour du Shah, dont les représentants passaient du bon temps avec des starlettes américaines en s'abreuvant de champagne français ? De toute évidence, pas avec la cour, dont les seuls loyalistes étaient des courtisans, des officiels haut placés et des familles qui s'enrichissaient en faisant affaire avec le régime. La majeure partie du pays s'identifiait à l'opposition, qui comptait aussi dans ses rangs des nationalistes laïques, des socialistes, des marxistes. Parmi les groupes de l'opposition, la voix des mollahs était la plus forte : le clergé disposait d'un réseau de mosquées qui s'étendait à travers tout le pays, des bases solides à partir desquelles pouvait s'organiser la contestation. Et personne ne s'inquiétait que les mollahs mènent la danse.

À mesure que les jours passaient, l'exaltation nous gagnait tous un à un, et nous cherchions des moyens de nous engager. Un matin, l'Ayatollah Khomeiny demanda au peuple de chasser les ministres de leurs bureaux. Plusieurs juges et employés du tribunal s'étaient réunis dans le hall et je me joignis à eux. Nous nous sommes encouragés les uns les autres et avons fini par débarquer dans le bureau du ministre de la Justice. Mais il n'était pas là ; c'est un doyen qui nous accueillit à sa place. Il fut surpris de nous voir, et son regard s'arrêta sur moi. « Vous ! Les autres, passe encore... Mais vous ! Que faites-vous ici ? me demanda-t-il, ahuri et sombre. Vous ne voyez donc pas que vous soutenez des gens qui vous interdiront de travailler s'ils arrivent au pouvoir ? — J'aime mieux être une Iranienne libre qu'une représentante de la loi asservie », lui répondis-je effrontément. Des années après, à chaque fois que je serais amenée à le recroiser, il me rappellerait cette remarque fatidique.

À partir de ce matin-là, les débats auraient lieu dans mon bureau et, puisque j'étais juge et femme, mes sympathies révolutionnaires étaient les bienvenues. Un jour, nous avons envoyé une lettre très poétique au président français – l'Ayatollah s'était exilé en France et continuait à réclamer la démission du Shah depuis Paris. Quelques jours après, par un geste symbolique, nous avons décidé de décrocher le portrait du Shah dans le hall du ministère. Il n'avait pas encore quitté le pays, et personne n'était tout à fait sûr qu'il le ferait. Nous nous sommes approchés de la photo – son regard vide nous toisait depuis le mur – tandis qu'un petit groupe de collègues s'interposait en nous demandant de laisser le portrait à sa place. Un autre jour encore, le personnel du ministère se mit en grève, paralysant toutes les procédures en cours. Mais, même pendant la grève, j'étais tellement fascinée par cette atmosphère révolutionnaire que je continuais à aller travailler, juste pour être présente et apporter mon soutien.

*L*E PROCESSUS de la Révolution m'hypnotisait, mais ce qui me troublait encore plus, c'était les gens qui retournaient leur veste du jour au lendemain. C'était une époque où les gens changeaient d'idéologie comme de chemise. Les juges et les fonctionnaires du ministère connus pour leur collaboration avec le régime du Shah, et notamment avec la Savak, suivaient de près l'évolution de l'opinion publique et, lorsqu'il devint évident que la Révolution était inévitable – les marches comptaient deux millions de manifestants et duraient des jours –, ils rallièrent les rangs des révolutionnaires.

Le 16 janvier 1979, un jour très froid, le Shah quitta le pays, emportant avec lui un peu de terre du sol iranien. Son départ signait la chute de l'empire, la fin de deux mille ans de règne des rois persans. La foule en liesse envahit les rues. Quant à moi, je sautai dans ma voiture pour aller chercher ma mère et ma sœur. Nous avons attaché des mouchoirs aux essuie-glaces qui voletaient au vent, et avons rejoint la foule, totalement transportées par son euphorie. C'était comme si nous retrouvions une dignité que nous n'avions même pas eu conscience d'avoir perdue.

Le 1er février 1979, l'Ayatollah Khomeiny, les traits tirés, le visage grave, sortait d'un avion Air France et foulait le tarmac de l'aéroport Mehrabad, mettant un terme à son exil seize jours après le début de celui du Shah. Toute ma famille et quelques amis étaient réunis dans le salon, les yeux rivés sur l'écran de télévision, ne voulant pas perdre une miette des événements, d'autant plus spectaculaires que c'était l'une des premières diffusions en couleurs. Le *chelo-kabob*, brochettes de bœuf accompagnées de riz, que nous avions commandé pour le déjeuner refroidissait tandis que le journaliste s'approchait de l'Imam. « Que ressentez-vous aujourd'hui ? Quel effet cela vous fait de rentrer en Iran après un si long exil ? » lui demanda-t-il. Nous avons retenu notre souffle pour entendre sa réponse. « Je ne ressens rien », dit-il, le visage inexpressif.

« Mais elle est ridicule, cette question ! s'exclama un de mes amis. C'est le Guide de la Révolution, pas une star de cinéma ! — Mais comment peut-on passer quatorze ans en exil, l'interrompit sa femme, revenir en de telles circonstances et dire : "Je ne ressens rien" ? » La caméra fit un zoom arrière pour montrer les rues de Téhéran, résonnant du son des klaxons, envahies de millions d'Iraniens, leurs visages ivres de joie, célébrant le retour de l'Ayatollah alors âgé de soixante-dix-huit ans. Soudain, la retransmission fut coupée. Écran noir. « C'est un coup d'État ! » s'écria mon père, levant les bras au ciel. L'espace d'un instant, terrorisés, nous avons imaginé l'Ayatollah assassiné, le sang coulant à flots dans les rues de la capitale.

L'armée était toujours fidèle au Shah et, la veille, la Garde impériale avait envoyé des chars d'assaut et des camions de soldats dans les rues de Téhéran pour montrer qu'ils ne lâcheraient pas comme ça les rênes du pouvoir. Des colonnes de chars sillonnaient la ville, rasaient les barricades et tiraient sur les manifestants qui bloquaient le passage.

Nous avons appelé tous les partisans de la Révolution que nous connaissions, mais personne ne répondait. Anxieux, nous avons attendu qu'un ami, parti voir ce qui se passait, revienne avec de bonnes nouvelles. Dans la rue, l'heure était toujours à l'euphorie. L'Ayatollah n'évoqua pas ce jour-là un État islamique, et ne parla pas non plus de la suite des événements. Mais il en appela à Dieu pour que soient tranchées les mains des ennemis de l'Iran.

Pendant environ un mois, le pays connut un équilibre précaire. Dans la plupart des villes, un gouvernement militaire d'urgence avait été mis en place, et les Iraniens avaient pour ordre de rentrer chez eux à la tombée de la nuit. L'Ayatollah demanda également à tous mes concitoyens de monter sur le toit de leur maison à neuf heures du soir et de crier *Allah akbar*, « Dieu est grand ». C'était là un moyen très ingénieux d'exploiter la dynamique des manifestations, d'augmenter le volume de la fureur et du mécontentement, sans que les gens risquent de se faire tirer dessus dans la rue. Plus qu'aucune autre, cette tactique révélait avec quelle efficacité l'Ayatollah était capable d'en appeler au sentiment religieux du peuple dans sa campagne contre le Shah.

Tous les soirs, mon mari et moi montions sur le toit de notre immeuble pour y crier *Allah akbar* à pleins poumons, pendant une demi-heure, jusqu'à s'enrouer. À perte de vue, les toits de Téhéran fourmillaient de gens qui levaient la tête vers le ciel afin que leur voix porte. Cette litanie s'élevait dans les airs, tel un hymne, et résonnait au-dessus de la ville apaisée, si enchanteresse pour l'esprit que mes amis les plus stoïques étaient émus.

Un matin que j'accompagnais ma mère à la banque, nous sommes tombées sur un voisin. Ma mère, d'ordinaire charmante et capable de se contrôler en public, se mit à expliquer d'une manière un peu vigoureuse que, en raison de leur âge, mon père et elle ne pouvaient pas monter l'escalier, trop raide, qui menait au toit : « À la place, on crie *Allah akbar* par la fenêtre de notre chambre. » Je devinais qu'elle était gênée face aux voisins, comme honteuse de ne pas pouvoir unir sa voix à celle de la population. « Maman, l'interrompis-je, ne t'en fais pas, je crie pour toi, tu sais. »

À cette époque, si une maison restait dans l'obscurité et que personne ne montait sur le toit, tout le monde se demandait pourquoi. Mais aujourd'hui, lorsque le gouvernement demande aux gens de sortir sur leur toit le 22 Bahman, en mémoire de ces nuits, seules quelques personnes sortent et crient *Allah akbar*, d'un ton plaintif, et plus personne ne sait plus vraiment pourquoi.

L'armée, qui tenait ferme, avait imposé un couvre-feu dans tout le pays : tout le monde devait être rentré chez soi à seize heures. Le 11 février, Khomeiny exhorta le peuple à braver cet ordre et à descendre dans la rue. Dehors, les coups de feu résonnaient, les gens attaquaient les postes de police. Mais la plupart des soldats et des agents de police se sont tout simplement fondus dans la foule en délire, accueillis par elle à bras ouverts. Seuls quelques soldats et officiers restèrent à l'écart, et les coups de feu qui retentirent ce jour-là furent leur baroud d'honneur. Le lendemain, le 22 Bahman du calendrier iranien, les commandants de l'armée déclarèrent que les forces armées ne prendraient pas parti et qu'elles resteraient dans leurs casernes. Cela signifiait que l'armée se rendait ; et, le même soir, le Premier ministre quittait son poste, puis le pays. Un silence total se fit à la télévision et à la radio d'État, puis une voix éraillée et tremblante se fit entendre, et annonça que le peuple s'était emparé des médias nationaux.

Depuis ce jour-là, le 22 Bahman est un jour férié qui commémore la victoire de la Révolution. En persan, on ne dit pas que la Révolution « est née », qu'elle est « survenue » ou « arrivée » ;

nous utilisons un verbe à rallonge, pour dire que la Révolution a triomphé. Ce jour-là, je me sentis submergée par un sentiment de fierté, qui, avec le recul, me fait sourire. J'avais l'impression que moi aussi j'avais gagné. Mais il me fallut moins d'un mois pour déchanter : de bon cœur, et même avec un enthousiasme débordant, j'avais contribué à ma propre défaite. J'étais une femme, et la victoire de la Révolution exigeait ma reddition.

CHAPITRE 3

Le goût amer de la Révolution

L' « INVITATION » à porter le foulard fut le premier signal d'alarme : la Révolution s'apprêtait à dévorer ses « sœurs » — c'est le nom que s'étaient donné les femmes qui militaient contre le Shah. Imaginez la scène, quelques jours seulement après la victoire des révolutionnaires. Par un bel après-midi, encore portés par l'ivresse de la victoire, nous sommes allés trouver un homme du nom de Fathollah Banisadr, nommé ministre de la Justice par intérim. En petit groupe, nous sommes entrés dans son bureau pour le féliciter. On se salua chaleureusement et on échangea des compliments. Puis Banisadr posa son regard sur moi. Je m'attendais à ce qu'il m'exprime sa reconnaissance pour avoir, en tant que juge et femme, eu le courage de m'engager dans cette révolution.

Mais voilà ce qu'il me dit : « Ne pensez-vous pas que, par respect pour notre vénéré Imam Khomeiny, qui nous a fait l'honneur de revenir en Iran, il serait mieux de vous couvrir les cheveux ? » J'étais sous le choc. Nous étions au ministère de la Justice, au lendemain d'une immense révolte populaire qui avait remplacé une monarchie antique par une république moderne, et le nouveau ministre me parlait de cheveux. De cheveux !

« Je n'ai jamais porté le foulard de toute ma vie, répondis-je, et il serait hypocrite de commencer maintenant.

— Alors ne soyez pas hypocrite et portez-le avec conviction ! dit-il comme s'il venait de résoudre mon dilemme.

— Je vous en prie, ne jouons pas sur les mots. Personne ne peut me forcer à me voiler, et si je ne crois pas au port du voile, alors je n'en mettrai pas.

— Ne voyez-vous pas dans quel sens la situation évolue ? me demanda-t-il en haussant la voix.

— Si, mais je ne veux pas faire semblant d'être ce que je ne suis pas. »

Sur ce, je quittai la pièce. Je n'avais aucune envie d'entendre, ni même d'envisager, le genre de réalité que la « situation » nous réservait. Ce printemps-là, Javad et moi avions prévu d'aller à New York consulter un spécialiste de la stérilité – j'avais fait une deuxième fausse couche l'année précédente. Nous avions pris rendez-vous longtemps à l'avance, bien avant les bouleversements que la société iranienne allait connaître, et il était devenu pratiquement impossible de voyager. Par décret officiel, tout le monde était *mamnoo-ol-khorooj* : personne n'avait le droit de quitter le pays. Je fis appel à Abbas Amir Entezam, le ministre adjoint, par le biais d'une lettre émanant du bureau du procureur. Amir Entezam – qui fut arrêté peu de temps après et se trouve toujours en prison à l'heure actuelle – nous accorda une autorisation ; en avril, nous nous envolions donc vers les États-Unis. Mehrabad, l'aéroport international de Téhéran, d'habitude grouillant de passagers en partance pour l'Europe, ressemblait à une ville fantôme, ou à une base militaire. On fouilla nos bagages très minutieusement, à la recherche d'objets d'art ou de liasses de faux billets. À bord du Boeing, il n'y avait que quinze autres passagers. Par le hublot, je regardai Téhéran disparaître au loin, me demandant quel Iran nous retrouverions à notre retour.

*L*ES SPÉCIALISTES new-yorkais se montrèrent très compatissants, et peut-être même plus francs, pour l'époque, sur ce que la médecine pouvait faire pour les femmes trentenaires qui n'arrivent pas à avoir d'enfants. L'équipe de la clinique de Long Island comptait un gynécologue iranien, qui m'exposa son point de vue d'une façon typiquement persane, à grands renforts de métaphores : « Il peut bien pousser une centaine de bourgeons sur un pommier, mais tous ne donneront pas de fruit. Peut-on expliquer pourquoi, avec la même irrigation et le même climat, certains bourgeons tombent et d'autres deviennent des pommes ? Absolument pas. » Il m'expliqua que les médecins ne parviennent pas toujours à détecter la cause de certaines fausses couches et m'encouragea à persévérer.

Dès le lendemain de notre retour à Téhéran, je me rendis à mon travail. Nous n'avions pas été absents plus d'un mois, mais déjà la ville avait changé. Les rues de la capitale – de longs boulevards appelés Eisenhower, Roosevelt, Reine Elizabeth ou du Trône du Paon – avaient été rebaptisées d'après le nom d'imams chiites, de martyrs, de héros de la lutte anti-impérialiste du tiers-monde. Les gens portaient des brassards en signe de soutien à la Révolution. En passant en taxi devant les bâtiments administratifs du centre de Téhéran, je remarquai l'absence des files de voitures officielles, remplacées par des motos. Une fois au tribunal, je traversai les couloirs et passai la tête dans les bureaux, de plus en plus perplexe. Les hommes ne portaient plus de costume ni de cravate, mais de simples pantalons et des chemises sans col, la plupart froissées, certaines même tachées. Mon nez avait lui aussi détecté le changement. Les subtils effluves d'eau de Cologne ou de parfum qui flottaient dans les couloirs, surtout le matin, avaient disparu. Je tombai sur une de mes collègues et lui fis part de ma surprise : la transformation était radicale, c'était à croire que le personnel du ministère répétait la générale d'une dramatique sur la pauvreté urbaine.

Apparemment, durant ma courte absence, le peuple avait ravalé ses envies protestataires pour se concentrer sur des questions aussi essentielles que la proscription de la cravate dans les bâtiments administratifs. Depuis longtemps, les mollahs radicaux dénigraient les technocrates occidentalisés et les traitaient de *fokoli*, du français « faux-col » ; la cravate était donc perçue comme un symbole des vices de l'Occident, sentir le parfum signalait des tendances contre-révolutionnaires, et aller au travail en voiture de fonction était perçu comme un privilège de classe. Dans cette nouvelle atmosphère, tout le monde aspirait à paraître pauvre, et porter des vêtements sales était devenu un signe d'intégrité politique et de compassion envers les plus démunis.

« Mais qu'est-ce que c'est que ces chaises ? » avait aboyé l'Ayatollah Taleghani, l'une des figures majeures de la Révolution, en arrivant au Sénat pour réécrire la Constitution, dans une pièce emplie de belles chaises de brocart. « Elles étaient déjà là ! se défendirent immédiatement ses assistants. Nous ne sommes pas allés les acheter exprès ! » Pendant des jours, l'Ayatollah et son assemblée rédigèrent la Constitution assis par terre en tailleur, puis finirent par céder et par se percher sur les chaises impures.

Tous ces changements ressemblaient véritablement à une mise en scène, mais j'étais distraite par les rumeurs qui circulaient au tribunal, des rumeurs si épouvantables que, à chaque fois qu'on les mentionnait, je prenais une profonde inspiration pour chasser mon désespoir. On répétait dans les couloirs que l'Islam interdit aux femmes d'être juges. J'essayais d'en rire. Et puis je tentais de me raisonner : j'avais parmi mes amis des hauts fonctionnaires, mon réseau de relations était solide. J'étais la femme juge la plus renommée du tribunal de Téhéran. Les articles que j'avais publiés m'avaient assuré une certaine notoriété et, de plus, j'avais apporté tout mon soutien – le soutien d'une femme juge éminente – à la Révolution. J'étais presque persuadée qu'ils me laisseraient tranquille. Parce que, s'ils s'en prenaient à moi, il en irait de même pour toutes les autres femmes du système judiciaire, et peut-être de tout le gouvernement.

Pendant plusieurs mois, au cours desquels je tombai enceinte, je tins bon. Un jour, le ministre provisoire de la Justice, Banisadr, celui qui m'avait invitée à porter le voile, me convoqua dans son bureau et proposa de me transférer au bureau d'enquête du ministère. C'était un poste tout à fait honorable, mais je craignais les implications d'une telle rétrogradation : les gens allaient se dire que la profession de juge se fermait aux femmes. Je refusai. Banisadr m'avertit de la possible formation d'un comité d'épuration, et que je risquais d'être rétrogradée au poste de greffière. « Peut-être, mais il faudra m'y forcer », répondis-je.

« *U*N GROUPE se faisant appeler les Partisans de l'Imam Khomeiny s'est emparé de l'ambassade américaine et a pris le personnel en otage ! » annonça-t-on à la radio un soir de début novembre 1979, tandis que, enceinte de cinq mois, je rinçais des fines herbes dans l'évier pour le dîner. Ce groupe ne me disait rien du tout. À l'époque, tout le monde était partisan de l'Imam Khomeiny et, si on ne l'était pas, on se gardait bien de le dire. Je reposai la passoire et pensai immédiatement à la Convention de Vienne sur les relations consulaires. Ces extrémistes doivent être bien jeunes, et bien malavisés, me dis-je. Comment pouvait-on prendre des diplomates en otage ? J'imaginais la réaction des Américains : enragés par une telle démonstration d'hostilité, ils allaient attaquer l'Iran, qui, en proie à la confusion postrévolutionnaire, n'était absolument pas en mesure de se défendre. Je m'attendais à ce que Khomeiny, pour parer à une attaque américaine, ordonne à ces jeunots (même si l'on n'avait pas vu leur visage au journal télévisé, il était impossible de leur donner plus de vingt ans) de libérer les otages. Plusieurs jours s'écoulèrent. Non seulement il n'exigea pas leur libération, mais il loua le courage de ces jeunes radicaux. Et l'Amérique n'attaqua pas notre pays. Le gouvernement américain fit simplement savoir qu'il gèlerait les capitaux iraniens aux États-Unis, ce que je trouvai très étrange. C'était comme si l'argent était l'équivalent de vies humaines : vous prenez nos diplomates en otage, on prend votre argent en otage.

Lorsque je repense à ces événements, je m'étonne de ma naïveté. D'un point de vue éthique, l'affaire était on ne peut plus simple. La prise d'otage est une infraction à la loi internationale. C'est illégal, et donc condamnable. Alors pourquoi avait-elle lieu ? La confusion qui régnait alors dans mon esprit me fait penser à Amir Abbas Hoveyda, Premier ministre au service du Shah pendant quatorze ans, que ce dernier fit jeter en prison un an avant la Révolution, sacrifice humain inutile destiné à apaiser la colère du peuple. Le jour de la Révolution, les gardes d'Hoveyda désertèrent leur poste et lui suggérèrent de prendre la fuite également. Convaincu de n'avoir rien fait de mal, Hoveyda ne voyait aucune raison de s'enfuir comme un simple criminel. Il resta donc dans sa cellule, à peu près sûr qu'un procès équitable établirait bientôt son innocence. Tout comme moi, il connaissait sûrement l'histoire des grandes révolutions, française et bolchevique, ce qu'en disaient les livres scolaires, ces histoires de têtes piquées au bout d'une lance. Mais, d'un autre côté, sa vision du monde, comme la mienne, n'admettait pas la rage et la violence inhérentes au renversement de l'ordre établi. Peut-être étions-nous trop bouleversés de voir Téhéran s'effondrer autour de nous pour nous rendre compte que la loi et la justice se perdraient dans le chaos, comme c'est le cas dans toutes les révolutions. Qu'est-ce qu'il croyait ? Et moi, qu'est-ce que je croyais ? Pensait-il vraiment qu'ils feraient une pause, qu'ils annuleraient leurs manifestations de plusieurs millions de personnes pour lui organiser un procès équitable dans un tribunal à air conditionné ? Et moi, pensais-je vraiment que ces jeunots de vingt ans, armés et ivres de pouvoir, prendraient le temps de feuilleter la Convention de Vienne et changeraient d'avis ? Aucun de nous deux n'avait compris la révolution. Quels idiots nous étions.

L'Ayatollah Khomeiny déclara que la prise d'otages était une « deuxième révolution », et personne n'osa le contredire. Nombre d'Iraniens s'y opposaient fermement mais ne disaient rien en public, de crainte de se voir accusés d'être un espion américain et de finir en prison. Ceux qui soutenaient le siège de l'ambassade n'avaient pas pensé une seule seconde à l'image de l'Iran dans le monde. L'Ayatollah avait dit : « Les Américains ne peuvent rien contre nous », et ce slogan apparut bientôt sur tous les murs de la ville. Une fierté trompeuse ensorcelait les gens. Pour eux, cette prise d'otages couronnée de succès était une victoire sur l'Amérique.

Je pense pouvoir dire sans me tromper que les Iraniens inquiets des implications de la crise des otages au regard de la Convention de Vienne étaient minoritaires. La plupart des Iraniens, envoûtés par le charisme incomparable de l'Ayatollah, considéraient les preneurs d'otages comme de véritables héros.

Le siège de l'ambassade devint très vite l'épisode dramatique central de la Révolution. Les étudiants annoncèrent qu'ils avaient découvert des documents confidentiels et émirent bientôt des déclarations dans lesquelles ils donnaient les noms d'Iraniens qui avaient soi-disant espionné pour le compte du gouvernement américain. À chaque nouvelle énumération, les preneurs d'otages signaient l'arrêt de mort des collaborateurs présumés. La foule en délire s'empressa de se réunir autour de l'ambassade, bloquant les carrefours qui menaient à cet immense complexe et scandant des « Mort à l'Amérique ». De jeunes militants inexpérimentés patrouillaient sur le terrain, de la taille d'un petit campus, qui comprenait des courts de tennis, des jardins et un gigantesque auditorium – une ambassade dont la taille reflétait parfaitement la nature des relations entre le gouvernement américain et l'Iran du Shah.

Un après-midi, une amie m'appela pour me proposer d'aller à l'ambassade. « Ils nous laisseront entrer ? demandai-je. — Non, mais il y a beaucoup de monde apparemment. On devrait aller y jeter un œil. » Des vendeurs ambulants de betteraves cuites à la vapeur, de maïs grillé, de boissons fraîches et de toutes sortes de spécialités iraniennes avaient aligné leurs carrioles dans les rues autour de l'ambassade, comme s'il s'agissait d'une vaste aire de pique-nique. Les parents promenaient leurs enfants en poussette, les petits se régalaient de glaces, et les partisans les plus dévoués achetaient un portrait de l'Ayatollah avec leur jus de melon frais. Ce qui avait débuté comme un sit-in se transforma en crise diplomatique, puis en fête de rue. « Désolée, dis-je à mon amie, quand la folie devient un sport qui attire une foule de spectateurs, ça ne m'intéresse pas. » Soir après soir, les journaux télévisés retransmettaient les communiqués de presse des preneurs d'otages et les images de la foule omniprésente. Le siège dura bien plus longtemps qu'aucun de nous ne l'avait imaginé : 444 jours au total. Je me souviens que la moitié du monde avait envoyé des représentants à l'Ayatollah Khomeiny, le suppliant de libérer les otages. Même le pape avait dépêché quelqu'un sur place : « Au nom du pape, au nom de l'humanité, implora-t-il, libérez-les. — Et où était le pape, répliqua l'Ayatollah, impassible, lorsque nos jeunes gens se faisaient torturer dans les prisons du Shah ? »

Parmi le futur personnel politique de la République islamique, ils étaient nombreux à faire partie du groupe des preneurs d'otages. De certains partisans d'une « ligne dure » aux réformateurs, les preneurs d'otages intégrèrent les rangs du gouvernement ; mais leur statut de héros déclinerait aux yeux des Iraniens dans les années à venir, surtout après la fin de la guerre avec l'Irak, époque à laquelle les gens ont commencé à mesurer l'ampleur des dégâts que le siège de l'ambassade avait infligés à l'Iran, pratiquement mis au ban de la communauté internationale. La chute de l'URSS aboutit à un ordre mondial unipolaire, et avoir pour ennemi la seule véritable superpuissance du monde constituait un sérieux handicap. En raison des sanctions économiques imposées par les États-Unis, l'Iran ne pouvait faire appel à des entrepreneurs américains pour l'entretien de ses infrastructures pétrolières, entièrement construites par des firmes américaines. Le pays ne pouvait pas non plus acheter de Boeing ni faire réviser les appareils qu'il possédait déjà et, bientôt, même les Airbus achetés aux Européens – à cause de leur moteur, de fabrication américaine – devinrent inutilisables. La flotte aérienne civile diminuait d'année en année, aussi le gouvernement décida-t-il d'acheter des Tupolev aux Russes, des avions qui s'écrasaient avec une régularité inquiétante. Aujourd'hui encore, si vous prenez un vol IranAir vers l'Europe, vous pouvez très bien vous retrouver à bord d'un antique Boeing 747 datant des années 1970, vestige d'une époque où l'ambassadeur iranien à Washington donnait les fêtes les plus célèbres de la capitale américaine, et où l'ambassadeur américain à Téhéran organisait des brunchs arrosés de Bloody Mary.

La prise d'otages lia le destin des États-Unis et de l'Iran pour des décennies, même si c'était peut-être la dernière fois qu'ils s'affrontaient en face-à-face. L'Iran révolutionnaire continua à prendre les Américains pour cibles à Beyrouth, dans le chaos du début des années 1980, en envoyant au Liban, petit pays méditerranéen en proie à la guerre civile, ses extrémistes et ses Gardiens de la Révolution y créer un groupe chiite radical : le Hezbollah. Au cours du printemps 1983, une attaque-suicide provoqua la mort de soixante-trois personnes – un homme au volant d'une camionnette chargée d'explosifs avait foncé droit sur l'ambassade américaine à

Beyrouth ; l'automne de la même année, un autre attentat-suicide à la bombe eut lieu à la caserne américaine de Beyrouth, causant la mort de 241 marines. Après avoir introduit avec succès l'attaque à la voiture piégée dans le combat urbain, les extrémistes islamiques, apparemment appuyés par l'Iran, se mirent à kidnapper des Américains, y compris un responsable de la CIA ; leurs ravisseurs étaient liés aux Gardiens de la Révolution, et les diplomates qui réclamaient leur libération allaient négocier à Téhéran.

À première vue, les relations entre les États-Unis et l'Iran s'étaient violemment dégradées, ainsi qu'en témoignaient les attaques iraniennes sur le lointain champ de bataille libanais. Mais, depuis la fin du siège de l'ambassade, la rumeur voulait que les ennemis publics aient eu des échanges en coulisses. Des hauts fonctionnaires du gouvernement du président sortant Jimmy Carter prétendirent que les étudiants avaient accepté de retarder la libération des otages jusqu'à l'investiture du président Reagan. Et, de fait, seulement quelques heures après avoir prêté serment, Reagan informait la nation que le siège de l'ambassade avait pris fin.

L'affaire de l'Irangate, au milieu des années 1980, ne fit qu'alimenter ces suspicions : la presse révéla que les États-Unis vendaient secrètement des armes à l'Iran en échange de la libération d'otages. Ce scandale vint entacher l'administration Reagan, mais fit également douter les Iraniens de la sincérité de la rhétorique anti-américaine de leur gouvernement, surtout lorsque les détails d'une mission secrète furent révélés : en 1986, Reagan dépêcha à Téhéran son conseiller à la Sécurité nationale, Robert McFarlane, avec dans ses bagages un gâteau au chocolat en forme de clé et une Bible dédicacée de la main du président. Le gâteau en forme de clé devint une légende politique iranienne, un symbole de la coopération secrète des deux pays derrière leur antagonisme de façade.

Cette prise d'otages, longue de 444 jours, n'était pas une banale confrontation entre deux États souverains. Washington, avec sa prudence habituelle, voyait sa relation avec l'Iran comme un mariage qui avait mal tourné, dans lequel les deux parties faisaient intervenir les grands sentiments à des fins stratégiques. Cette vision des choses arrangeait les Américains : ils assimilaient la réaction iranienne à une poussée soudaine de l'Islam radical contre le Shah, symbole de laïcité. Mais, en Iran, la mémoire collective remonte à une époque plus ancienne et date l'ouverture des hostilités à l'année 1953, lorsque les États-Unis participèrent au coup d'État contre Mossadegh.

Au cours des années 1990, de nombreux preneurs d'otages, ainsi que des figures de la Révolution, commencèrent à voir les choses différemment. Selon eux, la Révolution s'était écartée de sa voie initiale, avait perdu de vue ses idéaux de liberté et d'indépendance, et s'aliénait le peuple iranien en s'enfonçant dans la corruption et la répression. À la fin des années 1990, ils participèrent à un mouvement de réforme ayant pour but de mettre un frein à l'autoritarisme de la République islamique. En 2001, lorsque l'ambassade américaine ouvrit pour la première fois ses portes au public à l'occasion d'une exposition macabre retraçant les « crimes de l'Amérique à travers le monde » – dans laquelle figuraient des effigies de l'Oncle Sam à cornes de diable et une Statue de la Liberté renfermant une colombe vivante dans son estomac –, ils refusèrent de s'y rendre.

*L*A RÉUNION au cours de laquelle on me démit de mes fonctions eut lieu dans une salle spacieuse du tribunal de grande instance, dans les derniers jours de l'année 1980. Enfin, si l'on peut appeler ça une « réunion »... Les membres du comité d'épuration ne m'offrirent même pas de siège. Ils étaient assis derrière une table en bois. Deux d'entre eux étaient des juges que je connaissais bien, dont un qui avait été mon assistant jusqu'à l'année précédente. J'étais dans mon sixième mois de grossesse ; debout, mains agrippées à un dossier de chaise, je me demandais s'ils auraient la décence de me proposer de m'asseoir. D'un geste brusque, l'un d'entre eux me tendit un papier.

« Présentez-vous au bureau d'aide juridique lorsque votre congé aura pris fin », lâcha-t-il. L'endroit en question était le bureau des clercs du tribunal. Ce qui signifiait ma rétrogradation au poste de simple employée, de gratte-papier, de dactylo.

Personne ne réagit. J'observais les deux juges que je connaissais, assis de part et d'autre de celui qui présidait le comité.

« Avant même de commencer à son nouveau poste, elle veut des congés », dit-il.

Je savais qu'il essayait de me provoquer, aussi passai-je une main sur mon gros ventre en disant que le congé maternité était garanti par le code du travail.

Puis l'impensable se produisit. Ils se mirent à parler des femmes juges comme si je n'étais pas là. « Elles sont complètement désorganisées ! » s'écria l'un. « Un rien les distrait », renchérit un autre. « Tout à fait ! approuva encore un autre. Elles manquent totalement de motivation. Il est évident qu'elles n'ont aucune envie de travailler. »

Je redressai les épaules, posai un bras protecteur sur mon ventre et quittai la pièce, en proie à une rage telle que je ne pouvais lâcher un mot.

Aujourd'hui encore, quand je repense à cette réunion ou que je raconte l'anecdote, je n'arrive pas à me souvenir comment je suis rentrée chez moi. Sans doute à pied, parce que, en arrivant à la maison, je m'aperçus que j'étais tombée, bien qu'il ne m'en reste aucun souvenir. Je ne me rappelle pas avoir traversé les carrefours embouteillés, ni avoir entendu le vrombissement éraillé des vieilles Paykan. Je n'ai même pas ouvert la porte avec ma clé, j'ai sonné et attendu qu'on vienne m'ouvrir. C'est ma sœur qui m'a accueillie, effarée à la vue de mon pantalon tout déchiré et du sang qui coulait le long de ma jambe. En baissant les yeux à mon tour, j'ai vu la plaie rouge qui me barrait le genou. Ce n'est qu'une fois dans les bras de ma sœur que je me suis effondrée en larmes.

*A*u cours des jours suivants, l'impensable continua de se produire, avec une régularité consternante. Je ne l'ai pas mentionné de manière explicite, mais je suis quelqu'un d'entêté. Il était hors de question que je reste assise chez moi et que je cède ma place au ministère. Je me présentais donc à mon poste tous les matins à neuf heures, dans le bureau auquel j'avais été scandaleusement « transférée ». Mais, dès le premier jour, j'ai fait savoir que, puisque l'on m'avait rétrogradée contre mon gré, je refusais de travailler en signe de protestation. Le chef du service me connaissait depuis longtemps et comprenait pourquoi j'agissais de la sorte. Il ne me chercha pas d'ennuis. Tous les jours, j'allais au bureau et restais là sans rien faire. Les heures devinrent des journées entières, les jours, des semaines.

Un après-midi, un groupe de personnes débarqua au ministère et se posta devant le bureau de Banisadr, qui avait été nommé procureur général de la République. Ces hommes appartenaient à un *anjoman-e-Islami*, l'un des nombreux groupes islamiques qui proliféraient dans le pays et s'octroyaient la responsabilité de veiller à la pureté de la Révolution. Lorsque Banisadr finit par arriver, ils l'empêchèrent d'accéder à son bureau. Ils lui expliquèrent avec véhémence qu'il n'était pas un vrai révolutionnaire islamique ; à peu de chose près, ils lui servirent le même discours que lui-même m'avait délivré lorsqu'il m'avait demandé de me voiler par respect pour l'Ayatollah Khomeiny.

Banisadr sortit du ministère l'air digne. Quelque temps plus tard, après que son frère fut élu président de la République, il me proposa un poste de conseillère juridique au cabinet présidentiel. C'était une offre très intéressante – certainement plus que les journées que je passais les yeux rivés au plafond du ministère – mais je la déclinai néanmoins. Je ne connaissais que trop bien la fragilité de ces alliances politiques, et les brusques sautes d'humeur des révolutionnaires. Un jour quelqu'un vous reprochait votre manque d'esprit révolutionnaire, et le lendemain cette même personne se voyait démise de ses fonctions pour les mêmes raisons, commandées par un extrémisme grandissant. Quoi qu'il en soit, je me félicitai de ma décision. L'homme qui accepta ce poste fut mis à mort par un peloton d'exécution peu de temps après la destitution du président Banisadr.

*P*AR UNE DE CES JOURNÉES où je m'ennuyais à mourir dans mon bureau, avant que je ne décide de mettre un terme à ma grève, je tombai sur un article incroyable, en feuilletant le *Enghelab-e-Islami*, intitulé de façon assez peu originale « La Révolution islamique ». En parcourant le titre puis le projet de code pénal islamique qui figurait en dessous, je crus être victime d'hallucinations. Comment était-ce possible ? L'imposition d'un code pénal islamique, inspiré par la charia, impliquait un remaniement radical des lois qui régissaient la société. Cela transformait en profondeur les fondements mêmes du rapport des citoyens à la loi, le contrat social et les principes organisateurs de la société. C'était un tel changement, un tel bouleversement, que ce code aurait dû être lu du haut des remparts, puis soumis à un scrutin. Il ne pouvait pas apparaître comme ça dans le journal du matin. Je posai ma tasse de thé sur un coin du bureau, dépliai le journal en grand et repris ma lecture au début.

Ces lois inflexibles que je passerais le reste de ma vie à combattre étaient imprimées noir sur blanc : la vie d'une femme valait la moitié de celle d'un homme (par exemple, si une voiture renversait un homme et une femme dans la rue, la famille de l'homme touchait deux fois plus en dédommagements que celle de la femme) ; la déposition d'une femme au tribunal comme témoin d'un crime ne valait que la moitié du témoignage d'un homme ; une femme devait demander à son mari la permission de divorcer. Les rédacteurs du code pénal avaient manifestement consulté des conseillers juridiques du VIIe siècle. Ces lois nous faisaient revenir quatorze siècles en arrière, aux premiers jours de l'expansion de l'Islam, une époque où lapider une femme coupable d'adultère ou couper les mains d'un voleur étaient des sanctions justes.

Je sentis monter en moi une bouffée de rage telle que tout mon corps me démangeait. Une douleur sourde commença à battre à mes tempes et, en moins d'une heure, cette pulsation me faisait souffrir le martyre. Je rentrai chez moi avec ma première migraine – il y en aurait beaucoup d'autres – et restai allongée des heures dans l'obscurité. Javad était en formation en Europe pour quelques mois. Au moins, je n'avais pas à faire la cuisine ; je n'aurais même pas eu la force de mettre la table. Pour les Iraniens instruits, il était évident à présent que la Révolution avait pris un autre cours, celui de la haine. Non seulement les idées qui nous avaient fait descendre dans la rue étaient absentes des processus révolutionnaires, mais en plus la soif de violence semblait grandir de jour en jour.

Lorsque le soleil se coucha et que la cacophonie de la circulation s'atténua, vers neuf heures du soir, je sortis de mon lit et m'installai devant la télévision avec une assiette de biscuits, une compresse d'eau froide sur le front. Je n'avais pas vraiment d'appétit, je me contentais de jouer avec les miettes. En apercevant le visage austère de l'Ayatollah Khomeiny sur l'écran, je montai le son, même si j'avais du mal à supporter le moindre bruit. De sa voix monocorde, avec laquelle il avait renversé un roi et changé le cours de l'histoire iranienne, il déclara que quiconque s'opposerait au code était contre l'Islam et serait donc puni. La critique était l'œuvre d'« ennemis », un terme qui englobait tous ceux qu'on jugeait « contre l'Islam » et « contre-révolutionnaires », deux catégories dont les frontières étaient sans cesse redéfinies. Et ceux qui se trouvaient du mauvais côté risquaient le plus souvent le peloton d'exécution.

Quelques jours plus tard, un groupe de professeurs de droit de l'université de Téhéran rédigea une lettre de protestation qui affirmait que le nouveau code pénal était anachronique et demandait qu'il ne soit pas appliqué. Ils furent promptement renvoyés de l'université et suspendus ; mais, suite à une importante pénurie de professeurs, on les somma bientôt de reprendre leur poste.

*J*E M'ÉTAIS PRÉPARÉE à toutes les manières dont l'imposition de la loi islamique pourrait affecter ma vie. J'avais envisagé tous les changements qu'elle pourrait engendrer : les tribunaux que je ne pourrais plus présider, le ministère qui s'emplirait de clercs, les textes religieux qui me serviraient dorénavant de références légales. Mais, malgré toutes mes spéculations et mes inquiétudes, je n'avais jamais imaginé que la crainte de ce nouveau régime juridique, bien que catastrophique, me poursuivrait jusque dans mon salon, jusque dans mon couple. Pourtant, je ne pouvais le nier : depuis que j'étais tombée sur le nouveau code pénal dans le journal, je me comportais différemment avec Javad. C'était comme si ma peau était devenue hypersensible, je réagissais de façon épidermique. La moindre remarque ou le moindre haussement de ton me poussaient sur le sentier de la guerre, ou, comme le dit une expression persane, à « monter au front ». C'était plus fort que moi.

Le jour où Javad et moi nous sommes mariés, nous avons uni nos vies en tant qu'individus égaux. Mais, en vertu de ces nouvelles lois, lui demeurait une personne et moi je devenais un bien meuble. Elles l'autorisaient à demander le divorce comme ça lui chantait, à avoir la garde exclusive de nos futurs enfants, à prendre trois autres épouses et à les faire vivre sous le même toit que moi. J'avais beau me raisonner, me dire qu'en Javad ne sommeillait pas un tel monstre attendant son heure pour s'enfuir avec nos enfants et provoquer un ouragan, je me sentais oppressée. J'étais maussade, sans cesse sur la défensive. Au bout de deux semaines, je ne tenais plus. Je décidai qu'il était temps pour Javad et moi d'avoir une discussion.

« Écoute, je ne supporte plus cette situation, me lançai-je.

— Mais nous n'avons pas de problèmes », répondit-il. Ce en quoi il avait raison. Avant ces événements, notre plus gros désaccord avait eu trait aux tâches ménagères.

« Je sais bien… Mais la loi nous en a créé. Avant, on était égaux, mais maintenant tu es au-dessus de moi, et je ne le supporte pas. Je t'assure, ça m'horripile.

— Et qu'est-ce que tu veux que j'y fasse ? » s'exclama-t-il, bras levés au ciel.

Et c'est là que j'eus une illumination. Je savais ce qu'il pouvait faire ! Il pouvait signer un contrat *post*nuptial m'accordant le droit de demander le divorce ainsi que la garde de nos futurs enfants en cas de séparation.

Le lendemain matin, nous nous sommes levés à huit heures et avons vite avalé notre petit déjeuner avant de filer chez le notaire. Comme d'habitude, c'est moi qui conduisais ; Javad détestait conduire en ville, alors que je n'aimais rien tant que me faufiler entre les voitures qui embouteillaient les boulevards de Téhéran, tout en me lamentant sur le sort de notre pays. « Tu aurais dû être chauffeur de taxi », me répète sans cesse Javad. Mais, assez étrangement, j'ai peur de conduire sur autoroute. Dès que l'on sort de Téhéran, c'est Javad qui prend le volant. La vitesse me terrifie. Si je dépasse les 80 km/h, je suis prise de vertiges.

Lorsque j'étais en stage de ministère public, nous avons visité une morgue. Quinze cadavres récemment mutilés étaient allongés sur des tables de dissection en acier, attendant leur autopsie. Ces gens voyageaient dans un bus dont le chauffeur, en excès de vitesse, avait perdu le contrôle du véhicule, qui s'était renversé. Depuis ce jour, il est hors de question que je roule vite.

Une fois installés dans l'étude, le notaire regarda Javad à travers ses épaisses lunettes comme s'il avait affaire à un fou. « Vous vous rendez bien compte de ce que vous êtes en train de faire, mon brave ? lui demanda-t-il, pensant peut-être que Javad était illettré, pour être amené à signer un tel contrat. Pourquoi faites-vous cela ? »

Je n'oublierai jamais la réponse de Javad :

« Ma décision est irrévocable. Ma femme me tuerait. »

Sur le chemin du retour, je jetai un œil dans sa direction et sentis tout le poids de cette loi s'envoler. Nous étions revenus à notre place, à notre statut d'égal à égale. Mais une partie de moi se faisait toujours un sang d'encre. Car il fallait bien se rendre à l'évidence : je ne pouvais pas traîner tous les hommes de ce pays chez le notaire.

L E 21 AVRIL 1980, cinq ans jour pour jour après ma rencontre avec Javad, je donnais naissance à ma fille Negar. J'avais continué à « travailler » au service juridique pratiquement jusqu'à la fin de ma grossesse, et je ne m'étais pas douté que ma fille deviendrait le soleil de ma vie, qui s'assombrissait de jour en jour. Pour être honnête, je n'aimais pas tant que ça les enfants, jusqu'à ce que j'aie les miens. Je suis restée à la maison pendant deux mois, à observer ce mystérieux petit être tout rose, à essuyer la bave qui lui coulait au coin de la bouche, à tapoter son dos pour qu'il fasse son rot. J'étais fascinée. Et pas seulement parce que son monde – les berceuses apaisantes et la préparation rituelle des biberons – m'offrait un répit pendant lequel j'échappais à la laideur du monde extérieur, où exécutions et épurations n'avaient de cesse.

Après sa naissance, nous n'avions pas les moyens d'engager de nounou. Lorsque je dus reprendre le travail, je laissais Negar chez ma mère le matin et la récupérais le soir en rentrant.

Au ministère, l'atmosphère s'était tendue : l'heure était à l'intimidation. On avait l'impression que les révolutionnaires faisaient passer une nouvelle loi injuste et arbitraire par jour ; et personne ne pouvait émettre de protestation, de peur d'être étiqueté anti-islamique. Alors que mes anciens collègues m'avaient rétrogradée en secret, en me « transférant » à un autre département, bientôt une nouvelle loi statua que seuls les hommes pouvaient être juges, et que les femmes juges devraient désormais remplir les fonctions administratives. Ironie de ce remaniement bureaucratique, je me retrouvai secrétaire du tribunal que j'avais présidé. Bien entendu, les femmes juges ont élevé la voix. Dès que l'on pouvait, on se faisait entendre – dans les couloirs, auprès de nos amis qui avaient des révolutionnaires parmi leurs contacts, auprès du nouveau ministre.

Je me suis personnellement adressée aux révolutionnaires dont j'étais proche avant la chute de l'ancien régime. Ceux qui avaient l'esprit large, et ne m'avaient pas traitée comme une citoyenne de second ordre lorsqu'ils avaient eu besoin de mon soutien dans leur campagne contre le régime ou de ma signature au bas de leurs lettres de protestation. J'étais alors pour eux une *mobarez*, une « camarade », leur égale dans la lutte. Je leur ai rappelé tous ces détails en insistant lourdement. « Pourquoi ? leur demandai-je. Pourquoi une femme ne peut-elle pas être juge ? J'ai pris le parti de cette révolution. Vous me devez une réponse.

— Tu as raison, bien sûr. Personne ne te contredit. Sois un peu patiente, c'est tout. Nous nous occuperons de vos droits plus tard, promirent-ils. Pour l'heure, nous avons des problèmes plus urgents à régler. Ça se voit, non ? »

Avec le temps, mes pires craintes sur les révolutionnaires allaient se confirmer. Dans la hiérarchie de leurs priorités, les droits de la femme viendraient toujours en dernier. Ce n'était jamais le bon moment. Vingt-cinq ans plus tard, ils repousseraient mes arguments avec la même réponse : il faut sauver la Révolution. Messieurs, me dis-je intérieurement, quel est, d'après vous, le moment favorable pour s'occuper des droits de la femme ? Le futur ? Demain, encore et toujours ?

Mais, à l'époque, le pays était en danger, et leurs piètres arguments semblaient pour une fois justifiés. Car, le 22 septembre 1980, comme si le destin n'avait pas été assez cruel avec nous, Saddam Hussein envahissait l'Iran.

CHAPITRE 4

L'Iran en guerre

« TU AS ENTENDU la nouvelle ? Vite, allume la télé ! » bredouilla mon amie en se précipitant dans le salon dès que je lui ouvris la porte. Je n'avais pas la moindre idée de ce qui se passait. Negar occupait tous mes après-midi, et je n'écoutais plus les informations. Elle me mit donc au courant : à quatorze heures, des avions de chasse irakiens avaient attaqué l'aéroport Mehrabad et d'autres quartiers de Téhéran.

Je mis la bouilloire sur le feu et revins dans le salon me poster devant l'écran. Il n'y avait pas d'émission, seulement les images d'une grondante marche patriotique, de sinistre présage. De temps en temps, une voix-off informait les téléspectateurs que l'Ayatollah Khomeiny allait s'adresser à la nation. « Le peuple iranien, déclara-t-il, défendra son pays. » Le téléphone sonna. « Pourquoi tu ne viens pas à la maison ? me proposa ma mère, je préférerais qu'on soit tous ensemble, avec la nuit qui se prépare. » Le temps de prendre quelques affaires de rechange, et Javad et moi nous rendions chez mes parents. Nous avons veillé tard devant la télé, trop nerveux pour trouver le sommeil. En me penchant par la fenêtre pour prendre l'air, j'ai remarqué que la lumière était allumée dans presque toutes les maisons du quartier.

Il était clair que Saddam Hussein se lançait dans une véritable invasion de notre pays. Bagdad commença par envoyer des avions de chasse attaquer les bases aériennes de Téhéran et de huit autres villes – tactique, inspirée de la guerre des Six-Jours, visant à anéantir l'aviation militaire iranienne avant qu'elle ne quitte le sol. Mais les avions iraniens étaient protégés par des hangars blindés et, au bout de quelques heures, les F-4 Phantom s'engagèrent sur des rampes criblées de trous et décollèrent à leur tour vers leurs cibles irakiennes.

Tandis que les Irakiens bombardaient les bases aériennes iraniennes, six divisions de l'armée de Saddam Hussein pénétrèrent en Iran sur trois fronts, occupant le territoire sur plus de huit cents kilomètres. Le front nord longeait la région nord-ouest du pays, où se trouvait le poste frontière de Qasr-e-Shirin, tandis que le front central s'enfonçait dans la plaine désertique sous les monts Zagros ; mais l'armée irakienne avait réservé le plus gros de ses troupes pour les champs pétrolifères du Sud, que Saddam rêvait d'annexer pour consolider son régime baasiste à tendance fascisante. Les divisions blindées traversèrent le fleuve Arvand en direction des points stratégiques et des bases militaires pour mieux repousser les renforts iraniens.

Tandis que le pays subissait cette attaque massive, les haut gradés de l'armée du Shah, ceux formés à piloter les avions de chasse que le Shah avait achetés aux Américains, dépérissaient en prison. Les commandants de l'armée de terre ne tardèrent pas à réclamer le soutien de l'aviation militaire, aussi la question de savoir si ces pilotes étaient toujours fidèles au Shah devint vite secondaire. Le président Banisadr les somma de reprendre du service. Promptement transférés de leur cellule au cockpit de leurs chasseurs bombardiers, ils freinèrent bientôt l'avancée des troupes irakiennes.

Pendant les premières semaines de la guerre, la vie du pays s'arrêta. Les bureaux fermaient de bonne heure, afin que les gens puissent rentrer s'abriter chez eux. Les restaurants et les cinémas avaient fermé leurs portes et, à la tombée de la nuit, les rues de Téhéran étaient désertes. Puisqu'il était impossible de prévoir les bombardements irakiens, personne n'osait s'aventurer dehors. La plupart des gens portaient avec eux des petits transistors, afin de ne pas rater les alertes au bombardement lorsqu'ils sortaient en hâte faire quelques courses. Bientôt, les magasins vinrent à manquer de denrées alimentaires de base telles que le sucre et la farine, et le gouvernement mit en place un système de rationnement. Les queues devant les magasins d'alimentation s'étendaient sur des centaines de mètres ; il fallait parfois attendre une journée entière avant de pouvoir acheter un simple sac de farine. Les prix flambèrent. De temps en temps, ma mère passait le matin pour voir de quoi j'avais besoin à la maison. Je continuais de me rendre au travail et, entre Negar et le bureau, je n'avais pas de temps à perdre.

Petit à petit, nous nous sommes habitués à ces queues et à ces pénuries, et nous avons oublié l'époque où l'on pouvait s'arrêter au *baghali*, l'épicerie du coin, pour faire nos achats en cinq minutes. Les restaurants ont fini par rouvrir le soir, et l'on pouvait de nouveau fêter un anniversaire sans que cela semble déplacé. Les couples plus âgés ont repris leurs balades de l'après-midi. Nous nous sommes habitués à cet état de guerre, tout comme nous nous étions adaptés au chaos provoqué par la Révolution. Même s'il pouvait avoir des conséquences tragiques, je ne cessais de m'étonner de l'instinct de survie des hommes.

De manière très efficace, la guerre fit taire le mécontentement populaire dirigé contre la Révolution. Non que la répression politique ait connu une quelconque accalmie – les journaux du matin publiaient toujours de longues listes de noms, ceux des fonctionnaires de l'ancien régime et des soi-disant « contre-révolutionnaires » que l'on avait pendus ou fusillés. Je tournais les pages, parfois illustrées de photos macabres de potences et de cadavres, révulsée à l'idée de ces procès secrets qui précédaient les exécutions. Mais il n'y avait pas de place, même marginalement, pour exprimer notre colère. Même entre nous, lors de nos *dowreh* – réunions où les gens de même opinion discutent de littérature, de l'actualité ou de n'importe quel autre sujet –, nous nous abstenions de dire à quel point ces effusions de sang nous désespéraient.

J'essayais malgré tout de me montrer gaie, même si depuis la Révolution nous étions tous d'une humeur sinistre. Un jour, lors d'une *dowreh*, je pris le journal et sortis une calculatrice. « Vu le nombre de gens qu'ils exécutent par mois, si on multiplie le rapport par le nombre d'habitants en Iran, les lois de probabilité nous disent que dans... sept ans, dix mois et vingt-six jours, ce sera notre tour. » Les listes d'exécutions se succédaient en effet à un rythme effroyable. Cela finit par devenir une blague récurrente entre nous ; chaque début de réunion débutait par un compte à rebours : « Il nous reste tant de jours ! » Avec le recul, cette plaisanterie me semble atroce. Mais quel autre choix avions-nous ? On ne pouvait que baisser les bras. Il nous fallait soutenir le gouvernement car c'était le seul que nous avions, et nous étions en guerre contre une brute tyrannique. La révolution de l'Ayatollah Khomeiny n'avait pas uni le peuple iranien mais, par la force des choses, la guerre nous imposait de rallier sa cause.

SADDAM HUSSEIN baptisa « Qadissiya » son offensive contre l'Iran, destinée à redessiner les frontières et à prendre le contrôle des champs de pétrole du sud du pays. « Qadissiya » fait référence à une célèbre bataille que les Arabes remportèrent sur les Sassanides en 637, au cours de leur conquête de l'Empire perse. En évoquant cette bataille mythique, Saddam cherchait à dissimuler ses fins annexionnistes et sa soif de pétrole sous les traits d'une nouvelle lutte de l'Arabe contre l'Ajam (*Ajam* est le mot arabe pour désigner un étranger, plus particulièrement persan). L'Ayatollah Khomeiny, de son côté, se déclarait déterminé à étendre la révolution chiite dans toute la région. Ses révolutionnaires clamaient haut et fort que l'Islam n'a pas de frontières, et que le nationalisme, comparé à la foi, est une attitude primitive et matérialiste. Du Liban à l'Irak, ils voyaient un terrain propice à un soulèvement chiite qui effacerait les frontières dessinées par les colons britanniques. L'Ayatollah baptisa le conflit *jang-e-tahmili*, la « guerre imposée », et l'assimila à l'éternel combat du chiisme contre le despotisme ; il donna à Saddam le nom de Yazid, le traître qui, dans l'histoire chiite, tua sauvagement l'Imam Hossein, saint prophète du chiisme, lors de la bataille de Kerbala. Hormis les deux guerres mondiales, ce siècle avait connu peu de conflits aussi sanglants. La guerre Iran-Irak fut la dernière guerre d'usure du XXe siècle, au cours de laquelle deux nations souveraines s'affrontèrent directement sur le terrain – avant les progrès en technologie militaire que l'on sait – et envoyèrent des milliers de jeunes soldats à pied sur les champs de bataille. Saddam avait l'avantage d'avoir accès à l'armement occidental ; il achetait des agents chimiques à des firmes européennes et des stocks d'armes aux États-Unis. Quant à l'Iran, c'était la nation la plus peuplée de la région. Notre pays avait des vies à revendre.

Dans l'histoire de l'Iran, il est impossible de dissocier la Révolution de la guerre. Les deux événements se succédèrent si rapidement que la Révolution forgea son idéologie et ses symboles dans le déroulement même de la guerre. Pour inciter les jeunes Iraniens à se porter volontaires – c'est-à-dire à prendre un raccourci pour le Paradis –, un culte du martyr se mit en place, qui glorifiait le sacrifice humain au nom de l'Islam. Tous les soirs, on voyait à la télé des jeunes recrues de l'armée, foulard rouge noué autour du cou, monter à bord des bus en partance pour les champs de bataille. Ils avaient à peine vingt ans et portaient des Corans de petit format, ainsi que des portraits de l'Ayatollah Khomeiny et de l'Imam Ali, le premier Imam chiite. Certains emportaient même leur linceul. L'armée irakienne avait posé des mines presque tout le long de ses frontières, et le commandement militaire iranien utilisait ces jeunes soldats comme dragueurs de mines humains ; ils étaient envoyés dans la plaine, vague par vague, afin de nettoyer le champ de bataille pour les soldats de l'arrière-garde.

La défense de la nation devint *defa-e-moqaddas*, la « défense sacrée ». Les opérations militaires étaient baptisées « Allah Akbar » ou encore « Imam Mahdi » ; les bases militaires avaient pour nom Kerbala et Qods. Les Gardiens de la Révolution nous disaient que l'Occident avait refusé de leur vendre ne serait-ce que du fil barbelé ou des fusils d'assaut. Et Khomeiny affirmait que Dieu avait ordonné cette guerre.

Malgré les blessures que nous avait infligées cette violente révolution, nous avons ravalé notre sentiment d'injustice et de trahison. Les images diffusées à la télé tous les soirs stimulaient notre fibre nationaliste. Cela me fendait le cœur de voir nos jeunes partir vers les champs de la mort de Saddam avec leurs armes de mauvaise qualité, tellement inférieures à l'armement dernier cri que le dictateur se procurait en Occident. Nous admirions le courage de nos jeunes soldats, et trouvions qu'ils nous défendaient brillamment.

Comment décrire l'intrusion graduelle du martyr dans nos vies ? Comment communiquer le lent processus par lequel le moindre élément de nos vies – l'espace public, les rites, les *curriculum vitae*, les journaux, la télévision – se trouve envahi par la mort, le deuil et la douleur ? Car, à l'époque, cet engouement pour le martyr et l'esthétique de la mort ne semblait ni étrange, ni excessif.

*J*E CONTINUAIS d'aller travailler au ministère, mais on m'avait affectée à un nouveau poste : j'étais « spécialiste » au Conseil de curatelle des mineurs et des attardés mentaux, qui dépendait du bureau du procureur de Téhéran. Nous étions chargés d'attribuer des tuteurs aux personnes mentalement déficientes et aux enfants qui n'avaient plus de père ou de grands-parents paternels. Tous les jours, des mères se présentaient dans mon bureau pour se renseigner sur la mise sous tutelle de leurs enfants. Au début de la journée, le bureau résonnait des cris et des pleurs des enfants, puis, l'après-midi, régnait le silence le plus total.

Mon nouveau bureau donnait sur une cour du ministère où avaient lieu les obsèques collectives des morts au champ d'honneur. Aucun membre de ma famille n'était parti au front, mais j'ai assisté de mon bureau à une centaine de pénibles funérailles. Je garde un souvenir très net du premier de ces enterrements.

Tandis que l'émouvante psalmodie de la prière de deuil s'échappait des haut-parleurs, une vingtaine de cercueils enveloppés du drapeau iranien furent apportés dans la cour, portés par les familles des défunts, qui chantaient des mélopées funèbres. Les soldats étaient si jeunes que leurs grands-parents étaient présents ; certains, assez âgés, avaient du mal à suivre le cortège. Puis la marche funèbre retentit et la procession commença. Je tournai la tête vers le mur, afin que ma secrétaire ne voie pas les larmes qui roulaient sur mes joues. Je ne voulais pas qu'elle me croie faible au point de pleurer la mort de gens que je ne connaissais pas. Cette scène insupportable se répétait presque chaque jour. Je finis par ne plus le supporter et par fermer les fenêtres – je passai l'été en nage, mais je préférais endurer la chaleur sous mon voile plutôt qu'entendre les sanglots déchirants de ces familles.

LE 30 AVRIL 1982, quelques heures avant le lever du jour, quarante mille jeunes soldats armés de leur foi et de kalachnikovs rouillées traversaient le fleuve Arvand en direction des champs de mines. De nuit, les palmiers carbonisés et décapités et la terre noircie éclairée par les torches donnaient au paysage des airs lunaires. La prise de Khorramchahr, ville portuaire stratégique située au bord du fleuve qui longe la frontière irako-iranienne, avait porté un coup terrible à la défense de mon pays ; c'était la seule grande ville iranienne tombée aux mains de Saddam. Cette nuit-là, les commandants de l'armée iranienne murmurèrent tour à tour *Ali ibn Ali Taleb* (le mot de passe de l'opération Beit-ol-Moqaddas), conduisirent leurs hommes au cœur de deux bataillons irakiens armés jusqu'aux dents et engagèrent le combat pour reprendre la ville.

Lors des deux premières phases de l'opération, des vagues de soldats avancèrent en territoire ennemi, sous des bombardements nourris, et libérèrent les environs de la ville ; la troisième phase (mot de passe « Mahomet, Messager de Dieu ») consistait à construire un pont sur le fleuve et à cerner la principale route d'accès à la ville pour l'assaut final. Le 24 mai, ils traversaient la ville en vainqueurs, faisant douze mille prisonniers irakiens. Tant de sang coula à Khorramchahr que l'Ayatollah Khomeiny la surnomma « Khooninchahr », la « Ville du sang ». Et, tandis que les soldats revendiquaient la victoire, il déclara : « C'est Dieu qui a libéré Khorramchahr. »

Nous avions suivi ces événements de très près, et nous en réjouissions. Khorramchahr était libérée ! La guerre allait pouvoir prendre fin. Avant la reconquête de la ville par les Gardiens de la Révolution, nous étions tous d'accord pour que l'Iran continue le combat, même si, à ce stade, plus de cent mille de nos soldats avaient déjà trouvé la mort. Mais la bataille de Khorramchahr était une victoire décisive, tant sur le plan politique que militaire ; nous avions repris notre territoire, et les forces armées de Saddam avaient pu se rendre compte qu'elles ne faisaient pas le poids contre le déferlement de nos soldats. Nous pensions, avec un immense soulagement, que la guerre était finie.

Et en effet, le mois suivant, Saddam lui-même proposa une trêve. Mais, à cette époque, les radicaux n'avaient pas encore consolidé la Révolution, et Téhéran était devenu un champ de bataille entre l'Organisation des Moudjahiddines du Peuple (MKO) et le régime naissant de l'Ayatollah Khomeiny. Le MKO avait vu le jour dans les années 1960, et s'était inspiré des guerilleros de Cuba et d'Amérique du Sud. Ses leaders voyaient dans l'Iran un système semi-féodal mûr pour un soulèvement populaire, mais craignaient que l'énorme potentiel de mobilisation des jeunes Iraniens ne soit gâché si leur lutte se nourrissait d'une idéologie laïque – communiste ou socialiste. Les factions politiques qui émergeaient à l'époque tenaient déjà à ce qu'on les distingue les unes des autres par leurs prises de position différentes – mais insignifiantes aux yeux du MKO. Pour eux, dans le contexte iranien, se revendiquer « maoïste » et non « léniniste », ou « marxiste » et non « trotskiste », relevait de la posture intellectuelle et ne faisait que focaliser l'attention des jeunes sur les courants de la rébellion plutôt que sur son but : le renversement par les armes de la monarchie Pahlavi.

Pour combattre cette fragmentation, les Moudjahiddines du Peuple imaginèrent une interprétation militante, socialiste, de l'Islam, qui trouva un écho en particulier chez les classes moyennes, assez instruites pour interpréter la religion de façon modérée mais aussi assez imprégnées de la tradition iranienne pour répondre à leur appel. À la fin des années 1960 et au début des années 1970, le MKO séduisit les foules grâce aux travaux d'un intellectuel majeur de l'époque, un sociologue, formé à la Sorbonne, du nom d'Ali Shariati. C'était une époque où les sociologues pouvaient aussi être des militants et des héros, et Shariati, vénéré par des millions de gens, était un parfait exemple. Bien qu'il soit peu connu en

Occident, il est difficile d'exagérer son rôle dans la lente radicalisation de la jeunesse iranienne de l'époque. Shariati remania le récit dominant de l'histoire du chiisme – la lutte du martyr contre l'injustice – afin d'accentuer la notion de résistance. Dans ses conférences, il évoquait magistralement le malaise que provoquait l'occidentalisation du Shah chez les Iraniens et transformait en héros modernes des figures chiites du VIIe siècle telles que l'Imam Ali et Fatima, la fille du Prophète Mahomet.

Utopiste s'il en était, Shariati promettait aux Iraniens que l'Islam résoudrait leurs problèmes. S'ils renouaient avec leur « vraie » tradition, s'ils « redevenaient eux-mêmes », alors la solution à leurs problèmes s'imposerait d'elle-même. L'utopiste islamiste fit de la société iranienne un terrain propice à l'ascension des Moudjahiddines du Peuple, et il est impossible d'expliquer l'engouement pour cette organisation sans mentionner Shariati, un nom qui a été sur toutes les lèvres pendant des années, alors que peu de gens parlaient de l'Ayatollah Khomeiny. C'est Shariati qui a incité une multitude d'Iraniens à soutenir l'Islam politique plutôt que la gauche laïque, et c'est le drapeau des Moudjahiddines qui flottait en tête des manifestations. Bien qu'une grande partie de l'histoire de la Révolution fasse l'objet de débats, certains ne doutent pas de leur rôle prépondérant dans son succès.

Mais, lorsque l'Ayatollah s'empara du pouvoir en 1979, le gouvernement révolutionnaire écarta les Moudjahiddines du Peuple qui, en 1981, reprirent leur lutte armée contre les nouveaux dirigeants. Les soulèvements dans Téhéran et dans le pays furent violemment réprimés. Le gouvernement entreprit d'éradiquer les Moudjahiddines du Peuple en envoyant leurs leaders six pieds sous terre ou en exil et en procédant à l'arrestation de tous leurs sympathisants présumés. Même si le nombre d'alliés et de partisans des Moudjahiddines irait diminuant dans les années à venir, l'organisation réussit pendant un temps à assassiner des membres du gouvernement et à faire régulièrement sauter des bâtiments administratifs de Téhéran.

Ces attentats répétés plongèrent la capitale dans une quasi-anarchie. Les éléments les plus radicaux de son entourage convainquirent l'Ayatollah qu'il fallait avancer, occuper Bagdad et renverser Saddam. Si l'Iran s'octroyait l'ancienne Mésopotamie, le territoire entre les deux fleuves, quelle puissance deviendrait le pays ! De toute évidence, ce n'était que pur fantasme. L'Iran n'aurait jamais pu mener à bien une telle conquête, et, quand bien même, la communauté internationale – ou du moins les soutiens occidentaux de Saddam – n'aurait pas laissé faire. Ce qui ne nous empêcha pas de partir à l'assaut de la Mésopotamie, et Khorramchahr, au lieu de mettre un terme à nos souffrances, devint la muse de la République islamique et de son idylle avec la guerre.

*R*ETOUR À TÉHÉRAN. Tête penchée, je passais en revue les livres de notre bibliothèque et retirais ceux dont les titres étaient condamnés par le régime pour les mettre dans un carton, que j'ai sorti dans le jardin. Derrière la baie vitrée, Negar m'observait, perplexe, tandis que j'empilais les livres en pyramides avant d'y mettre le feu. Une pile de Marx. Une pile de Lénine. Parfois, je me demandais si elle garderait des souvenirs de cette étrange époque, des mots « exécution » et « arrestation » qui revenaient souvent dans la bouche des adultes, de sa mère à quatre pattes dans le jardin en train de brûler des livres. Je gardai des coupures de presse dans un classeur pour lui montrer plus tard, lorsqu'elle serait en âge de me demander des explications et que mes propres souvenirs – je l'espérais de tout cœur – se seraient effacés de ma mémoire. De fines volutes de fumée s'élevaient de chaque pile, comme si j'accomplissais une sorte de rituel ésotérique. Lorsque le dernier livre s'effrita en un petit tas de cendres, les arbustes et les lis du jardin étaient couverts de particules noires, et des pages carbonisées tournoyaient dans l'air comme des feuilles mortes.

Au début de cette semaine-là, les journaux s'étaient mis à annoncer l'exécution des personnes suspectées de partager les opinions de ces groupes de gauche jugés « contre-révolutionnaires ». Depuis le départ du Shah et le retour de l'Ayatollah Khomeiny, les diverses factions politiques s'étaient divisées et multipliées, pour ensuite se disputer le *leadership* de la Révolution ; afin de s'assurer un contrôle absolu, l'entourage de l'Ayatollah faisait la chasse aux membres et sympathisants des groupes qu'ils cherchaient à écarter. Chaque courant publiait ses magazines et ses livres où il exposait sa propre définition de la Révolution, et de nombreux Iraniens les achetaient, amassant chez eux des textes politiques qui représentaient les différentes tendances de la Révolution. Mais, lorsque le processus d'épuration se mit en marche, être pris en possession de ce type de littérature était considéré comme un crime, un acte d'opposition au régime. Et les propriétaires de ces livres, ainsi que leur famille, encouraient de lourdes peines de prison.

La tension, omniprésente, minait le moral de la population. Javad invita son petit frère Fouad, le cadet de la famille, à passer quelques jours chez nous. Fouad était un adorable jeune homme de dix-sept ans, fasciné par les promesses de la Révolution. Comme beaucoup de jeunes de son âge, il se sentait attiré vers les

Moudjahiddines, et partageait leur sentiment que la liberté et l'indépendance promises par la Révolution n'étaient pas encore acquises ; aussi se mit-il à vendre les petits livres du groupe dans son école. À cette époque, les jeunes étaient facilement impressionnés par les questions idéologiques ; « Ce que tu peux être libéral » était la pire insulte que l'on pouvait lancer à quelqu'un. Si l'on était taxé de libéralisme, cela voulait dire que l'on était soit un paresseux qui ne voulait pas prendre la peine d'avoir des convictions, soit un lâche qui refusait de les assumer.

Le régime et les Moudjahiddines s'affrontaient quotidiennement, et les mesures répressives à l'encontre des dirigeants du groupe étaient fréquentes. Au cours de la semaine précédente, des amis de Fouad, sympathisants des Moudjahiddines tout comme lui, s'étaient fait arrêter. Par crainte d'être suivi et de faire courir des risques à ses parents, assez âgés, il commença à venir passer la nuit à la maison. C'était Ramadan (prononcé *Ramazan* en persan), le mois du jeûne ; il arrivait à onze heures le soir et s'endormait dans notre chambre d'amis. La première nuit où il a dormi chez nous, je l'ai réveillé avant l'aube. Je lui avais préparé un petit *lavash** fourré aux dattes, en-cas que les jeûneurs ont coutume de prendre avant le lever du soleil pour tenir toute la journée jusqu'à l'*iftar*, le dîner de rupture du jeûne. Fouad ouvrit ses yeux encore pleins de sommeil et secoua la tête. « Prends-en au moins un morceau, lui dis-je, ça te donnera des forces. — Non, murmura-t-il, je veux ressentir la faim, comme les pauvres. » J'éteignis la lumière, remontai la couverture sur ses épaules encore frêles et le laissai se rendormir.

Un après-midi, Fouad débarqua à la maison en me demandant s'il pouvait emprunter ma vieille machine à écrire. Il ne m'a pas

---

* Pain traditionnel pétri à la main, plat, mince et croustillant (*N.d.T.*).

dit pourquoi, et je n'ai pas songé à le lui demander. Lorsque Javad rentra à la maison ce soir-là et remarqua que la machine à écrire n'était plus là, il s'emporta : « Mais où avais-tu la tête, enfin ? Tu sais qu'on ne la récupérera jamais ! » Javad prenait peur plus facilement que moi. Il ne l'a pas clairement formulé – on essayait encore de dissimuler nos craintes – mais il s'inquiétait : où allait atterrir cette machine ? Était-il possible qu'on remonte jusqu'à nous ? « C'est ton frère, tout de même, lui dis-je, je ne pouvais pas refuser. Et, de toute façon, je ne m'en servais pas. »

Comme il fallait s'y attendre, Javad avait raison. Nous n'avons jamais revu notre machine à écrire. Mais nous nous sommes trouvé un autre sujet de discorde. Fouad, tout à son rêve utopique d'une révolution plus pure et plus juste, laissait souvent traîner ses affaires dans la maison. Un matin, avant de partir travailler, je remarquai un livre du MKO sur l'Imam Hossein dans notre bibliothèque. Je me mis à le feuilleter ; pour la littérature d'une future organisation mythique, c'était plutôt intéressant. Lorsque Javad rentra à la maison ce même soir, Fouad et moi étions en train de parler du livre. Javad le prit et s'aperçut que c'était une publication du MKO.

« Fouad, lui dit-il sèchement, crois-tu que c'est intelligent d'avoir mis ce livre dans la bibliothèque ? Pourquoi l'as-tu laissé ici ?

— Mais j'ai déjà brûlé tous les autres, intervins-je. Un seul livre politique, ce n'est pas si grave que ça. » J'avais envie de protéger Fouad, et de le défendre, ce jeune homme qui appelait ses amis « frères » et qui, à l'inverse de nous, ne voulait pas désespérer de cette révolution.

« S'il te plaît. » Fouad leva la main, comme pour m'empêcher de le défendre : « Javad a raison. On ne devrait pas garder ce livre à la maison. Mais, ajouta-t-il avec un sourire confiant, dans deux mois il y aura de la publicité pour ce livre à la télé. Vous verrez. » Le MKO, comme tous les groupes politiques qui cherchaient à attirer les sympathisants, avait promis à ses partisans que le régime ne tarderait pas à être renversé.

Le lendemain, Fouad se rendait à l'université à pied, comme d'habitude. Le ventre vide, il passait devant les étals des marchands d'épices, les sacs pleins à ras bord de lentilles jaunes, de citrons verts séchés et d'amandes effilées. Peut-être qu'à cause du vrombissement des bus et du vacarme des chantiers alentour il n'a pas entendu les pas qui se rapprochaient de lui. « Fouad ! » Il se retourna en entendant son prénom et, avant de comprendre ce qui se passait, il se retrouva les mains liées derrière le dos et on le fit monter de force dans une voiture.

Nous sommes restés sans nouvelles de lui pendant trois jours. J'essayais de me convaincre qu'il se cachait avec des amis du MKO, terré quelque part à boire du thé et échafauder le sauvetage de la Révolution. Le quatrième jour, on prévint sa mère qu'il s'était fait arrêter. Prise de panique, elle se mit à passer des dizaines de coups de fil, jusqu'à ce qu'elle parvienne à avoir le Premier ministre en ligne. « Je peux seulement intervenir si votre fils abjure ses convictions et s'il coopère avec le régime. »

Allez expliquer ça à un adolescent porté par l'euphorie d'une révolution et convaincu de son innocence. Et il était innocent. Que lui reprochait-on ? À l'âge de dix-sept ans, pour avoir commis le crime de vendre des journaux, Fouad fut condamné à vingt ans de prison. Pendant qu'il purgeait sa peine, il refusa de coopérer avec les autorités. Dans le contexte carcéral, le mot « coopération » signifie en général donner le nom de ses amis (qui sont à leur tour traînés dans ces salles d'interrogatoire pour livrer les

noms de leurs amis), demander pardon, renoncer à toute affilia-
tion politique, et se soumettre à la volonté de Dieu. En prison,
on ne vous oblige pas à coopérer, mais on vous y encourage vivement. Une fois, ils l'ont battu avec tant de violence qu'ils lui ont
brisé la mâchoire. Puis ils ont appelé sa mère et exigé de l'argent
pour la remettre en place. Une autre fois, ils lui ont cassé le bras.
De nouveau le téléphone sonna : « Fouad a un bras mal en point.
Si vous voulez qu'on le soigne, envoyez de l'argent. »

Le père de Javad mourut dans un accident de voiture cette
même année, et la famille demanda une permission de sortie à la
prison pour que Fouad puisse assister à l'enterrement. Leur oncle
signa les papiers garantissant son retour, et Fouad eut droit à une
journée de liberté. Lorsqu'il est arrivé à la maison avec son oncle,
je ne l'ai pas reconnu. Était-ce bien Fouad ? Ce garçon frêle et pâle
au regard fuyant ? Aujourd'hui encore, je regrette les mots qui
sont sortis de ma bouche quand je l'ai vu : « Fouad, il faut que tu
sois un homme. » J'entendais par là qu'il fallait qu'il soit fort pour
sa mère, ivre de chagrin, qu'il se maîtrise et ne laisse pas voir sa
peine. Mais il a mal interprété mes paroles. Il a cru que je le criti-
quais, que je ne le trouvais pas assez courageux pendant ses interrogatoires en prison.

« Je suis un homme, et je l'ai prouvé », répondit-il si fort que
tout le monde tourna la tête. La famille commença à remarquer
sa présence et s'attroupa lentement autour de lui. Au bout d'une
demi-heure, il annonça qu'il voulait s'échapper de prison. Tout
le monde secoua la tête en même temps. « Non ! Très mauvaise idée !
Et ton oncle, qui a signé le papier… Tu te feras prendre et, ensuite,
Dieu sait ce qu'ils feront de toi… » Personne n'était d'accord.

Je fis signe à Javad de s'approcher. « Pourquoi pas ? chuchotai-
je. Pourquoi ne pas faire en sorte qu'il s'échappe ?

— S'il s'échappe, de toute évidence il ira rejoindre le MKO. Et, s'ils le retrouvent, ils le tueront. Je sais, moi aussi j'ai peur qu'il retourne en prison. Mais au moins, même s'il est en captivité, il est vivant. » Lorsque Fouad a compris que sa famille ne changerait pas d'avis, il n'a plus dit un mot de toute la soirée. Après le dîner, quand il a voulu aller aux toilettes, un membre de la famille l'a suivi jusqu'à la porte et lui a interdit de s'enfermer à clé, de crainte qu'il ne s'échappe par la fenêtre. À la fin de la soirée, il est monté dans la voiture de son oncle, regard fixé droit devant lui, et s'est laissé reconduire à la prison.

CHAPITRE 5

La guerre
des villes

CELA FAISAIT maintenant deux ans que le régime avait imposé le port du voile aux femmes, mais il m'arrivait encore de l'oublier. Le matin, avant de partir de la maison, je jetais un œil dans le salon, sentant qu'il me manquait quelque chose. Mes clés ? La liste des courses ? Une fois, je suis sortie, et au bout de quelques mètres dans la rue j'ai remarqué que tout le monde me dévisageait – de notre vieux voisin qui se promenait avec sa canne jusqu'aux gamins qui jouaient devant chez eux. Impossible de m'expliquer pourquoi, surtout que, ce jour-là, je me sentais particulièrement bien. « *Khanum* Ebadi, a fini par m'interpeller un de nos voisins. Vous avez oublié votre hidjab ! » Je me suis dépêchée de rentrer pour me couvrir la tête d'un foulard en coton.

« Tu imagines, dis-je à une amie le soir au téléphone, si un agent de police m'avait vue, il m'aurait arrêtée.

— Et encore, ce n'est rien. La semaine dernière, je suis partie de chez moi en oubliant de me voiler. Je prends ma voiture, j'étais déjà loin de la maison, bloquée à un carrefour. Et tous les gens qui traversaient la rue me jetaient de drôles de regards. C'est là que j'ai compris. Mais qu'est-ce que je pouvais faire, là, dans ma voiture ? Alors j'ai tiré sur ma jupe et je m'en suis couvert la tête. »

J'ai fini par accrocher un voile à un clou dans le couloir pour ne plus l'oublier.

À l'époque, et aujourd'hui encore, un nombre considérable d'Iraniennes seraient sorties de chez elles tête nue si on leur avait laissé le choix. Mais c'était la guerre, et on nous demandait d'obéir, pas de réfléchir. La colère des femmes suscitée par l'obligation du port du voile (symbole de la restriction générale de leurs droits) n'occupait pas encore une place majeure dans leur esprit. De la même façon, le mécontentement à l'égard du nouveau régime – sa censure, l'extermination sauvage de ses opposants, sa volonté de prolonger la guerre – ne s'exprimait qu'en privé.

Notre seconde fille, Nargess, est venue au monde en 1983. Javad et moi nous étions mis d'accord : si le bébé était un garçon, c'est lui qui choisirait le prénom, si c'était une fille, ce serait moi. Je lui ai donné le nom d'une fleur qui fleurit en hiver, la *nargess* (jonquille). Lorsque le travail a commencé, nous sommes partis pour l'hôpital et ma mère a emmenée Negar, alors âgée de trois ans, chez elle et lui a promis que nous reviendrions avec une camarade de jeux pour elle. J'avais consulté plusieurs livres sur la psychologie de l'enfant afin de savoir comment préparer au mieux une petite fille à l'arrivée d'un nouveau bébé. J'ai acheté des nouveaux vêtements, des jouets, des chocolats, tout un tas de choses que Negar adorait, et les lui ai offerts comme des cadeaux venant de sa sœur. J'ai couché Nargess dans son berceau car la nounou n'allait pas tarder à ramener Negar de chez ma mère. Javad se tenait immobile près de la porte, caméra à la main, prêt à filmer le moment où Negar se précipiterait dans mes bras. Elle ne supportait pas d'être loin de moi ; cela faisait deux jours que je ne l'avais pas vue et nous n'avions jamais été séparées aussi longtemps.

J'ouvris la porte avec un grand sourire. Javad fit la mise au point. Mais Negar fila droit devant elle, sans même me jeter un regard. Bras croisés, mine boudeuse, elle alla directement s'asseoir sur le canapé sans dire un mot. Je ne m'attendais pas à ce que la colère de ma petite fille m'affecte autant ; je culpabilisais énormément de la faire souffrir.

Leur rivalité et leurs bêtises ont mis de l'animation dans ma vie au moment où mon activité professionnelle prenait fin et où je commençais à m'ennuyer. Un an après la naissance de Nargess, j'avais le droit de prendre ma retraite. Les fonctionnaires pouvaient cesser de travailler et percevoir une retraite au bout de quinze ans d'activité. Au bout de ces quinze ans, je fis donc ma demande, que le ministère s'empressa d'accepter, trop heureux de se débarrasser du fléau que je représentais en tant que femme travaillant au sein d'une institution publique.

L'année de ma retraite fut un autre moment décisif dans ma vie, ainsi que pour mes amies de l'université, qui avaient commencé leur carrière à la même époque. De l'eau avait coulé sous les ponts, mais il était évident que le système ne changerait pas de manière significative. Son idéologie était établie et arrêtée, tout comme son seuil de tolérance à l'égard des femmes qui travaillaient dans l'administration. C'était une époque où il fallait mesurer son ambition, ses opinions, ses valeurs, et décider de la façon dont on allait s'accommoder de ce nouveau régime. J'étais trop indignée et de nature trop rebelle pour m'empêcher d'exprimer mon mépris à chaque fois que l'occasion se présentait. Prendre ma retraite était le seul choix qui me semblait sensé. Je n'ai jamais songé aux conséquences que cela pourrait avoir sur ma carrière car, à mes yeux, le régime l'avait déjà détruite. Je n'ai jamais pensé qu'un jour le régime deviendrait plus clément, ni qu'une carrière juridique me tendrait peut-être les bras si je la bouclais. Mon amie Maryam, que je connaissais depuis l'université et qui était devenue juge comme moi, avait fait un choix différent. Elle avait accepté sa condition de petite employée de bureau avec gratitude, presque honorée d'avoir été rétrogradée. Notre amitié en souffrait et, la dernière fois que nous nous sommes vues, après lui avoir appris que je prenais ma retraite, nous nous sommes violemment disputées. Sa nouvelle attitude mielleuse et son retournement de veste me décevaient énormément, et j'ai fini par vider mon sac.

« Maryam, tu te souviens tout de même de ce qui t'a poussée à devenir juge, non ? Je n'arrive pas à croire que tu abandonnes tes principes de plein gré.

— Tu ne sais pas de quoi ce régime est capable. Continue à médire comme tu le fais et, tu verras, ils te tomberont dessus. Soit ils te harcèleront, soit tu perdras ton travail.

— Mais quel travail ? Ce boulot de gratte-papier, tu veux dire ? Ce boulot tellement épanouissant que tu en as oublié qui tu étais et que tu as abandonné tes vieux amis ? »

Elle me dévisagea, l'air interdit. Même entre amis, il était presque tabou dans la culture iranienne de parler aussi crûment.

Sous le coup de la colère, je continuai à lui dire mes quatre vérités, ce qui mit un terme définitif à notre amitié. Mais, à l'époque, nous avions déjà cessé de nous voir en public (à sa demande, car être vue en ma compagnie risquait de nuire à sa réputation), alors je pensais qu'il n'y avait plus grand-chose à perdre. Je lui ai dit qu'elle n'était intéressée que par le pouvoir et qu'elle était prête à tout sacrifier – ses amis, ses valeurs – pour parvenir à ses fins. Je lui ai dit que, même si un jour elle était promue à un poste formidable, sa victoire serait dénuée de sens, car occuper un poste important dans un gouvernement impopulaire est plus dégradant que d'être un gratte-papier engagé. Voilà comment s'acheva notre amitié. Au cours des années suivantes, nous serions amenées à nous revoir lors de conférences. C'était une femme toujours aussi enjouée ; sous son tchador, elle s'extasiait sur les bienfaits de la loi islamique, qui selon elle avait permis l'émancipation des femmes. Inutile de préciser que l'on ne se saluait pas lorsqu'on se croisait dans les couloirs.

Quant à notre amie Sara, qui s'était mariée à un professeur de droit, elle s'abstenait de critiquer les nouvelles lois comme je le faisais, mais ne les embrassait pas non plus avec le zèle de Maryam. Le ministère des Affaires étrangères avait fait appel à elle peu de temps avant la Révolution pour travailler à une législation sur le commerce extérieur ; puisqu'elle faisait profil bas, le ministère la gardait, bien que de nombreuses années se soient écoulées avant qu'elle ne reçoive une promotion, pourtant méritée depuis long-temps. Sara se débrouillait pour éviter d'exprimer ses opinions. Elle n'a jamais fait semblant de soutenir le nouveau régime et, d'une manière générale, se gardait bien de commenter ses pratiques, même en privé. Plus tard, elle fut amenée à représenter la République islamique lors de congrès internationaux sur les échanges commerciaux, mais elle ne répondait qu'aux questions ayant trait à son domaine professionnel et refusait d'aborder le statut des femmes, même lorsqu'on l'y invitait.

Le ministre des Affaires étrangères savait bien que Sara n'était pas une fervente partisane du régime, mais ses supérieurs appréciaient la qualité de son travail, et les spécialistes dans son domaine étaient assez rares pour qu'on la laisse exercer sa profession sans lui demander de rendre des comptes sur ses opinions politiques. À mes yeux, Sara représentait la mince proportion d'Iraniens bien chanceux qui évoluaient dans des milieux professionnels relativement apolitiques, ce qui leur permettait de travailler et de s'épanouir dans leur domaine. Cela ne veut pas dire que c'était facile. Je suis sûre qu'elle a dû voir des postes à responsabilité lui passer sous le nez au bénéfice de collègues moins expérimentés, et qu'elle savait qu'on ne lui accorderait jamais la place qu'elle méritait. Elle était assez brillante pour accéder au poste de ministre des Finances, mais c'était une femme, et lui manquaient la fibre révolutionnaire ainsi que les relations dans les hautes sphères politiques pour y parvenir. Et pourtant elle a réussi à garder son emploi, démontrant ainsi que oui, il est difficile, et étouffant, de travailler sous la République islamique, mais qu'il n'est pas nécessaire de se faire le « porte-parole » du régime pour faire carrière.

Aujourd'hui, quand j'essaie de raconter des anecdotes sur les années 1980 ou de me rappeler à quoi ressemblait ma vie lorsque mes filles étaient petites et que la guerre faisait rage, les seuls souvenirs qui me reviennent sont une série d'images décousues du salon. Nous avions du mal à nous en sortir à l'époque, et nous passions pratiquement toutes nos journées à la maison. J'avais pris ma retraite et l'entreprise de Javad avait fermé ses portes, au motif qu'elle avait été infiltrée par des communistes. Il y avait de longues périodes pendant lesquelles nous avions peu de rentrées d'argent. L'inflation n'arrangeait rien et, avec deux enfants, nous avions beaucoup de frais. Pour pouvoir acheter des couches et du lait en poudre, nous avons donc réduit nos dépenses et supprimé les petits luxes que l'on s'accordait, telles les sorties au restaurant. Nos deux filles adoraient sortir dîner et, le soir, elles réclamaient quelque chose qui change de l'ordinaire. Alors j'ai changé la table de place, sorti une nouvelle nappe et nous avons inauguré le « Restaurant de Shirin ». « Bonsoir, mesdames », disais-je en faisant semblant de prendre leur commande. J'espérais ainsi leur apprendre à se créer des opportunités avec ce qu'elles avaient sous la main, leur enseigner la patience.

*E*N TOILE DE FOND à ces paisibles années passées dans le salon, l'horreur. En 1984, Saddam Hussein utilisa pour la première fois des armes chimiques contre l'armée iranienne. Il commença par le sarin, gaz neuroplégique sans odeur qui tue quelques minutes seulement après avoir été inhalé. Lorsqu'il devint évident que Saddam réutilisait ce « poison diabolique », ainsi que le nommait Winston Churchill, l'armée iranienne dota ses soldats de seringues d'atropine, un antidote au gaz neuroplégique, mais, dans cette chaleur étouffante, ils avaient peu de chances de s'en sortir. Il n'y avait pas assez de masques à gaz pour tout le monde et, dans l'insoutenable chaleur du désert, les soldats qui en étaient équipés ne les portaient pas ou ne pouvaient pas bien les fixer par-dessus leur barbe. Ils combattaient dans une guerre que Dieu avait ordonnée et, après tout, un bon musulman se doit de porter la barbe, surtout lorsqu'il a fait ses valises pour le Paradis. Souvent, les seringues se cassaient, ou l'action de l'atropine était amoindrie par la chaleur. Les survivants ont fait des descriptions épouvantables de ces champs de bataille jonchés de cadavres, seringue à la main, ayant essayé en vain de s'injecter le précieux liquide avant que l'inhalation du gaz ne leur soit fatale.

Saddam vint rapidement à bout de son stock de sarin et opta pour une arme chimique qui devint sa préférée, le gaz moutarde. À la différence du gaz neuroplégique, le gaz moutarde possède une odeur – d'ail, assez étrangement –, mais il n'a pas d'antidote et provoque une mort à petit feu. Peu de temps après avoir détecté cette odeur si particulière, les soldats ont ressenti les effets du gaz : vue brouillée, violentes quintes de toux, vomissements… À mesure que les heures passaient, leur corps se couvrait de cloques, leur peau prenait une teinte violacée très foncée. Puis c'étaient des pans entiers de peau qui partaient, et leurs aisselles se couvraient de lésions noires, ainsi que l'aine. Les survivants étaient hospitalisés quelques jours ou quelques semaines, selon leur degré d'exposition. S'ils recouvraient tous leurs moyens, on les renvoyait au front.

D'une façon générale, la communauté internationale a observé sans rien dire. Une enquête commandée par l'ONU a prouvé que l'Irak utilisait des armes chimiques, mais aucune coalition ne s'est formée pour condamner les agissements du dictateur irakien, encore moins pour prendre des mesures afin de les stopper. Les États-Unis, qui cherchaient à contrôler et à affaiblir le régime iranien, considéré comme une menace pour leurs intérêts dans la région, allèrent même jusqu'à prêter main-forte à l'Irak. Des officiers militaires américains confirmèrent plus tard ce que le commandement iranien avait suspecté tout au long de la guerre

– à savoir que l'administration Reagan fournissait à l'Irak des images satellite du déploiement des troupes iraniennes. Plus tard, l'on découvrit aussi tout un programme américain confidentiel d'aide à l'Irak, comprenant des informations encore plus importantes, datant d'une époque où les services de renseignements américains savaient que l'Irak utilisait des armes chimiques dans la plupart de ses opérations. Une communauté internationale muette, Saddam Hussein soutenu par la nation la plus puissante du monde, le régime clérical de Téhéran bien décidé à poursuivre sa « défense sacrée »… Nous avons vite compris que la fin de la guerre n'était pas pour tout de suite. C'est à ce moment-là que les Iraniens se mirent à fuir le pays.

Après la Révolution, une frange de la population était partie : ceux qui s'opposaient à la Révolution et ceux qui craignaient pour leur vie en raison de leurs liens avec l'ancien régime s'étaient envolés vers l'Europe ou les États-Unis et y avaient refait leur vie. Mais, lorsqu'il devint évident que la guerre allait durer et que Saddam continuerait à utiliser des armes chimiques en toute impunité, tout un pan de la population quitta le pays, en particulier les familles qui avaient un ou plusieurs fils, de peur qu'on les enrôle de force et qu'ils se fassent tuer au front. Chaque jour, leur nombre augmentait. Certains réussissaient à obtenir des visas et embarquaient à Mehrabad en toute sécurité. Mais des centaines de milliers d'autres, prêts à partir à n'importe quel prix, payaient des brigands pour leur faire passer clandestinement la frontière vers la Turquie ou le Pakistan. Moyennant une petite fortune, ils guidaient les Iraniens à travers le désert ou des cols de montagne en pleine nuit ; c'était un pari risqué mais, pour eux, il était encore plus dangereux de rester.

Ceux qui sont partis se sont éparpillés en Europe et en Amérique du Nord, se retrouvant au début à Los Angeles et dans des capitales européennes telles que Paris ou Londres. Ceux qui ont émigré plus tard ont cherché refuge en Scandinavie, et les frontières relativement ouvertes du Canada attirèrent les Iraniens à Vancouver et Toronto. Issus de la classe ouvrière ou de classes aisées, ils partaient par vagues, et allaient travailler sur les marchés du cuir de Florence, vendre de la cocaïne dans les rues de Tokyo, monter de vastes empires de tapis à Manhattan. Les plus instruits fournissaient la Silicon Valley et la côte ouest des États-Unis en médecins, ingénieurs et banquiers, tandis que les personnes les plus en vue de la société iranienne s'entouraient d'une cour à Beverly Hills ou à Kensington. C'est un chiffre approximatif, mais on estime à quatre ou cinq millions le nombre d'Iraniens ayant quitté le pays en vingt ans, parmi lesquels les éléments les plus brillants. À ce jour, la fuite des cerveaux de notre pays constitue la plus importante au monde ; ceux qui sont restés ont vu les jeunes Iraniens se disperser aux quatre coins de la planète et mettre leur énergie au service de sociétés et d'économies autres que les nôtres.

L'émigration n'est pas perçue comme un drame dans l'histoire contemporaine de notre pays, dans le sens où les images qu'elle évoque, à la différence de la guerre ou de la Révolution, ne sont pas des champs de bataille jonchés de corps mutilés ou des manifestations de trois millions de personnes et d'autant de poings levés. Mais, si vous demandez à un Iranien ce qu'il reproche le plus amèrement à la République islamique, il vous répondra que son plus grand *keeneh*, sa plus grande douleur, est la séparation des membres de sa famille. Les souvenirs de guerre s'estompent, mais l'absence des êtres chers – la séparation de deux sœurs, d'une mère et de sa fille – est une souffrance que le temps n'atténue pas. Je connais des centaines de familles qui, à une époque, vivaient dans la même ville et qui, à présent, sont disséminées à travers la planète. Chaque enfant dans une ville occidentale différente, les parents en Iran. Pour beaucoup, c'est la République islamique qui est responsable ; si les révolutionnaires avaient modéré leur violence et leur radicalité, s'ils n'avaient pas remplacé le Shah par un régime qui a provoqué un exode massif, les familles seraient encore réunies.

Les uns après les autres, mes amis les plus proches désertaient. Ils faisaient leurs valises et leurs adieux et tournaient le dos à l'Iran. À chaque fois que je rayais un nom dans mon carnet d'adresses, la déception m'étreignait le cœur. J'avais l'impression de vivre dans une maison abandonnée qui tombait en ruines, avec des fantômes pour seule compagnie.

Au début, je leur tenais tête. Lorsqu'ils m'annonçaient leur intention de partir, ils devaient affronter un à un mes protestations, peut-être injustes, il est vrai. Je savais que c'était une décision très personnelle. Et puis, je n'avais pas de fils. Mais, quand bien même, pour des raisons éthiques et politiques je refusais de quitter le pays, et essayais de les en dissuader.

Un jour, un de mes cousins m'a appelée pour me dire qu'il partait en Allemagne et m'a demandé de passer le voir avant son départ. Tandis qu'il finissait ses bagages, il répétait sans cesse qu'il partait « pour les enfants ». J'ai fini par exploser : « Mais regarde autour de toi ! Tu ne vois pas tous ces Iraniens, eux aussi ont des enfants ! Et leurs enfants étudient ici. C'est quoi, ton problème ? Reste donc, et laisse tes enfants aller à l'école ici.

— Ils n'ont pas d'avenir ici. Il faut que je les emmène dans un pays qui leur offre un avenir.

— Et qu'est-ce que tu fais de tous les enfants qui restent ? Parce qu'ils restent, ils n'ont aucun avenir, c'est ça ?

— Shirin, si tes enfants étaient plus âgés, tu partirais aussi.

— Non ! Jamais je n'abandonnerai l'Iran. Si mes enfants devaient partir, j'y consentirais. Mais il faut que chaque génération reste là où elle a été élevée. Si toi et moi on quitte l'Iran, qu'est-ce qu'on va devenir ? Ici, on est quelqu'un, on a travaillé pour avoir une situation. Nos amis, comme nous, sont brillants et cultivés. Si on va à l'étranger – avec nos diplômes iraniens, notre accent –, tu crois qu'on sera accueillis à bras ouverts ? Nos enfants sont jeunes, et ils s'imprégneront de la culture de leur nouvel environnement. Et, au bout d'un certain temps, nous les perdrons eux aussi. »

Comme il n'avait pas l'air convaincu, j'ai tenté une approche différente.

« Une fille qui grandit à l'étranger à partir de ses sept ans épousera très probablement un étranger. Tout naturellement, elle s'adaptera à sa culture et, petit à petit, un fossé se creusera entre nous. Un beau jour, on se réveillera et on se rendra compte qu'on ne peut plus habiter dans nos mondes – elle dans le nôtre et nous dans le sien. Et c'est maintenant qu'il faut penser à cela, qu'il faut anticiper l'arrivée de ce jour, et garder nos enfants en Iran. Plus tard, lorsqu'ils auront pratiquement fini leurs études, ils pourront aller à l'étranger pendant quelque temps. Mais c'est ici qu'ils auront été formés. Comme nous, ils se seront adaptés à toutes sortes de dures réalités, et cet endroit sera gravé dans leur cœur. Alors ils reviendront. »

Un long silence suivit la fin de mon discours. Mon cousin poussa un soupir, détourna le regard et continua à faire ses bagages. « Prends ce que tu veux », me dit-il en désignant tous les objets éparpillés dans le salon. Bien que j'aie eu grand besoin de certains objets, je refusai de toucher quoi que ce soit et partis. Je ne voulais pas des restes de quelqu'un qui m'abandonnait, qui abandonnait son pays.

Les drames de ce genre furent plus nombreux que je ne l'aurais cru. Une de mes amies décida de vendre tout ce qui se trouvait à l'intérieur de sa maison, et m'appela un jour pour que je vienne lui tenir compagnie. En arrivant, je la trouvai, tourbillonnant dans son salon, à coller des prix sur tout ce qui lui tombait sous la main. J'avais espéré qu'on prendrait le thé tout en bavardant mais, comme tous ceux qui étaient sur le départ, elle s'affairait à toutes sortes de choses et se retranchait dans une forêt de cartons et de scotch pour mieux éviter la conversation. Je la suivais pas à pas et, de rage, retirais chaque prix qu'elle venait de coller. À un moment, nous nous sommes retrouvées face à face, les doigts couverts d'étiquettes blanches. Mais la sonnette d'entrée nous a interrompues. Il n'était que trois heures et demie, une demi-heure avant le début de la vente.

Une femme assez grosse entra et commença à inspecter les bougies et les cadres photos de ses yeux de fouine, comme si le salon de mon amie, où ses enfants avaient fait leurs premiers pas, était un stand du bazar. J'enrageais. Je n'avais qu'une demi-heure pour faire changer d'avis mon amie, et voilà que cette opportuniste venait me voler mon temps. Je la pris par le bras et la reconduisis dehors. « Restez là jusqu'à quatre heures », lui dis-je avant de claquer la porte.

« Je t'en prie ! suppliai-je mon amie, c'est de la folie, arrête. Tu te rends compte de ce que tu t'apprêtes à faire ? C'est notre pays, quand même ! »

Mais à quatre heures la vente commença. Aucune de mes supplications n'incita mes amis ou les membres de ma famille à changer d'avis. Pour eux, le rétablissement futur du pays ne méritait probablement pas qu'ils renoncent à leur bonheur quotidien et à leurs ambitions. Au fil du temps, je rayais de plus en plus de noms de mon carnet d'adresses ; il y a même des pages que je pouvais arracher entièrement. Lorsque je repense à toutes ces années de souffrance, je les considère comme les pires moments de ma vie. J'avais perdu mon travail que j'adorais. J'avais perdu mon pays. Et j'avais perdu mes amis.

J'ai refusé d'écrire à ceux qui sont partis. J'ai bien essayé deux ou trois fois, mais le stylo est resté dans ma main comme un poids mort, et la seule idée de noircir ces pages blanches me démoralisait. Cela me rappelait que j'avais perdu ceux que j'aimais, qu'ils étaient désormais absents de ma vie. Parfois, ils m'appelaient et disaient : « Shirin, envoie-nous juste un petit mot, ça nous ferait tellement plaisir d'avoir de tes nouvelles. » Mais je n'y arrivais pas. Certains de mes amis ont trouvé mon attitude blessante, mais j'espère qu'ils ont compris que mon entêtement découlait d'un excès, plutôt que d'un manque, de dévouement.

Quand une personne quitte l'Iran, c'est comme si, pour moi, elle *mourait*. Nous sommes amis tant que nous partageons le même monde, tant que les mêmes espoirs illuminent nos vies, tant que les mêmes inquiétudes nous empêchent de dormir. Des années plus tard, lorsque mes amis sont revenus en Iran pour de brefs séjours, j'ai vu à quel point j'avais eu raison à l'époque. Nous parlions toujours en farsi, c'était le même sang qui coulait dans nos veines, mais on ne vivait pas sur la même planète. On pouvait trouver les mots que nous utilisions dans le même dictionnaire, mais c'était comme si nous parlions deux langues différentes. J'avais bien perdu mes amis. *Mes* amis – ceux que je croisais à l'épicerie et qui s'effrayaient des gros titres au kiosque à journaux – étaient morts. Vous n'échangeriez pas de correspondance avec des morts, si ? De la même façon qu'il ne m'est jamais venu à l'esprit d'envoyer une lettre à des morts, je n'ai jamais écrit à mes amis qui ont quitté l'Iran. C'est uniquement parce que je les aime énormément, et non parce que je les ai oubliés. Ils me manquent tellement que prendre un stylo et écrire le premier paragraphe d'une lettre me fait mal.

*A*U MILIEU de la guerre, Javad et moi avons décidé d'emmener les filles en voyage en Inde. Après notre arrivée là-bas, Saddam a annoncé son intention de bombarder les avions de ligne commerciaux. Nous avons appréhendé le vol du retour pendant toutes nos vacances et, lorsque notre avion a pénétré dans l'espace aérien iranien, tous les passagers ont baissé la tête en murmurant leurs prières, comme si c'était un vol du *hadj*, le pèlerinage à La Mecque. Tandis que nous rentrions à la maison, plus tendus qu'avant de partir, Javad a décidé qu'il était plus sage d'éviter de voyager en avion jusqu'à la fin de la guerre.

En 1988, la guerre entra dans une nouvelle phase, la « guerre des villes ». Les bombardements irakiens, jusque-là intermittents et limités aux points stratégiques le long de la frontière, devinrent quotidiens à Téhéran et dans d'autres villes. Le vrombissement des avions de chasse irakiens était le fond sonore de nos journées, et certains jours ils larguaient jusqu'à vingt missiles sur la capitale. C'est l'année où la guerre a débarqué dans nos quartiers, et a mis nos nuits sens dessus dessous.

L'armée irakienne déclara qu'elle bombardait les villes non pour tuer des civils mais pour qu'ils fassent pression sur le gouvernement et le poussent à accepter un cessez-le-feu. Dans ce but, elle utilisait des images satellite de Téhéran pour sélectionner les quartiers cibles de ses frappes chirurgicales, et annonçait les tirs du soir aux informations du matin afin que les habitants aient le temps d'évacuer. Ceux qui avaient les moyens ou un autre endroit où dormir quittaient leur maison ; les autres se couchaient dans leur lit sans fermer l'œil. Soit le commandement irakien était incapable de frapper avec précision, soit il menait une guerre psychologique, car les missiles n'atteignaient leurs cibles que très rarement. Le jour où l'Irak annonça : « Ce soir, nous bombardons Yusefabad », notre quartier, j'ai appelé mes parents pour leur dire qu'il nous faudrait trouver un autre endroit pour la nuit. Implacable, mon père refusa. « Ce qui doit arriver arrivera », dit-il. Alors nous sommes allés dormir chez mes parents, en nous disant que si nous devions tous mourir, autant mourir ensemble. Nous avons partagé ce qui serait peut-être notre dernier repas – agneau cuit à l'étouffée aux citrons confits et lentilles jaunes –, avons siroté un thé devant la télé puis sommes allés nous coucher. Finalement, il ne nous est rien arrivé, et c'est avec soulagement que nous nous sommes embrassés le lendemain matin, même si nous savions que d'autres y étaient passés.

Ces assauts épargnèrent tous les membres de nos familles, mais un ami de Javad n'eut pas cette chance. En rentrant du travail un soir, il trouva sa maison réduite en cendres, sa femme et leurs deux filles étaient à l'intérieur lorsque le missile avait frappé. Toute sa vie anéantie, il faillit perdre la raison.

D'horribles histoires comme celle-ci poussèrent les Iraniens à quitter Téhéran. Ceux qui pouvaient se permettre de quitter leur emploi ont déménagé en province. Quant aux gens très riches, ils élirent résidence dans les grands hôtels, Hilton, Hyatt et autres, dont les tours n'étaient pas visées et pouvaient résister à d'éventuelles attaques. Rebaptisés et gérés par l'État, ces hôtels fourmillaient de résidents qui payaient trois ou quatre fois le prix affiché.

Un soir, je déambulais dans le hall de l'ancien Sheraton, en attendant un journaliste. (En 1987, après avoir pris ma retraite et avant la fin de la guerre, j'avais commencé à écrire des livres afin de pouvoir apporter ma contribution au droit, une discipline dans laquelle je ne pouvais plus exercer. Aussi les journalistes s'adressaient-ils souvent à moi pour des questions sur les droits de la femme et des questions du même ordre.) Atterrée, je faisais les cent pas entre le restaurant et le bar de l'hôtel, observant les jeunes couples élégants qui dînaient au son mélodieux du piano. Ils coupaient leur steak avec des gestes gracieux, plongeaient délicatement leur cuillère dans leur crème caramel, tandis que la moitié de ces denrées n'étaient pas disponibles à Téhéran et que l'autre moitié s'échangeaient contre des coupons. Le hall de l'hôtel était comme un havre de paix au milieu de la ville déchirée par la guerre, et l'on avait la très nette impression que les gens fortunés, avec leurs vêtements qui sortaient du pressing et leur visage détendu, ne vivaient pas la guerre comme nous.

Les attaques aériennes que fuyaient les Iraniens n'ont pas dévasté la ville à proprement parler. Si l'on traversait Téhéran en voiture, on remarquait des ruines ici et là. Les bombardiers ne rasaient pas la ville, mais étaient assez présents pour que l'on se lève et se couche la peur au ventre.

Un matin, à cette époque, je suis allée au centre-ville faire des courses ; j'étais à un carrefour, j'attendais un taxi. Au bout d'un quart d'heure, écœurée par les gaz d'échappement, je me suis mise à marcher. J'avais à peine atteint le bout du bâtiment qu'une explosion assourdissante a retenti ; le sol s'est soulevé et la force du souffle m'a projetée contre un mur en béton, je me suis écroulée, observant le chaos autour de moi. Les gens criaient et désignaient l'angle de rue auquel j'avais attendu le taxi. J'y suis retournée en chancelant, me suis frayé un passage parmi la foule et les voitures carbonisées, et ai aperçu un vaste cratère, empli de gravats et de cadavres.

Ce soir-là, Javad décréta que l'on n'était plus en sécurité à Téhéran et insista pour que nous partions. Mais mes parents, déjà âgés à l'époque et réticents à l'idée de quitter leur maison, refusèrent. Finalement, j'ai accepté de partir avec les enfants chez ma sœur dans le Nord, près de la mer Caspienne, tandis que Javad restait à Téhéran avec mes parents.

Nous avons loué une petite maison dans l'une des petites villes du Nord et, tous les jours, Negar prenait son vélo pour aller à l'école, qui regorgeait d'enfants venus de tout le pays. Tous les soirs, elle rentrait et faisait ses devoirs jusqu'à dix heures. Mais comment se fait-il qu'une petite fille de huit ans ait autant de devoirs ? me demandais-je. Un matin, je finis par l'accompagner afin de parler à son institutrice. « Toutes mes classes sont bondées, il y a trois fois trop d'élèves, m'expliqua-t-elle. Et il n'y a pas assez de livres. Alors je leur donne des tonnes de leçons, pour les occuper, et pour pouvoir avoir le calme. »

Au bout de deux mois, le gouvernement annonçait la fin de la guerre des villes. Nous sommes rentrées à Téhéran.

*U*N SOIR D'ÉTÉ, début juillet 1988, nous avons allumé la télé et sommes tombés sur des images de corps flottant dans la mer parmi des débris d'avion. Ce même matin, un vaisseau de guerre américain posté dans le golfe Persique avait tiré un missile guidé par infrarouge sur un avion de ligne civil iranien. Des 290 personnes à bord, il ne restait aucun survivant, et c'étaient leurs cadavres que montrait la télévision iranienne, qui émergeaient des eaux chaudes du Golfe. Le président Reagan ne fournit aucune explication convaincante pour élucider le fait que l'*USS Vincennes*, équipé des radars les plus sophistiqués de la marine américaine, ait pu prendre le gros Airbus iranien pour un avion de chasse censé faire le tiers de sa taille. Peu d'Iraniens conclurent à la simple erreur – et il ne nous a pas échappé que le capitaine du vaisseau a reçu une médaille – et les dirigeants de notre pays ne se firent plus d'illusions : les États-Unis allaient enfin prendre parti. Non seulement l'intervention américaine allait permettre à Saddam de récupérer ses terres, mais aussi mettre la révolution d'Iran en péril. Ils décidèrent donc, huit ans et un demi-million de vies perdues plus tard, de mettre un terme aux combats et d'accepter la résolution de cessez-le-feu du Conseil de sécurité. Le 18 juillet, la radio diffusa une déclaration historique de l'Ayatollah Khomeiny : « J'ai fait le serment de combattre jusqu'à la dernière goutte de mon sang. Et, bien que prendre cette décision s'apparente à boire une coupe de poison, je me soumets à la volonté de Dieu. »

Nous avons tous soufflé un bon coup en signe de soulagement, ayant peine à croire que cette guerre, la seule réalité que mes filles aient connue, venait de prendre fin. Enfin, on allait pouvoir cesser de se demander quand allait frapper le prochain missile. On n'allait plus être obligés de compter les jours en voyant nos réserves de sucre fondre dangereusement. La vie allait-elle redevenir normale ? Et qu'est-ce que voulait dire « normal », déjà ? La guerre avait eu lieu principalement sur le territoire iranien. Nos champs, nos villes, notre économie, notre industrie... tout était dévasté. Nous étions passés de la stupeur de la Révolution à l'horreur de la guerre, et il fallait dorénavant nous en remettre.

Mais, six jours plus tard, les Moudjahiddines du Peuple envoyaient sept mille hommes depuis une base irakienne attaquer la province de Kermanshah, à l'ouest de l'Iran. À la fin des années 1980, le MKO avait commencé à entraîner ses combattants en Irak, et à se battre dans les rangs de l'armée de Saddam. Ils pensaient qu'en aidant Saddam à affaiblir le régime iranien, ils parviendraient à faire tomber le gouvernement plus vite. Croyant que le cessez-le-feu ferait vaciller le régime et susciterait un soulèvement populaire, ils décidèrent qu'il était temps de marcher sur Téhéran. La veille de l'opération, baptisée « Lumière éternelle », le chef du MKO promit à ses troupes que les Iraniens rejoindraient en masse leur combat et les mèneraient à la victoire. « Ce sera une véritable avalanche, nos rangs grossiront à mesure que nous progresserons. Et cette avalanche finira par engloutir le pouvoir de Khomeiny. Il est inutile de prendre quoi que ce soit avec vous. Nous serons comme des poissons dans une marée humaine. »

Comme ils avaient tort ! À l'époque, la dernière chose dont les Iraniens avaient envie était bien la violence. Et ils ne pardonneraient jamais au MKO d'avoir pris les armes aux côtés des hommes de Saddam, dans ces troupes qui avaient pris la vie de cinq cent mille jeunes Iraniens, massacrant des bataillons entiers au gaz neuroplégique. Les Gardiens de la Révolution mirent peu de temps à écraser l'offensive du MKO, tuèrent prés de mille huit cents combattants et envoyèrent les autres se réfugier dans les montagnes d'Irak. À Téhéran, les prisonniers du MKO n'eurent pas le droit de recevoir de visite pendant trois mois. Nous nous faisions un sang d'encre pour Fouad.

*U*N MATIN d'automne, en 1988, ma belle-mère reçut un coup de fil. Elle avait plus de soixante-dix ans, et n'entendait plus très bien. Aussi ne remarqua-t-elle pas que l'homme à l'autre bout du fil, qui ne s'était pas présenté, avait formulé sa question au passé : « Vous aviez bien un fils qui s'appelait Fouad ?

— Oui, bien sûr, Fouad est mon petit dernier.

— Alors dites à son père de se présenter à la prison d'Evin dès demain.

— Son père est mort il y a quelques années.

— Alors envoyez son frère. » Fin de la discussion.

La prison d'Evin se trouve au bord d'une voie rapide du même nom, au nord de Téhéran. C'est l'une des rares institutions iraniennes à avoir gardé la même réputation sous le règne du Shah et sous la République islamique. Structure basse aux murs d'acier, cette prison est tristement célèbre pour avoir été le théâtre de milliers d'exécutions depuis la Révolution. Son nom évoque d'obscures salles d'interrogatoire en sous-sol, des rangées de cellules étroites aux murs suintants... et occupe peut-être le recoin le plus sombre de la mémoire iranienne.

Le lendemain, Javad et son oncle empruntèrent la route sinueuse qui mène à la prison, derrière laquelle se dressent, dans le lointain, les monts Elbourz. Il ne leur fut pas difficile de trouver le bon bureau : ils n'eurent qu'à aller à contre-courant des gens en pleurs qu'ils croisaient. « Tenez, leur dit un gardien, ce sont les affaires de votre frère. Il a été exécuté. Vous devrez vous abstenir d'organiser ses obsèques et de porter son deuil en public pendant un an. Si, au bout d'un an, nous jugeons votre conduite accepta-ble, nous vous révélerons l'endroit où il a été enterré. »

Avant toute chose, Javad et son oncle inspectèrent le contenu du sac. Comment pouvaient-ils être sûrs que c'étaient bien là les affaires de Fouad ? La prison d'Evin était surpeuplée, comment faire confiance aux autorités pour qu'elles restituent les affaires de chaque détenu ? Peut-être même suivaient-ils une liste dans l'ordre, et déclaraient les prisonniers morts alors qu'ils étaient encore en vie. Javad extirpa du sac un jogging qu'il ne reconnut pas, et des sous-vêtements qui auraient pu appartenir à n'importe qui. Il fouilla encore tout au fond et trouva un *tasbeeh* (un chapelet), et alors il sut que Fouad était mort. Fouad et son *tasbeeh* étaient inséparables ; c'était un souvenir, son objet fétiche, il l'avait toujours à la main.

Javad appela ses sœurs de la prison pour leur demander de préparer leur mère à la nouvelle et me passa un coup de fil pour que j'aille chez elle sur-le-champ. Tandis que je me préparais, une énorme boule se forma dans ma gorge, mais j'étais incapable de pleurer. Dans la voiture, j'allumai la radio et, en entendant les notes de piano de « Roozegar-e-Ma » (« Notre époque »), je fondis en larmes. Je pleurai tout le long du trajet, m'essuyant le visage avec un pan de mon voile.

Une fois chez ma belle-mère, je coinçai Javad dans un coin de la cuisine, près du samovar électrique qui gardait le thé au chaud, et lui demandai pourquoi Fouad avait été exécuté. Selon les responsables de la prison, les Moudjahiddines du Peuple tués lors de l'opération baptisée « Lumière éternelle » par le gouvernement avaient des listes, épinglées à leurs vêtements, donnant le nom des prisonniers d'Evin qui soutenaient leur attaque. Apparemment, le nom de Fouad figurait sur une de ces listes. Comment espéraient-ils nous faire avaler une chose pareille ? Un jeune homme de vingt-quatre ans, effectuant une peine de vingt ans de prison pour avoir vendu des journaux, serait entré en contact avec des combattants du MKO à la frontière irako-iranienne ? Même s'il l'avait fait, même s'il y avait une once de vérité dans ces allégations fantasques, ce sont les gardiens de prison qu'il fallait condamner, pour avoir permis aux détenus de communiquer avec l'extérieur. J'étais écœurée. Comment pouvait-on ordonner l'exécution d'un citoyen iranien déjà en prison depuis des années sans qu'il soit présenté devant une cour de justice ?

Qu'avait-il fait ? En tant que juge, j'étais profondément consciente de la cruauté d'une telle condamnation. La peine de mort est la sentence ultime de tout système juridique et doit résulter de délibérations approfondies, en accord avec la gravité d'une telle décision. Et que reprochait-on à Fouad, ce jeune homme si naïf ? Son seul crime avait été de vendre des journaux, crime pour lequel il avait déjà payé de sa jeunesse pendant sept ans. Et on l'avait exécuté ! Il n'y a plus de loi, me suis-je dit ce jour-là, et la vie des gens ne vaut plus rien.

Cette nuit-là, une rage indicible s'est emparée de moi. Lorsque je regarde en arrière pour essayer de déterminer précisément le moment où j'ai changé, où ma vie a basculé, je me rends compte que c'est ce soir-là que tout a commencé. Ma belle-sœur, qui est médecin, m'observait depuis un moment, et décida de prendre ma tension. Tandis que la petite aiguille oscillait de part et d'autre du trait rouge, elle me conseilla d'aller aux urgences sur-le-champ. Le lendemain, je commençais un traitement pour l'hypertension, et pour le reste de mes jours j'entamerais mes journées en avalant une poignée de gélules destinées à calmer mes angoisses et à réguler ma tension. Quant à Javad, il dut prendre des médicaments pour l'asthme, maladie dont il souffrait déjà mais qui s'était brutalement aggravée.

La mort de Fouad me rendit plus obstinée encore. On nous avait interdit d'évoquer sa mort avec qui que ce soit, aussi parlais-je de son exécution nuit et jour. Dans les taxis, à l'épicerie, en faisant la queue à la boulangerie... J'approchais de parfaits inconnus et leur racontais l'histoire de ce charmant jeune homme que l'on avait condamné à vingt ans de prison pour avoir vendu des journaux, et que l'on avait exécuté. Personne ne me regardait bizarrement. Les gens m'écoutaient, compatissaient. Il ne m'a jamais traversé l'esprit que c'était peut-être dangereux, qu'il pouvait y avoir des oreilles indiscrètes pour rapporter qui avait désobéi, qui parlait de ce qu'on lui avait ordonné de cacher. Je souffrais tellement que je devais exprimer cette douleur. Et, s'ils ne nous en avaient pas empêchés, je n'aurais peut-être pas ressenti le besoin d'aller le crier sur les toits.

Ils nous avaient également interdit de porter son deuil, mais comment était-ce possible ? En utilisant la commémoration de la mort de son père comme prétexte, nous avons organisé une cérémonie en l'honneur de Fouad et l'avons annoncé dans le journal. C'est l'oncle de Fouad qui présidait la cérémonie, au cours de laquelle il a chanté le *nowheh*, la prière traditionnelle pour les morts. Au son de ces émouvantes psalmodies, mes pensées se mirent à vagabonder. Je me disais que la famille aurait dû permettre à Fouad de s'échapper de prison, ce jour où il était parmi nous et où il nous avait demandé de l'aide. S'ils l'avaient laissé s'enfuir, peut-être serait-il encore en vie aujourd'hui.

*U*N AN PLUS TARD, en 1989, Javad retourna à la prison pour savoir où les autorités avaient enterré Fouad. Il reposait à

Behest-e-Zahra, le principal cimetière de Téhéran qui s'étend sur des kilomètres depuis le sud de la ville, tout le long de l'autoroute qui disparaît dans le désert. Ce cimetière a des allures de zone pavillonnaire ou de camping : il y a de larges allées bordées d'arbres, un terrain de jeux, des petits restaurants... Souvent, les visiteurs y passent l'après-midi, ils pique-niquent entre les tombes tandis que les enfants jouent ; c'est un endroit où il est impossible de se repérer sans guide ou sans plan. La partie la plus impressionnante est celle réservée aux soldats tués pendant la guerre Iran-Irak, et rien ne peut vous préparer à un tel spectacle : des pierres tombales alignées sur des kilomètres, à perte de vue.

Nous sommes allés au cimetière le lendemain ; nous frayant un passage entre les cortèges funèbres, nous avons passé deux heures à chercher la tombe de Fouad. Il était enterré dans une vieille section du cimetière, et nous nous sommes aperçus que les tombes des exécutés avaient été dispersées un peu partout dans le cimetière, afin d'empêcher les visiteurs d'estimer le nombre de victimes. Le cimetière se divise en plusieurs parties : les activistes anti-Shah tués avant la Révolution, ceux exécutés par la Savak pendant la Révolution... et ainsi de suite. La surface que couvre chaque division est très instructive : elle révèle le nombre de vies humaines qu'a coûté chaque période de violence de notre histoire. S'il y avait eu une section consacrée aux sympathisants du MKO et aux autres prisonniers politiques exécutés après l'échec de l'opération « Lumière éternelle », elle aurait compté entre quatre et cinq mille tombes. Selon des associations de défense des droits de l'homme et d'anciens détenus, les victimes étaient en majeure partie des lycéens, des étudiants et de jeunes diplômés, et plus de dix pour cent étaient des femmes.

Ce n'est que plus tard, grâce aux détails qui circulaient de bouche à oreille, que nous avons entendu parler des « procès » qui précédaient ces exécutions. Ils ne duraient que quelques minutes, au cours desquelles on posait aux prisonniers des questions telles que : Êtes-vous musulman ? À quelle organisation êtes-vous affilié ? Récitez-vous vos prières ? Le Saint Coran est-il la parole de Dieu ? Souhaitez-vous renoncer au matérialisme ? Si le prisonnier – les yeux bandés, en proie à une confusion absolue, déstabilisé par ces méthodes d'inquisiteurs – répondait mal, les questions cessaient et l'ordre d'exécution était immédiatement appliqué.

Si le prisonnier se déclarait de confession musulmane, on lui demandait s'il était prêt à collaborer avec le régime et à renier ses convictions politiques. Si la réponse était non, c'était la peine de mort ; mais, s'il répondait oui, on le forçait à participer à l'exécution d'autres prisonniers comme une preuve de sa conversion. Les femmes étaient quant à elles violées avant d'être exécutées afin de garantir leur damnation, car seules les vierges montent directement au Paradis. L'homme qui dirigeait la prison pendant cette période sanglante était un conservateur appelé Asadollah Lajevardi. Le jour du dixième anniversaire des exécutions, un commando du MKO s'introduisit dans la boutique d'étoffes du vieil homme, dans le bazar de Téhéran, et le tua de plusieurs rafales de mitraillette.

À chaque fois que l'on se rendait au cimetière, on avait l'impression d'être observés. Les communistes qui avaient été exécutés n'avaient pas été enterrés dans le cimetière, car le régime refusait que des athées (des incroyants, des apostats) reposent aux côtés des musulmans. Leurs tombes furent reléguées dans un terrain vague au sud de Téhéran, un endroit appelé Khavaran, que les fondamentalistes religieux surnommaient « la terre maudite ».

Quel héritage nous laissait cette guerre ? Les frontières étaient inchangées. Le monde ne tarda pas à oublier tout ce pan de notre histoire. À chaque fois que je vais à Behest-e-Zahra et que je regarde les tombes des morts au champ d'honneur, ceux dont on se souviendra comme d'un détail historique, je me demande : qui est le véritable vainqueur de cette guerre ? Certainement pas l'Iran, avec son économie et les deux tiers de ses terres dévastées, ses soldats victimes des attaques au gaz de Saddam cloués sur leur lit d'hôpital, le corps encore couvert de cloques. L'Irak non plus – sa population aussi meurtrie par la guerre, ses Kurdes eux aussi victimes du gaz neuroplégique. Alors qui l'a emporté ? Les fabricants d'armes. Les compagnies européennes qui ont vendu des armes chimiques à Saddam, les firmes américaines qui ont fourni des armes aux deux pays. Ils ont amassé une véritable fortune, leurs comptes en banque sont bien garnis, et leurs familles, à Bonn et en Virginie, indemnes.

Il me faut m'attarder encore un peu sur la guerre, car son impact est tel qu'elle a influencé les Iraniens dans leur façon d'envisager l'avenir et la place de notre pays dans le monde. Tout d'abord, la population devint plus méfiante envers les Américains. Imaginez : vous êtes iranien, et vous voyez les jeunes de votre quartier embarquer à bord de bus en partance pour le front pour ne jamais revenir. Les yeux rivés à votre écran de télévision, vous regardez, horrifié, une pluie d'agents chimiques s'abattre sur ces mêmes jeunes, déversée par des bombardiers irakiens guidés par des photos satellite américaines. Avance rapide, quinze ans plus tard. À présent, vous visionnez des images aux couleurs passées de Donald Rumsfeld serrant la main de Saddam Hussein[*], souriant au boucher

---

[*] Le futur secrétaire d'État à la Défense de George W. Bush, Donald Rumsfeld, alors envoyé spécial de Ronald Reagan, rencontrait Saddam Hussein, à Bagdad, le 20 décembre 1983.

qui transforma le cimetière de notre capitale en une véritable mégalopole. À présent, vous écoutez George W. Bush déclarer qu'il veut apporter la démocratie au Moyen-Orient. Il profite de son discours sur l'état de l'Union pour s'adresser aux Iraniens et leur garantir que, s'ils se battent pour leur liberté, l'Amérique les soutiendra. Vous le croyez ?

Il est presque impossible d'estimer les dégâts causés par la guerre, aussi bien sur la population que sur l'économie des deux pays. Des deux côtés, la facture se monte à environ cinq cents milliards de dollars : perte des profits liés au pétrole, dépenses militaires, et infrastructures détruites. Chaque pays minimise ses pertes humaines et exagère celles de l'ennemi ; le seul chiffre généralement admis est que plus d'un million d'Iraniens et Irakiens confondus ont été tués ou blessés. Plus de cent mille soldats ont été faits prisonniers, et les combats ont provoqué la fuite de deux millions et demi de réfugiés.

CHAPITRE 6

Une drôle d'époque

L'AYATOLLAH KHOMEINY mourut le samedi 3 juin 1989. Trois soirs d'affilée, les journaux télévisés avaient évoqué la dégradation de son état de santé. Ce samedi, lorsque j'ai allumé la télé, le présentateur demandait aux téléspectateurs de prier pour l'Ayatollah, appelant à la prière spéciale pour les personnes gravement malades. Il doit être en train d'agoniser, pensai-je. Le lendemain matin, je me suis réveillée beaucoup plus tôt que d'habitude et j'ai tendu le bras pour allumer la radio. J'ai aussitôt su qu'il était mort. Si vous vivez dans un pays musulman et que, soudain, toutes les stations de radio se mettent à diffuser le Coran en boucle, pas besoin d'un flash spécial pour comprendre que le dirigeant du pays est décédé.

Comme son retour d'exil, son décès provoqua le chaos le plus total dans Téhéran. Des millions d'Iraniens – entre quatre et neuf selon les estimations – revêtirent l'habit de deuil chiite et se déversèrent dans les rues de la capitale, en direction du sud, vers Behest-e-Zahra, le cimetière où serait enterré l'Ayatollah, aux côtés des martyrs de la guerre contre l'Irak. Des femmes drapées dans leur tchador noir se frappaient la poitrine en récitant leur chant funèbre, manière dont les chiites pleurent leurs martyrs et leurs morts depuis des siècles.

Aucune ville ne dispose de forces de police équipées pour faire face à une telle marée humaine. Nous étions hypnotisés par ce tourbillon noir à l'écran, et nous ne pouvions qu'imaginer la poussière qui se collait à leur visage en sueur tandis que, hystériques, ils se bousculaient pour atteindre le cercueil de l'Ayatollah, dans l'espoir de toucher ou d'arracher un bout de son *kafan* blanc, son linceul. Les forces de sécurité tentèrent de repousser la foule à l'aide de canons à eau, afin de permettre la progression du convoi funéraire, mais elle se pressa de plus belle autour du camion qui transportait le cercueil, en se lamentant : « Qu'allons-nous devenir sans toi ? »

Lorsqu'ils entendirent le vrombissement d'un hélicoptère de l'armée, tous levèrent les yeux vers le ciel. Ils s'écartèrent du camion et le cercueil fut transféré dans l'hélicoptère, qui l'achemina jusqu'à sa tombe, où attendaient toujours plus de gens récitant les mélopées funèbres. Un photographe captura ce qui allait devenir l'une des images les plus marquantes du XXᵉ siècle : le corps de l'Ayatollah Khomeiny, emmailloté dans son linceul, glissait du cercueil en contre-plaqué, une de ses jambes pendant en

UNE DRÔLE D'ÉPOQUE

dehors. La foule se rua vers le cercueil, les gens se marchaient dessus, le cercueil finit par céder. Plus tard, le bruit a couru que des membres du MKO s'étaient fondus dans la masse dans le but de poignarder le cadavre de l'Ayatollah. Les soldats tirèrent des coups de feu pour disperser la foule et réussirent à hisser le corps dans l'hélicoptère. Certains s'agrippèrent aux patins d'atterrissage, et l'hélicoptère dut prendre de l'altitude et redescendre plusieurs fois avant de leur faire lâcher prise.

Quelques heures plus tard, plusieurs hélicoptères de l'armée revinrent au cimetière avec le corps, à présent abrité dans un cercueil en métal. L'un d'eux se posa près de la tombe, où se trouvaient le fils de l'Ayatollah Khomeiny, son successeur l'Ayatollah Ali Khamenei, et Akbar Hachemi Rafsandjani, poids lourd de la politique iranienne. Les autres surveillaient la foule repoussée derrière des barrières de sécurité, et l'on procéda enfin à l'enterrement. Le corps fut extrait du cercueil, car les chiites enterrent leurs morts simplement enveloppés d'un linceul. À nouveau, la foule escalada les barrières et se rua vers le caveau. Les hélicoptères qui tournoyaient les aspergèrent d'eau et enfin, dans un concert de cris et de bourdonnement d'hélices, dans la poussière soulevée par les canons à eau, l'Ayatollah Khomeiny, héros des *mustazafin* (déshérités), fondateur de l'État islamique, icône charismatique de la lutte du tiers-monde, entra dans sa dernière demeure.

Ce soir-là, sur les chaînes nationales, les journalistes présentèrent les informations en sanglotant, mais toute la population ne réagit pas de la même façon. Beaucoup d'Iraniens, comme les dizaines de milliers qui veillèrent autour de la tombe de l'Ayatollah toute la nuit, étaient véritablement affligés. D'autres étaient plus effrayés qu'autre chose, et craignaient que sa mort ne provoque anarchie et combats de rue. D'autres encore se prenaient à rêver. Ils se gardaient bien de le dire, mais ils espéraient que le pays allait enfin prendre une nouvelle direction.

L'Ayatollah, qui avait hypnotisé la population avec ses appels répétés au départ du Shah, était à son tour parti. À sa place, un groupe de révolutionnaires – dont aucun n'avait son charisme, ni sa présence – gouvernait une population traumatisée qui commençait à se demander : cette révolution, ces huit ans de guerre, est-ce que ça a servi à quelque chose ? Depuis la fin de la guerre, le gouvernement avait recentré son attention sur des questions urgentes qu'il avait négligées pendant le conflit, à savoir interdire aux couples de s'afficher en public et censurer les programmes télévisés inconvenants.

Inquiets à l'idée de perdre le contrôle du pays et d'une révolution seulement en partie consolidée, les nouveaux dirigeants rognèrent davantage sur les droits des Iraniens. Peut-être qu'en coupant la population du reste du monde et en interdisant aux couples de fréquenter les cafés, la République islamique, encore fragile, espérait remédier aux maux du peuple ? Que son but fût de prévenir les dissensions en instillant la peur ou d'imposer une interprétation radicale de l'Islam, le résultat fut le même : la politique menée par le régime s'insinua dans notre vie privée, nous poursuivit jusque dans nos foyers et transforma notre existence en un jeu incessant du chat et de la souris avec les autorités.

Les *komiteh*, sorte de police qui veillait à l'ordre moral, harcelaient tous les Iraniens – aussi bien musulmans que chrétiens ou juifs, les personnes âgées comme les jeunes – mais s'attaquaient aux femmes avec un enthousiasme tout particulier. L'espace public était devenu une véritable course d'obstacles et, petit à petit, nous avons appris à les contourner. Par exemple, les couples qui n'étaient pas encore mariés emmenaient avec eux une nièce ou un neveu lors de leurs sorties en ville afin de se faire passer pour une famille et de passer les contrôles sans encombres. Il fallait faire attention à tout : à notre personnalité, à nos vêtements, à ne pas exprimer nos opinions en public, à mettre des chaussettes avec nos sandales. Mais, le plus souvent, le harcèlement était arbitraire et absurde, donc impossible à prévoir. Lorsque les gens repensent à cette époque, ils n'ont pratiquement que des souvenirs de conflits, qui leur donnent la migraine et les rendent amers. D'autres se souviennent de scènes si humiliantes que ni leur corps ni leur esprit ne s'en sont jamais vraiment remis.

Parfois, on avait l'impression que les *komiteh* nous terrorisaient parce qu'ils ne savaient pas quoi faire. Le poète Ahmad Shamlou, dans l'un de ses célèbres poèmes, évoque les violences dont nous avions été témoins au début de la Révolution. Chaque strophe se termine par « une drôle d'époque, ma chère ». Les deux années qui suivirent immédiatement la guerre n'étaient pas moins étranges. C'était comme si nous foncions tête baissée dans l'obscurité, ne sachant pas où nous allions, mais incapables de ralentir.

*C*ERTAINS IRANIENS qui avaient fui le pays pendant la guerre revenaient pour de brefs séjours, histoire de prendre la température. Souvent, ils pensaient la même chose : les *komiteh* s'étaient mis à bombarder leurs compatriotes au lieu du front irakien. Mon amie Soraya revint au pays deux semaines après la fin de la guerre. Ses parents vivaient dans un petit village au bord de la mer Caspienne et elle alla leur rendre visite avec son fiancé et deux de leurs amis. Ils empruntèrent des petites routes afin de profiter du paysage et traversèrent la région nord-ouest, où l'opération du MKO avait échoué quelques jours auparavant.

Tandis qu'ils passaient dans une petite ville, le membre d'un *komiteh* leur fit signe d'arrêter la voiture et d'ouvrir le coffre. Un des amis de Soraya, au lieu d'obéir en silence comme les gens apprendraient à le faire dans les années à venir, ne trouva rien de mieux à répondre que : « Ouvre-le toi-même. » Aussitôt, le type appela des renforts qui escortèrent le petit groupe vers un bâtiment qui servait à la fois de tribunal, de centre d'interrogatoire et de quartier général au *komiteh*. Soraya et les hommes qui l'accompagnaient furent interrogés séparément. Après leur avoir posé quelques questions, les autorités – ou du moins l'interrogateur, le membre du *komiteh* et le juge révolutionnaire qui se faisaient passer pour tels – conclurent qu'ils appartenaient au MKO.

Selon eux, Soraya était trop instruite pour être une simple Iranienne qui passait justement par là pour rendre visite à ses parents. Elle avait rempli son formulaire d'une belle écriture et sa prose témoignait d'une vraie intelligence. Ils lui agitèrent la feuille sous le nez comme s'il s'agissait d'un couteau taché de sang portant ses empreintes. Malgré ses explications – elle avait fait des études de droit et avait été formée à penser dans ces termes-là –, ils demeuraient sceptiques. Lorsqu'un des hommes du groupe leur apprit qu'il avait étudié en Grande-Bretagne, ils n'eurent plus besoin de preuves. Ils étaient convaincus d'avoir mis la main sur des dissidents.

Ils les gardèrent prisonniers pendant deux jours. Soraya était seule dans une cellule vide et crasseuse d'une aile isolée du bâtiment, où ils l'abandonnaient la nuit. Au bout de quarante-huit heures, les confirmations arrivèrent de Téhéran : Soraya travaillait bien pour une chaîne de télévision nationale. On avait vérifié l'identité de ses amis. Ni leurs supérieurs ni leurs professeurs ne leur connaissaient de liens avec le MKO. On pouvait donc s'attendre à ce qu'ils soient libérés. Mais pourquoi ? Leur arrestation avait été purement arbitraire, les soupçons à leur égard étaient infondés ; il était évident qu'on les harcelait pour le plaisir. Les *komiteh* tenaient là l'occasion de laisser libre cours à leur haine du MKO, de faire payer deux Iraniens coupables d'avoir quitté le pays et une femme coupable d'être instruite et de se promener en compagnie d'hommes qui n'étaient pas ses frères.

Le juge, un clerc à l'allure négligée, les convoqua dans la pièce qu'il occupait : « Envoyez-moi d'abord l'Anglais. » Puis il fit venir Soraya, qui était une très belle jeune femme : « N'est-il pas dommage, murmura-t-il, qu'une fille intelligente comme vous aille en prison, et batifole avec ces jeunes garçons ? Si vous passez aux aveux, je suis disposé à conclure un mariage temporaire avec vous. »

À nouveau, ils les séparèrent pour les interroger. Ils tentèrent de faire avouer à Soraya qu'elle avait eu des relations sexuelles avec les trois hommes qui l'accompagnaient. « Ils l'ont tous confessé, dit l'interrogateur. Quant à ton soi-disant fiancé, il dit qu'il est avec toi juste pour le sexe, que tu n'es rien pour lui. » Ses nerfs étaient prêts à lâcher – elle n'avait pas dormi, à cause du bourdonnement des moustiques et de la peur qui lui tenaillait le ventre. « Faites-le entrer ! hurla-t-elle. Faites-lui répéter ça devant moi ! »

Finalement, le juge les convoqua pour une ultime session. Ils n'étaient ni espions, ni membres du MKO, ne constituaient pas une menace pour le régime ou le pays, mais on pouvait tout de même les punir pour avoir désobéi à la loi islamique : ils étaient apparus en public ensemble alors qu'ils n'étaient ni mariés, ni de la même famille.

« Pour vous, annonça-t-il en regardant Soraya, ce sera quarante coups de fouet. » Elle le dévisagea, l'air interdit. Il était en train de manger, sa platée de *chelo-kabob* dégoulinait de beurre.

« Vous êtes vraiment juge ? siffla-t-elle. Non, parce que, si vous l'êtes, pourquoi est-ce que vous ne finissez pas de manger avant de rendre votre jugement ? À moins que vous ayez une envie telle de me voir souffrir que vous ne pouvez pas attendre d'avoir fini votre assiette ? Comment se fait-il que tout ce que vous ayez retenu du Coran soit les coups de fouet et la punition ? Vous avez sauté tout le début, les passages où il est question de miséricorde et de compassion ? Et n'êtes-vous pas au courant qu'en vertu de la loi islamique je ne peux être fouettée que par une femme ? »

Le juge était piqué au vif. Le dernier argument de Soraya était incontestable. En vertu de la charia, seule une femme est habilitée à infliger un châtiment corporel à une autre femme. Une femme venait de lui faire la leçon, et il n'avait pas l'air de s'en remettre. Il n'y avait aucune femme pour fouetter Soraya, alors il reporta toute sa colère sur son fiancé. « Quatre-vingts coups de fouet pour lui, aboya-t-il. Et emmenez-la avec vous, pour qu'elle profite du spectacle ! »

On les emmena dans la pièce d'à côté et l'on allongea de force le fiancé de Soraya sur le sol. Un des hommes saisit un câble, et il ne prit pas la peine de mettre un Coran sous son bras pour atténuer les coups, comme il était censé le faire. Car, dans l'esprit de la charia, le caractère dissuasif de la flagellation réside dans l'humiliation, non dans les blessures infligées à la chair ; mais les membres du *komiteh* n'écoutaient rien ni personne, à part leur soif de vengeance.

Au bout du trentième coup, la chemise du fiancé de Soraya était déjà trempée de sang. Au bout du cinquantième, il se mit à hurler et c'est à ce moment-là que Soraya commença à taper de toutes ses forces contre la porte du bureau du juge. « Vous le paierez un jour, je vous le promets ! cria-t-elle. Si je ne reviens pas vous tuer de mes propres mains, d'une façon ou d'une autre vous le paierez, espèce de brute ! »

Je pense que cet exemple illustre parfaitement la méthode qu'ont employée les *komiteh* pendant des années. Ils harcelaient les gens parce que l'envie leur en prenait, cherchaient des prétextes pour les intimider, et, lorsqu'ils n'en trouvaient pas, les inventaient. Un regard de travers, une remarque déplacée, un rien suffisait à les mettre dans une colère noire ; et, sans qu'on comprenne comment, on passait trois jours d'interrogatoire ininterrompu, à se faire accuser de tout et n'importe quoi, depuis l'adultère jusqu'à la haute trahison. Les Iraniens n'ont pas tardé à découvrir l'impact de ces méthodes sur leur vie privée. Les maris se faisaient humilier devant leur femme, les mères devant leurs fils. La plupart du temps, les gens ne partageaient pas leur expérience, préférant garder leur honte pour eux ; mais, de la même façon que tous les Iraniens avaient un membre de leur famille ou un ami morts pendant la guerre ou au cours des exécutions qui avaient suivi, tout le monde connaissait quelqu'un de proche qui s'était fait arrêter, fouetter ou humilier en public par un membre d'un *komiteh*.

*P*ARFOIS, les campagnes menées par les *komiteh* nous fournissaient de quoi nous ruiner le moral, déjà au plus bas. Il faut dire que l'absurdité de certaines situations confinait au délire. Ma mère et mes filles ne manquent jamais une occasion de me rappeler ce qui nous est arrivé un hiver, alors que nous partions skier à Dizin, une splendide station de sports d'hiver située à une heure de Téhéran. Nous allions y passer plusieurs jours depuis quelques années, afin d'apprendre aux filles à skier. Le ski étant un sport qui nécessite de porter plusieurs épaisseurs de vêtements, c'était l'un des rares à être jugé acceptable par le gouvernement. Cette année-là, nous avions décidé de ne pas y aller en voiture mais de prendre un des bus qui partaient du centre-ville et vous menaient directement sur les pistes. Nous sommes partis à l'aube ; je suis montée à bord du bus réservé aux femmes avec les filles en faisant signe à Javad, qui prenait celui des hommes. À l'un des postes de contrôle qui jalonnaient la route sinueuse vers Dizin, j'ai rappelé au chauffeur que mes filles et moi ne prendrions pas ce bus pour rentrer et qu'il était inutile de nous inclure dans le décompte des passagers. Cette remarque éveilla des soupçons, et l'officier du poste de contrôle nous fit descendre du bus.

« Mon mari est dans le bus réservé aux hommes, expliquai-je, et nous restons à Dizin quelques jours. » À travers la vitre embuée de la cabine, je voyais le bus de Javad s'enfoncer dans la montagne. Je n'avais aucun moyen de le joindre pour qu'il confirme mes propos.

« *Khanum*, vous n'êtes pas autorisée à passer la nuit hors de votre domicile sans la permission de vos parents », me répondit l'officier en haussant les épaules.

Je tombais des nues. « Je suis mariée. J'ai deux filles. Je ne vis plus chez mes parents ! Le bus des hommes est parti. Je ne peux rien y faire…

— Je suis désolé. Je ne peux pas laisser le bus repartir. »

Vingt paires d'yeux me regardaient de travers derrière les vitres du bus.

« Mais c'est absurde ! répondis-je. C'est injuste pour les autres passagères !

— Je ne vois qu'une solution », soupira-t-il.

Quoi ? Nous renvoyer à Téhéran ? me demandais-je.

« Il faut que j'appelle votre mère pour savoir si vous avez la permission d'aller skier. »

Il commençait à m'énerver, mais j'eus une pensée pour les femmes qui patientaient dans le bus, transies de froid.

« Entendu, mais laissez-moi lui parler avant. » Ma mère avait une maladie de cœur et, si un policier l'appelait à l'aube au sujet de sa fille, je craignais qu'elle fasse une crise cardiaque sur-le-champ.

Et c'est ainsi qu'à l'âge de quarante-cinq ans je fus forcée de passer un coup de fil à ma mère pour lui dire : « Maman, je vais te passer un monsieur. Est-ce que tu peux lui dire que j'ai la permission d'aller skier, s'il te plaît ? »

Le type me prit le combiné des mains. « Madame, êtes-vous au courant que votre fille Shirin ne rentrera pas avant quatre jours ? » Elle lui répondit que oui, il raccrocha, et nous étions presque sorties de la cabine lorsque je me retournai.

« Au fait, comment savez-vous que c'était vraiment ma mère ? Et si j'avais fait un faux numéro ? »

Il eut l'air choqué. Je sentis deux coups de coude simultanés dans les côtes. Negar me regardait l'air de dire : « Tu avais vraiment besoin de dire ça ? »

Il haussa les épaules. « C'est la loi qui exige que j'appelle. Alors j'ai appelé. »

Nous sommes remontées à bord du bus en pouffant de rire. Tandis que nous roulions parmi les sapins enneigés, je pensais aux fantômes qu'étaient devenues nos lois. Les personnes qui incarnent la loi – les avocats, les juges, les agents de police – doivent faire respecter les lois, sinon elles ne sont que des mots sur du papier.

Lorsque nous sommes rentrés à Téhéran, ma mère s'est moquée de moi pendant des semaines : « La prochaine fois qu'ils m'appelleront, Shirin, je leur dirai que tu n'as pas la permission de sortir ! »

*S*OUVENT, les brimades que les femmes subissaient au début des années 1990 se terminaient comme notre petite mésaventure sur la route de Dizin – c'étaient des désagréments qui vous faisaient perdre votre temps et au cours desquels des jeunes hommes parlaient grossièrement à des femmes qui auraient pu être leur mère. Cela dit, tout aussi souvent, la police de l'ordre moral faisait preuve d'une autorité inflexible et d'une grande violence. Certains parcs de Téhéran devinrent réputés pour leurs patrouilles de *komiteh*, qui usaient de méthodes de plus en plus efficaces pour parer aux ruses qu'employaient les femmes. Si une femme se promenant dans la rue remarquait une patrouille au loin, elle se pressait de tirer son voile devant son visage pour effacer toute trace de maquillage. Les *komiteh* n'ont donc pas tardé à intégrer dans leurs patrouilles des femmes en civil qui cachaient des talkies-walkies sous leur tchador et prévenaient leurs collègues d'interpeller telle ou telle femme.

Pour les femmes, l'espace public – de l'épicerie au parc en passant par l'arrêt de bus – devint une source d'angoisse permanente. Vous saviez que vous alliez avoir des ennuis, mais vous ne saviez pas où, à quelle heure, ni quel prétexte on invoquerait. Après m'être fait moi-même arrêter une ou deux fois pour *bad hedjabi* (tenue islamique non conforme), j'en suis arrivée à la conclusion que l'on ne pouvait tout bonnement rien faire pour se protéger contre un État dont le seul souhait était d'instaurer un climat de peur. Une peur si présente, si envahissante, qu'elle empêcherait les femmes de sortir de leur maison – et, pour les Iraniens attachés à la tradition, c'est bien là qu'elles devaient rester.

Je fus arrêtée pour la première fois par un bel après-midi de printemps, à Ramsar, une petite ville au bord de la mer Caspienne, où l'on allait parfois fêter le Nouvel An persan. Je me promenais dans le parc en manteau long, pantalon large et voile lorsqu'un officier de police s'approcha de moi : « Montez dans l'estafette », me dit-il sèchement en désignant le van blanc garé à côté. Je refusai, il me prit par le bras pour me faire traverser la rue et me fit monter de force dans le van. Il y avait trois autres pauvres femmes recroquevillées sur leur siège. L'une d'elles était une institutrice à la retraite, arrêtée parce qu'elle était en chaussons.

« J'ai les pieds gonflés, je ne peux pas porter de chaussures ! cria-t-elle à l'officier, qui scrutait le parc à la recherche de nouvelles proies. Où est-il dit dans le Coran que porter des chaussons est un crime ? »

Plus elle criait, plus il s'agitait, et il finit par nous conduire au poste de police. Ils nous ont installées dans une pièce et nous ont dit d'y rester jusqu'à ce qu'un autre officier, une femme, vienne nous « guider ». Selon la croyance traditionnelle d'*amr be maruf va nahi az monker*, les musulmans pieux pensent qu'il est de leur devoir d'encourager la vertu et de décourager le vice en corrigeant le comportement des membres de la communauté.

La porte s'ouvrit, et une jeune fille de dix-huit ans vêtue d'un tchador noir fit son apparition. Notre guide était donc arrivée et, à en juger par son langage familier et sommaire, elle était illettrée.

« Je vais vous réciter un poème de Hazrat-e-Fatima », annonça-t-elle. Fatima était la fille du Prophète Mahomet, modèle islamique de dévotion et de piété féminines.

« Femmes ! se lança-t-elle, Fatima s'adresse à vous ainsi : le plus précieux ornement d'une femme est son hidjab. » Elle observa nos visages, l'air très satisfaite d'elle-même.

« Excusez-moi, mais Hazrat-e-Fatima n'était pas poète », commenta l'institutrice. La guide fit semblant de ne pas l'entendre, et fit quelques vagues remarques sur le jour du Jugement, le Paradis, l'Enfer. Elle eut l'air surpris que nous n'ayons pas remarqué la fin de son prêche décousu.

« Hé bien, qu'est-ce que vous attendez ? Vous pouvez partir ! » Nous avions officiellement été guidées.

Assise là sur le sol crasseux du quartier général de ce *komiteh*, à écouter cette jeune fille nous sermonner, il m'a semblé évident que notre guide était un pur produit de la République islamique. Sous le règne du Shah, cette jeune femme aurait été tranquillement chez elle, à laver ou émincer quelque légume. Le gouvernement n'aurait eu aucun moyen de l'atteindre, même s'il l'avait voulu, car ses parents – des gens de la campagne, attachés aux traditions – auraient invoqué son honneur comme prétexte pour la garder à la maison. À ses débuts, le régime islamique a eu besoin du vote des femmes issues de familles traditionnelles, et les a attirées vers les urnes par la ruse. Si vous votez, vous aidez l'Islam, leur disait le clergé. Cela donnait à ces femmes une confiance en elles sans précédent. Elles prenaient conscience que, contrairement à ce qu'elles avaient cru, elles avaient de l'importance ailleurs que dans leur foyer. Leur vote comptait. Elles avaient un rôle à jouer.

À cette époque, le peuple ne votait pas vraiment, il approuvait la légitimité du système sans discuter. Même sous le règne du Shah, l'urne électorale était un concept étranger à la plupart des Iraniens. En général, la cour approuvait au préalable la liste des candidats et les résultats ne surprenaient personne. Un de mes proches, membre du Parlement sous le règne du Shah, ne s'était même pas rendu plus de deux fois dans la région qui l'avait soi-disant élu. Les gens n'avaient aucune idée de ce qu'étaient des élections, et c'est pourquoi, lorsqu'on les mena par la suite aux bureaux de vote de la République islamique, ils ne comprenaient toujours pas pourquoi. Je me souviens d'avoir vu à la télévision ces gens qui faisaient la queue au début de la Révolution ; le journaliste leur demandait : « Pour qui allez-vous voter ? », et la plupart des gens répondaient simplement : « Pour la victoire de l'Islam, bien sûr ! »

La population ne connaissait pas les révolutionnaires inscrits sur les listes, mais elle entendait l'appel des mosquées – « Votez, pour faire plaisir à l'Imam Zaman (le douzième Imam chiite) » – et répondait présent le jour des élections. Elle pouvait choisir librement entre plusieurs candidats inconnus, et croyait au bien-fondé de ce procédé même si elle était peut-être indifférente aux résultats. Au fil du temps, les gens se sont intéressés de plus près au processus électoral ; ils ont compris qu'ils choisissaient des représentants qui prendraient des mesures qui affecteraient directement leur vie, et ont fait plus attention à leurs choix. Mais, malheureusement, au début des années 1990, au moment où les Iraniens prenaient conscience que les élections leur donnaient voix au chapitre sur la manière dont était gouverné leur pays, une loi fut passée, donnant à un corps de religieux non élu appelé le Conseil des Gardiens de la Constitution un droit d'approbation sur les candidats aux élections parlementaires et présidentielles. En vertu de cette loi, les Iraniens ont donc perdu le droit de choisir librement leurs représentants. Les élections en Iran ne tournèrent jamais à la farce, comme dans les dictatures voisines, mais elles cessèrent de refléter la volonté du peuple. Pour les femmes qui étaient illettrées ou qui appartenaient à la première génération à être allée à l'école, l'acte de vote était un puissant symbole. Une femme pouvait jouer un rôle dans la société, et c'est cette conviction qui avait permis à la jeune provinciale de dix-huit ans de me brailler un sermon médiocre, alors que j'étais une ancienne juge de plus de quarante ans. Je n'aurais pas été surprise que cette fille ait des cousines inscrites à la faculté, car à cette époque les universités devenues islamiques étaient dédiées à l'instruction des femmes comme elle. Les filles portaient le hidjab en cours et les classes n'étaient pas mixtes ; même les tables de la cafétéria étaient séparées. Si les universités avaient été des lieux de débauche sous le Shah, qu'étaient-elles à présent ? Réhabilitées ! Purifiées ! Les patriarches n'avaient plus d'excuses pour empêcher leurs filles de s'instruire, et elles se retrouvèrent donc en classe et dans des dortoirs à Téhéran, loin de leurs parents. Toute une génération de femmes dont les mères avaient été prisonnières de leur foyer se retrouvaient dans des grandes villes, à lire des livres. Peu à peu, pour des filles issues de familles attachées aux traditions, s'inscrire à l'université devint à la mode.

Bien évidemment, l'on ne parlait pas encore de féminisme ; « féministe » était un adjectif péjoratif qu'utilisaient les radicaux pour désigner toute personne qui, comme moi, contestait les lois discriminatoires. Il était encore trop tôt pour un mouvement populaire militant pour le droit des femmes. La majorité des femmes n'étaient pas encore favorables à de telles idées, car elles commençaient à peine à prendre conscience de leur condition. Parfois, la prise de conscience est très lente ; en chemin, on se trompe : on prend un comportement tyrannique pour de l'autorité, et l'accès à l'éducation pour l'égalité des droits. Mais, ce jour-là, j'ai vu quelque chose se mettre en marche. Et non sans douleur, car l'idéologie qui mènerait la jeune guide à l'université était la même qui m'avait ôté mes fonctions de juge.

L'accès des femmes aux études supérieures engendra naturellement des tensions à l'intérieur des familles. Une fille que l'on a encouragée à voter et qui va à l'université est moins encline à obéir à son père. Nos voisins illustraient à merveille ce phénomène. Juste avant la Révolution, le père, très croyant, maria sa fille aînée à un *bazaari* (le terme désigne un commerçant ou un marchand, généralement issu d'un milieu très traditionnel). Le *bazaari* la força immédiatement à porter le voile, et lui interdit d'aller rendre visite à ses parents sans être accompagnée. La pauvre jeune mariée était malheureuse et passait de longues journées bloquée chez elle, à attendre le retour de son extrémiste de mari pour qu'il l'emmène chez ses parents. Ils se disputaient violemment. Les parents savaient que j'avais été juge et que j'étais aussi musulmane pratiquante, et m'invitaient souvent chez eux afin que je leur donne des conseils pour qu'ils aident leur fille.

Il me fallait faire de suprêmes efforts pour ne pas insulter cet homme bourré de paradoxes, inquiet pour le bonheur de sa fille mais avant tout pour son honneur à lui, indissociable de sa vertu à elle. Au beau milieu de nos discussions, il arrivait qu'on entende des sanglots provenant de la chambre de la cadette. « Pourquoi pleure-t-elle ? finis-je par demander un soir. — Elle veut aller à l'université, mais son père refuse, répondit la mère. — Et alors ? dit-il, sur la défensive. Je devrais peut-être envoyer ma fille en classe avec des femmes qui ne se couvrent pas la tête, pour qu'elle flirte avec les garçons ? »

La Révolution arriva trop tard pour la fille cadette. Elle fut mariée à un homme moins rigide que le mari de sa grande sœur, mais pour qui il était hors de question que sa femme abandonne sa cuisine pour l'université. La fin des études secondaires de leur troisième fille coïncida presque avec la Révolution islamique. Le père obtint un bon poste au sein du nouveau gouvernement car, à cette époque, faire preuve d'une fervente piété était la qualité la plus recherchée sur un CV. Désormais fonctionnaire de la République islamique, une théocratie qui interdisait les classes mixtes afin de préserver l'ordre moral dans les universités, il ne pouvait plus invoquer la dépravation du système éducatif. La petite dernière fit donc des études de médecine et épousa l'un de ses camarades de faculté, un homme qu'elle choisit elle-même.

Au cours des années 1990, le nombre de femmes ayant un diplôme d'études supérieures augmenta progressivement et, bientôt, les femmes inscrites à l'université furent plus nombreuses que les hommes. C'était un fait remarquable pour un pays du Moyen-Orient dont la société était encore fondamentalement patriarcale. En Afghanistan, les Taliban interdisaient aux femmes de lire ; en Arabie Saoudite, les femmes n'ont pas le droit de conduire. Même dans des pays qui font des progrès, tels que l'Égypte et la Turquie, seule une mince couche de la population – privilégiée et laïque – a accès aux études supérieures. Mais ce que la République islamique avait accompli terrifiait ses fondateurs. Les clercs traditionalistes cherchèrent à inverser cette dangereuse tendance en imposant un système de quotas, en vain.

Malheureusement, égaux dans l'accès à l'éducation ne voulait pas dire égaux en droits et égaux devant l'avenir. Le prolongement interminable de la guerre avait contraint le système à mobiliser les femmes ; elles travaillaient le plus souvent dans d'immenses blanchisseries ou dans les cuisines qui approvisionnaient le front. Mais, à l'époque, le régime autorisait les femmes à travailler dans le secteur public uniquement dans les domaines qui l'arrangeaient. Les postes à responsabilité, ainsi que les institutions telles que le système judiciaire, leur étaient interdits. Leur horizon s'élargissait à leur entrée à l'université pour se rétrécir radicalement à leur sortie. La République islamique ne pouvait pas créer autant d'emplois que de personnes qualifiées, et les postes disponibles revenaient en général aux hommes. Même si les femmes diplômées étaient plus nombreuses que les hommes, le taux de chômage chez les femmes était trois fois plus élevé que chez les hommes. Les progrès du système éducatif n'ont pas réduit la discrimination envers les femmes, ancrée dans notre culture et nos institutions. Mais cela a permis d'instiller chez les Iraniennes une chose qui, je crois, sur le long terme, transformera l'Iran : la prise de conscience de leur condition d'opprimées.

Ces femmes qui sortaient des universités iraniennes ne pouvaient plus se contenter de reprendre leur rôle traditionnel et de faire comme si leurs attentes n'avaient pas changé. Cette prise de conscience, conjuguée à leurs espoirs déçus – car leur père et leur mari n'avaient pas subi les mêmes transformations –, engendrait des conflits douloureux, parfois tragiques, au sein de leurs familles. Je me souviens d'être tombée sur un article de journal particulièrement frappant, des années plus tard : la fille d'un homme qui dirigeait la prière du vendredi dans une ville du nord du pays s'était immolée par le feu. Malheureuse dans son couple, elle avait essayé de divorcer. Mais son père, orthodoxe s'il en était, avait refusé. Désespérée à l'idée de passer sa vie otage d'un mari tyrannique, elle s'aspergea d'essence et mit le feu à ses vêtements. Si cette femme avait vécu sous le Shah, si elle avait hérité de valeurs plus conservatrices, peut-être aurait-elle supporté ce mariage, au lieu de faire un bûcher de son propre corps. On lui aurait enseigné que la vie était ainsi faite, que la soumission était le lot des femmes.

La République islamique avait – par mégarde – défendu les femmes, et les laissait pourtant dans un état de vulnérabilité extrême : elles avaient conscience d'avoir des droits mais ne disposaient que d'outils rudimentaires pour les faire progresser. Pour certains, il aurait mieux valu que ces femmes ignorent tout des possibilités qui s'offraient à elle car, au moins, il est possible de vivre heureux à l'ombre de l'ignorance. La fille du prêcheur du vendredi ne fut pas un cas isolé. Le taux de suicide chez les femmes augmenta considérablement après la Révolution. Dans la plupart des cas, elles s'immolaient par le feu. Je suis convaincue que cet acte violent et exhibitionniste était un moyen pour ces femmes de contraindre la communauté à regarder en face l'insoutenable oppression dont elles étaient victimes. Sinon, n'aurait-il pas été plus facile pour elles d'avaler un tube de somnifères dans l'intimité de leur chambre ?

*E*nviron deux ans après la fin de la guerre, la République islamique opéra un discret changement de direction. Même le plus militant, le plus barbu des idéologues était capable de voir où les mesures de la Révolution – la marginalisation des femmes, l'interdiction de la contraception – avaient mené le pays. Il était évident que la révolution chiite ne dépasserait pas nos frontières ; que l'économie de notre pays ne pouvait plus subvenir aux besoins d'une population qui connaissait un taux de croissance parmi les plus élevés du monde. Nos dirigeants en arrivèrent donc à la conclusion que l'Iran devait intégrer l'économie mondiale, sous peine d'être relégué au rang des pays du tiers-monde. La privatisation, le développement de l'industrie plutôt que de l'agriculture et les moyens d'attirer les investisseurs étrangers devinrent les nouvelles priorités de l'État. Mais il y avait un problème : l'Iran ne possédait ni les connaissances, ni les ressources humaines nécessaires à la réalisation de ses ambitions. La Révolution islamique avait drapé les femmes dans un voile pour ensuite les séquestrer dans leur cuisine. À présent, elle avait besoin de se reconstruire après les dégâts causés par la guerre, et elle avait donc besoin d'elles.

En 1992, le système s'assouplit et autorisa les femmes à exercer le métier d'avocat. Le barreau iranien m'accorda une licence. J'installai donc mon cabinet au rez-de-chaussée de notre immeuble et commençai à recevoir des clients. Je m'occupais surtout de litiges commerciaux, même s'il m'arrivait d'accepter de défendre des personnes gracieusement, pour des cas ayant trait en général à la politique. Après avoir plaidé plusieurs affaires au tribunal, je me suis rendu compte que les cours de justice n'en avaient gardé que le nom. Je m'étais dit que, dans les cas de droit commercial au moins, la République islamique ne s'infiltrerait pas dans sa branche judiciaire. Mais j'avais tort. La corruption était omniprésente. Mon travail d'avocate consistait à faire en sorte que mon client récupère son argent ou ses biens, ou à le défendre contre de fausses accusations. Et combien de fois ai-je vu mes clients venir à mon bureau le sourire aux lèvres pour m'annoncer gaiement que la partie plaignante acceptait un « règlement à l'amiable » en échange de pots-de-vin ? À quoi bon connaître la jurisprudence et préparer une défense ? Et même, à quoi bon aller au tribunal et faire semblant de plaider alors que tout s'était déjà décidé en coulisses ? Par deux fois, lorsque le juge n'avait plus rien à dire, il déclara que des mèches de cheveux dépassaient de mon voile et suspendit la séance pour *bad hedjabi*.

Nous nous en étions sortis sans aucun salaire pendant des années, et nous pourrions à nouveau le faire, raisonnais-je. Je ne travaillais pas seulement pour l'argent, mais pour m'épanouir professionnellement, mettre mes connaissances en pratique et apporter ma contribution au pays dans lequel j'avais choisi de rester. En acceptant des litiges commerciaux, j'étais contrainte de déroger à mes principes ou bien de manquer à mes engagements envers mes clients. Aucune de ces solutions n'était acceptable. C'est à cette époque que j'ai décidé de défendre exclusivement des affaires à titre bénévole, qui me permettraient de démontrer l'injustice des lois de la République islamique. C'était un système dont les lois avaient besoin de passer en jugement avant de pouvoir être changées.

Il me fallait choisir des affaires qui illustraient les répercussions tragiques des lois discriminatoires envers les femmes instaurées par la théocratie. J'avais des dizaines d'exemples en tête : la vie d'une femme vaut la moitié de celle d'un homme, la garde des enfants confiée automatiquement au père après la petite enfance… Mais une histoire personnelle est plus puissante que tout laïus expliquant pourquoi une loi a besoin d'être changée. Pour attirer l'attention des gens, pour solliciter leur compassion et les convaincre que ces lois n'étaient pas seulement injustes mais anormales, il fallait que je raconte des histoires. La culture iranienne, malgré son obsession de la honte et de l'honneur et tous ses codes liés au patriarcat, est profondément sensible à l'injustice. Après tout, ce qui avait motivé la révolution contre le Shah était la lutte contre le *zolm*, l'oppression ; c'était une révolution menée au nom des *mustazafin*, les déshérités. Les gens devaient à présent comprendre que les déshérités étaient devenus les déshériteurs.

Ma mère.

Moi au lycée, en première.

Des amies de la faculté de droit
et moi (au centre).

Des amis de l'université
et moi (au centre).

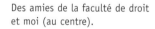

Moi, à vingt-deux ans, le jour
de la remise du diplôme de la
faculté de droit.

Mon mariage, en 1975.

Moi, quelques années après être devenue juge.

Negar, à un an.

Mes filles et moi, pour la photo de notre passeport conjoint.

L'Association de défense
des droits de l'enfant.

Entretien avec les enfants
à l'Association de défense
des droits de l'enfant.

Mes filles, Negar et Nargess.

À Paris, lors de la conférence
de presse, après avoir reçu
le prix Nobel.

À l'aéroport de Téhéran.

Parmi les gens venus me féliciter à l'aéroport,
beaucoup étaient des femmes.

À la remise du prix Nobel.

CHAPITRE 7

Du foyer
au tribunal

L EILA FATHI mourut un jour ensoleillé de l'été 1996 tandis qu'elle cueillait des fleurs des champs dans les collines derrière son village, près de Sanandaj, ville kurde au nord-ouest de l'Iran. Ses parents, comme beaucoup d'habitants de cette région, avaient du mal à joindre les deux bouts, et la petite Leila, âgée de onze ans, était partie cueillir les fleurs que ses parents feraient ensuite sécher pour les vendre au bazar. Elle avait pris un panier en osier et s'était mise en route avec son cousin en fin de matinée ; ils avaient interrompu leur cueillette pour jouer dans les herbes hautes. Ayant grandi près de Sanandaj, où les gens pique-niquaient dans les prés, organisaient des mariages au grand air et dansaient sur les berges du fleuve, ils jouaient dans les collines avec cette insouciance qui caractérise les enfants qui grandissent à la campagne. Cachée dans les herbes, occupée à cueillir des fleurs, Leila n'a pas remarqué les trois hommes qui s'approchaient. Ils sont arrivés par le côté, ont avancé sans bruit et l'ont cernée. L'un d'eux lui a tordu les bras derrière le dos tandis qu'un autre essayait de lui attraper les jambes. Son cousin a réussi à s'échapper et à se cacher derrière un arbre, d'où il a observé les trois hommes traîner Leila, qui se débattait de toutes ses forces, en bas de la colline. Ils lui ont arraché sa jupe et l'ont violée, avant de lui porter un coup fatal à la tête et de jeter son corps meurtri du haut d'un flanc de coteau escarpé.

La police locale arrêta les trois hommes mais, après être passé aux aveux, le principal suspect se pendit dans sa cellule. Le fait qu'il ait pu se procurer un mètre de corde – juste la bonne longueur – dans une prison où les détenus n'ont même pas le droit de porter de montre demeure un mystère… Les deux autres suspects nièrent toute complicité, mais le tribunal les jugea coupables de viol et les condamna à la peine de mort.

J'ai mentionné plus tôt qu'en vertu du code pénal islamique instauré après la Révolution, la vie d'un homme vaut deux fois celle d'une femme. Dans la plupart des pays islamiques, les lois qui fixent les dommages et intérêts ne sont appliquées que dans les affaires où il est question d'argent, telles que les héritages. La République islamique, elle, octroie également des compensations – pour le « prix du sang » – dans les affaires criminelles. Selon la loi islamique, la famille d'une personne victime d'homicide avec ou sans préméditation a le droit de choisir entre la condamnation du coupable et une compensation financière, que l'on appelle

« prix du sang ». Nombre de théologiens considèrent que le prix du sang devrait être le même pour les hommes et les femmes mais, en vertu du code iranien, la valeur de la vie d'une femme étant deux fois moindre que celle d'un homme, cela aboutit souvent à des verdicts grotesques. Dans ce cas précis, le juge estima que le « prix du sang » des deux hommes était supérieur à celui de la fillette de neuf ans qu'ils avaient assassinée, et exigea donc plusieurs milliers de dollars à la famille de la victime afin de financer leur exécution.

Le père de Leila vendit le peu de biens qu'il possédait, y compris la petite hutte de terre où dormait sa famille. À la rue mais convaincus qu'ils recouvreraient ainsi leur honneur, ils se rendirent au tribunal avec l'argent. Mais la somme n'était pas suffisante. La famille trouva donc refuge au sanctuaire de l'Ayatollah Khomeiny, un vaste mausolée sur la route de Qom, tout en essayant de récolter l'argent qui leur manquait. Tout d'abord, le père de Leila se porta volontaire pour vendre un de ses reins mais, à cause des drogues qu'il avait absorbées par le passé, l'organe n'était pas viable. Puis ce fut au tour du frère de Leila de proposer le sien, mais le docteur refusa car il était atteint de poliomyélite. « Mais pourquoi tenez-vous absolument à vendre un de vos reins ? » finit par leur demander le médecin. Ils lui racontèrent toute l'histoire. Ils lui expliquèrent qu'ils ne pouvaient pas retourner dans leur village, leur honneur étant souillé par le viol de Leila. L'honneur d'une famille repose sur la vertu des femmes, et seule l'exécution des coupables pouvait laver cet affront.

Horrifié par cette histoire, le médecin envoya une lettre au chef du pouvoir judiciaire le menaçant d'en appeler à Médecins Sans Frontières si jamais le ministère des Finances ne fournissait pas la somme qui manquait. Le Chef du pouvoir judiciaire accepta mais, par un incroyable rebondissement, quelques jours à peine avant l'exécution, l'un des détenus s'évada. Pendant ce temps, la famille de Leila, inconsolable, avait érigé une tente de fortune sur le trottoir devant le tribunal. La famille fut choquée d'apprendre que la cour allait réexaminer l'affaire. Peut-être était-ce parce que les ambiguïtés du système juridique iranien veulent que même une affaire jugée puisse être révisée. Ou peut-être, comme le soutenait la famille de Leila, était-ce parce que l'un des accusés avait parmi ses proches un membre conservateur du Parlement qui aurait joué de son influence.

C'est à cette époque que j'ai eu vent de l'affaire et que j'ai décidé de jeter un œil au dossier. Au début, j'étais perplexe. Dans le système juridique islamique, le droit pénal est assez discutable. Mais le cas de Leila suggérait qu'il est franchement scandaleux – il peut jeter dans le dénuement le plus complet les familles des victimes à la place des coupables. Je leur rendis visite dans leur tente et, après avoir écouté leur long récit, émaillé de détails sordides, je décidai de les représenter.

Dans les grandes lignes, l'affaire était simple ; je bâtis donc une défense simple et efficace : il était injuste qu'une petite fille se fasse violer et assassiner, et que sa famille perde tous ses biens et se retrouve sans domicile au terme de la procédure ; il était anormal que la justice, au lieu de les défendre, exerce des représailles sur les victimes. « Ne critiquez pas la loi islamique, m'avertit sévèrement le juge. — Je cherche simplement à savoir si justice a été rendue », répliquai-je.

Alors que la séance touchait à sa fin, quelqu'un me murmura à l'oreille que les frères de Leila avaient caché des couteaux sous leurs manteaux et qu'ils avaient prévu d'attaquer le prévenu à la sortie du tribunal. Je demandai une suspension d'audience et fis venir les garçons dans le couloir.

« Je vous en prie, laissez-moi d'abord une chance de voir ce que je peux faire avec des moyens légaux. »

Les deux frères s'écroulèrent en pleurs sur le banc . « Si on avait payé un tueur à gages, sanglota l'un d'eux, si on ne lui avait donné que la moitié de ce que nous avons donné au tribunal, justice aurait été faite. Et maintenant on est à la rue, pendant qu'un des coupables est en liberté et que l'autre va sûrement être acquitté.

— Je sais, répondis-je, je sais. Mais il faut quand même tenter le coup. »

Au cours de l'année qui suivit, le tribunal acquitta les deux prévenus, annula son jugement, puis relança l'enquête. La famille, ivre de chagrin, ne tarda pas à sombrer dans la folie. La mère de Leila prit l'habitude de s'asseoir sur les marches du tribunal drapée dans un linceul blanc, avec à la main une pancarte qui racontait le viol de sa fille. Lors d'une audience, elle menaça de s'immoler et se mit à injurier la cour. Comme si tout cela n'était pas assez dramatique, le juge l'inculpa pour outrage à magistrat et il nous fallut des semaines de médiation avant de trouver un arrangement.

Je ne vais pas vous infliger tous les détails fastidieux de la procédure ; il me suffit de vous dire qu'aujourd'hui l'affaire n'est toujours pas résolue. Si je n'ai pas obtenu de notre système juridique qu'il rende la justice, nous avons réussi à attirer l'attention de la population sur les tares de la loi iranienne concernant les droits de la femme et de l'enfant. L'affaire fut vite connue de tous, à un point tel que, lors des campagnes électorales, des candidats de la région de Leila prirent position en sa faveur. La presse nationale s'empara également de l'affaire, et l'érigea en symbole des problèmes sociaux que connaît la République islamique.

Le procès fit parler de lui longtemps après la dernière audience au tribunal. Il se jouait encore dans les journaux, et tout ce battage établit ma réputation en tant qu'avocate spécialisée dans les droits de la femme et de l'enfant. J'ai vite compris quel est l'outil le plus puissant dont disposent les laissés-pour-compte de la justice : les médias. Mes plaidoiries n'en devinrent que plus efficaces, car les juges savaient qu'eux-mêmes et le système juridique seraient contraints de justifier leur décision devant un autre tribunal, celui de l'opinion publique. En général, les Iraniens s'en souciaient peu mais, dans ces moments-là, je me disais que les sensibiliser à leurs droits était en soi un enjeu important.

Pendant ces mois sinistres au cours desquels j'assistais à l'effondrement de la famille de Leila, à mesure que l'affaire attirait l'attention du public je fus choquée de voir à quel point les femmes ignorent tout des discriminations légales dont elles sont victimes. La plupart des femmes avaient quelque idée des lois régissant le divorce et la garde des enfants — elles étaient nombreuses à vouloir se séparer de leur mari à un moment de leur vie. Mais, d'une façon générale, le meurtre ou la mort accidentelle ne faisaient que rarement irruption dans leur vie ; elles n'avaient donc pas de moyen de savoir quel sort leur était réservé, quel genre de bourbier juridique les attendait, dussent-elles par malheur connaître le même sort que la famille de Leila.

J'ai décidé d'écrire un article pour le magazine *Iran-e-Farda*, avec des mots simples, accessibles, plutôt qu'en jargon juridique, afin d'exposer de façon très claire le statut des femmes dans le code pénal iranien. L'article du code consacré au *diyeh*, le prix du sang, stipule que, si un homme est blessé aux testicules, il a droit à une compensation équivalant à la vie d'une femme. J'ai résumé la chose ainsi dans mon article : si une femme titulaire d'un doctorat se fait renverser par une voiture et si une brute illettrée est blessée aux testicules au cours d'une bagarre, la vie de la femme a la même valeur que le testicule abîmé du monsieur. Il y a une expression populaire en persan qui sert à exprimer tout le mépris qu'inspire une personne : « Tu as moins de valeur qu'un de mes testicules. » Je l'ai également évoquée dans mon article, afin que tous les Iraniens comprennent le caractère scandaleux de ces lois, qui traitent les femmes comme des animaux et non comme des êtres humains. Je finissais sur une question : est-ce vraiment ainsi que la République islamique considère ses citoyens de sexe féminin ?

L'article mit le feu aux poudres. Pleinement conscient de la réaction politique qu'il allait provoquer, le rédacteur en chef s'était hâté de le publier. Tous les exemplaires se sont vendus en un rien de temps, et les gens se présentaient au siège du magazine, quémandant ne serait-ce qu'une photocopie de l'article. J'étais abasourdie. Je m'étais attendue à ce qu'il touche beaucoup de gens, mais je n'aurais jamais cru qu'il trouverait un tel écho dans la capitale. Interviewé par des journalistes, un membre conservateur du Parlement me menaça publiquement : « Que quelqu'un arrête cette femme, ou nous la ferons taire nous-mêmes ! » En entendant ces paroles, je me suis rendu compte que le système avait de bonnes raisons de me craindre, et que mon travail touchait de plus en plus de monde.

En 1996, l'année où commença le procès des bourreaux de Leila, le régime islamique ne tolérait pas, ou très peu, les critiques à l'égard de ses méthodes répressives. On n'exécutait plus systématiquement les dissidents politiques comme aux premiers jours de la Révolution, mais le système punissait toujours sévèrement toute remise en question de son autorité. Nous en avions des exemples tous les jours : même de grands ayatollahs étaient défroqués (c'était sans précédent dans l'histoire de l'Islam chiite) ou jetés en prison pour avoir pris position contre les exécutions et les peines cruelles qu'encourent les criminels, comme le châtiment des mains coupées. Si le système était prêt à disgracier et même à emprisonner des théologiens distingués qui avaient pris part à la Révolution, pourquoi hésiterait-il à me punir, moi qui n'étais ni révolutionnaire, ni religieuse et, en tant que femme, ni même un être humain ?

J'avais les nerfs à fleur de peau. Au cours de mes plaidoiries dans l'affaire de Leila, le juge m'accusa plusieurs fois de m'élever contre l'Islam et ses lois sacrées. Selon les critères politico-religieux de ces traditionalistes, une personne qui remet en cause l'Islam est facilement considérée comme apostat. Et le pouvoir d'interprétation – le pouvoir de faire la différence entre une critique respectueuse de la loi et une attaque contre la doctrine sacrée – est entre leurs mains. Je me battais sur leur terrain. Et inutile de brandir la Déclaration universelle des droits de l'homme devant des religieux qui s'inspiraient du VIIᵉ siècle en matière de droit pénal. Pour prouver que la famille de Leila ne devait pas avoir à financer l'exécution de ses bourreaux, pour affirmer qu'au regard de la loi la vie d'une femme devait avoir la même valeur que celle d'un homme, il me fallait aussi faire appel aux principes et à la jurisprudence islamiques.

*M*ES DEUX FILLES en étaient à l'âge où l'on rentre de l'école avec une foule de questions à poser. Elles arrivaient, lâchaient leur sac à dos dans l'entrée et couraient dans le couloir pour me rejoindre. Pour une femme, et pour une mère, il devenait de plus en plus difficile de vivre dans la République islamique. « Maman, est-ce que c'est mal si je joue avec mes cousins sans me voiler ? Maman, est-ce que l'Amérique est vraiment la source de tous les poisons du monde ? Maman, c'est vrai qu'il était méchant Mossadegh ? » J'essayais tant bien que mal de maintenir un équilibre entre les valeurs progressistes que je voulais transmettre à mes filles et le dogme révolutionnaire qu'on leur enseignait à l'école, tout en m'assurant qu'elles obéissent à ce dogme un tant soit peu afin de ne pas être exclues du système éducatif. « Une grande partie de ce qu'on vous enseigne est faux, mais il faut étudier malgré tout, pour réussir vos examens et aller à l'université », répondais-je le plus souvent.

Comme d'habitude, Javad me laissait le soin de répondre à ces questions délicates. Tout comme je devais faire la cuisine, les courses, le ménage, les comptes, et la navette entre l'école et la maison. Et, avec tous les dossiers que j'avais sur les bras, il me devenait de plus en plus difficile de m'occuper des filles. Surtout qu'elles changeaient : il ne s'agissait plus de leur raconter une histoire le soir au coucher, mais de leur donner des conseils pour bien vivre leur adolescence à Téhéran, au milieu des pièges et du chaos. « Surtout, dis-moi si tu as besoin d'aide », me disait Javad. Et cela me semblait terriblement injuste, parce que moi je n'attendais certainement pas qu'il me demande « Shirin, peux-tu préparer le dîner ce soir ? ». Je faisais la cuisine tous les soirs car il était évident que c'était une tâche qui me revenait. C'était le sujet récurrent de nos disputes. Lui voulait que je lui dise quoi faire, et moi je pensais qu'il devait s'en rendre compte tout seul.

Entre le cabinet le matin et les articles que j'écrivais le soir, j'avais commencé un nouveau livre, un traité sur les droits des réfugiés. Avant d'exercer comme avocate, l'écriture m'occupait l'esprit, mais à présent, avec les clients que je devais défendre, cela représentait une surcharge de travail. Si je m'en sortais à la maison, c'était grâce à un planning établi longtemps à l'avance. Les plats tout prêts à emporter n'étaient pas très répandus et, de toute façon, on attendait d'une épouse iranienne qu'elle prépare elle-même les repas familiaux. Laisser la vaisselle dans l'évier ou un panier plein de linge sale n'était pas envisageable. Si je devais m'absenter quelques jours pour des raisons professionnelles, je préparais les repas de Javad et des filles à l'avance. Ils n'avaient plus qu'à se servir dans le réfrigérateur le premier soir, puis, le reste de la semaine, sortir du congélateur les boîtes que j'avais soigneusement étiquetées. Je ne veux pas me faire passer pour une femme au foyer exemplaire, ni pour une excellente cuisinière ; selon les critères iraniens, je suis sûre qu'on aurait pu me prendre en défaut sur une foule de petits détails et de petites négligences. Mais, depuis le début, je faisais en sorte que la maison soit agréable à vivre plus que d'une propreté irréprochable, et la famille s'était habituée à cette simplicité. Cette approche de la vie parfois un peu désinvolte était peut-être un brin fataliste mais, depuis l'exécution de Fouad, depuis que la mort m'avait touchée de près, je trouvais inutile de se tracasser pour les petites choses du quotidien. Si l'on doit tous mourir un jour, si l'on doit retourner à la poussière, doit-on vraiment s'en faire si l'on n'a pas passé le balai depuis quelques jours ? Cela ne veut pas dire que je ne me souciais pas de la vie de mes enfants dans les moindres détails ; seulement, je faisais la différence entre ceux sans importance et ceux qui comptaient vraiment.

Pour éviter de passer trop de temps en dehors de la maison, je rapportais du travail le soir et je racontais aux filles sur quelle affaire je travaillais, ou ce que j'écrivais. Je préférais les inclure dans la sphère de mes préoccupations plutôt que de les tenir à l'écart, à se demander ce qui m'absorbait autant. Je suppose que, tout au fond de moi, j'espérais ainsi leur transmettre mes convictions, ma sensibilité aux injustices et mon besoin compulsif de faire avancer les choses.

Le soir des élections législatives de 1996, à l'heure des résultats, je fis venir mes filles à côté de moi sur le canapé pour qu'on discute. Parfois, j'essayais de leur parler de mon travail, de faire prendre vie à des concepts aussi abstraits que les droits de la femme en leur citant des personnes qu'elles connaissaient. Par exemple, elles savaient que mon amie Shahla Sherkat avait lancé un magazine féminin, qui s'appelait *Zanan*, quatre ans auparavant. C'est Shahla qui m'avait mise au courant de l'histoire de Leila, et m'avait demandé si je pouvais offrir mes services à ses parents. Dans une certaine mesure, mes filles pouvaient suivre l'évolution du rôle des femmes à travers mon expérience et la vie des amies proches de la famille. Avant 1992, je n'avais pas le droit d'exercer en tant qu'avocate. Quant à Shahla, elle dirigeait un magazine hebdomadaire, contrôlé par le gouvernement, destiné aux femmes pratiquantes et conservatrices. L'année où j'ai ouvert mon cabinet, Shahla lançait *Zanan* – dans les premiers numéros, la prudence était de mise, puis le magazine a commencé à aborder ouvertement les problèmes qu'un nombre croissant d'Iraniennes rencontraient dans notre pays. Parfois elle m'envoyait des clients, et de temps à autre j'écrivais des articles pour son magazine.

Notre activisme se fondait sur quelques vérités élémentaires : nous vivions dans une République islamique qui n'allait nulle part, et peu empressée de laïciser la sphère politique ; le système juridique reposait sur la loi islamique ; et la place des femmes dans la société – de l'accès aux moyens de contraception au droit de demander le divorce en passant par l'obligation de porter le voile – était déterminée par une interprétation univoque du Coran. Si nous voulions faire une différence dans la vie des femmes et des gens comme Leila et sa famille, nous n'avions d'autre choix que de prôner l'égalité des femmes dans un cadre islamique. En cela, nos opinions personnelles et notre vision de la politique étaient tout à fait hors sujet. En effet, j'étais pour la séparation du religieux et de l'État – à mes yeux, l'Islam, comme toutes les religions, est sujet à interprétation. Suivant la lecture que l'on en fait, il peut contribuer à opprimer les femmes ou à les libérer. Dans un monde parfait, je demanderais à être immunisée contre l'interprétation des textes religieux, car les débats théologiques incessants nous ramènent invariablement au VIIe siècle ; cela dit, il n'y aura jamais d'interprétation définitive, le débat continuera à travers les âges mais ne sera jamais clos. J'ai reçu une formation de juriste, et ne sais que trop bien les difficultés que l'on rencontre à vouloir ancrer des droits inaliénables dans des textes mouvants, qui manquent de rigueur et de définitions. Mais je suis aussi citoyenne de la République islamique, et suis consciente qu'il est vain d'aborder la question sous un autre angle. Mon but n'est pas d'exprimer mes opinions politiques, mais d'encourager la promulgation d'une loi qui empêcherait une famille comme celle de Leila de se retrouver dans le plus grand dénuement pour avoir été contrainte de financer l'exécution des assassins de leur fille. Si je dois pour cela passer des heures à éplucher de vieux livres de jurisprudence islamique et m'appuyer sur des sources qui mettent l'accent sur les principes égalitaires de l'Islam, qu'il en soit ainsi. Ce n'est pas la voie la plus facile, mais y a-t-il une autre alternative ? J'ai beau le souhaiter de toutes mes forces, je n'en vois pas.

$\mathcal{U}$N MATIN D'ÉTÉ, en 1997, en feuilletant le journal, je tombai à nouveau sur un fait divers horrible : une enfant battue était morte à l'hôpital des suites de ses blessures – elle avait reçu plusieurs coups à la tête. La photo qui accompagnait l'article montrait une petite fille prostrée aux membres frêles et couverts de brûlures de cigarette. La fillette s'appelait Arian Golshari. Après le divorce de ses parents, le tribunal avait confié la garde d'Arian à son père, un homme violent dont le casier judiciaire faisait état de plusieurs inculpations pour fraude et toxicomanie. Selon les voisins, Arian vivait comme une prisonnière. La fillette de neuf ans ne pesait que quinze kilos, ses bras avaient été fracturés plusieurs fois, puis plâtrés avec des bandages de fortune ; après que son institutrice avait appelé son père pour lui parler des brûlures de cigarette qui couvraient son corps, Arian ne retourna pas à l'école. Sa mère réclama à la justice la garde de la petite ; elle exposa les conditions de vie de sa fille, les atrocités que lui faisait subir son ex-mari. Mais le tribunal refusa de lui accorder la garde.

Toute la matinée, l'image de cette petite fille et de ses cicatrices me hanta. Il faut faire quelque chose, me disais-je, mais quoi ? Quelques heures plus tard, le téléphone sonna. C'était une amie photographe qui elle aussi avait lu l'article sur Arian. « Shirin, il faut faire quelque chose », me dit-elle. Cet après-midi-là, nous nous sommes réunies avec quelques amies d'une association de défense des droits de l'enfant. Notre plan était le suivant : nous allions organiser une cérémonie pour pleurer sa mort et en profiterions pour protester contre le code civil qui en était responsable. Nous avons réservé un emplacement dans une grande mosquée du centre de Téhéran, Al-Ghadir, et avons publié des faire-part annonçant sa mort et la cérémonie qui aurait lieu en son honneur. J'ai demandé à l'oncle de Javad, qui était clerc, de parler des mauvais traitements infligés aux enfants et de raconter l'histoire de la petite Arian, aussi brève que violente.

La République islamique avait érigé la famille musulmane en symbole de son idéologie. Les révolutionnaires envisageaient la mère musulmane, enfermée chez elle à s'occuper de son intérieur et de ses nombreux enfants, comme l'élément indispensable à la restauration des valeurs traditionnelles. Pourtant, il ne leur semblait nullement contradictoire d'instituer une loi qui séparait automatiquement les enfants de leur mère en cas de divorce, ou qui rendait la polygamie aussi facile qu'un emprunt à la banque. Cela faisait déjà plusieurs années que ce problème de la garde des enfants me tourmentait, car ma sœur aînée se sentait contrainte de rester avec son mari, avec qui elle était malheureuse, par crainte de perdre ses enfants. Cette loi figurait parmi les plus dévastatrices de notre système légal, et les journaux et l'opinion publique en général s'en offusquaient de plus en plus.

Le jour de la cérémonie, en automne 1997, nous avions apporté des fleurs et des dattes que nous avions disposées sur une table à l'entrée de la mosquée. Peu de temps avant le début de la cérémonie, plusieurs femmes entrèrent, l'air bouleversé, le visage baigné de larmes. Il s'agissait de la mère et des tantes d'Arian. « Je ne savais pas que ma fille avait autant d'amis, dit sa mère d'une voix étranglée. Pourquoi personne ne l'a aidée avant qu'elle ne meure ? » Ne sachant que répondre, je la pris par le bras et l'emmenai s'asseoir au premier rang.

L'oncle de Javad était un brillant orateur, son discours captiva et émut l'auditoire dès le début. Vers le milieu de son discours, un homme du nom d'Alavi qui tenait la main d'un petit garçon s'approcha de lui. « Voici un autre Arian », dit-il, avant de raconter l'histoire du petit : la garde avait été accordée à son père mais il ne voulait qu'une chose, vivre avec sa mère. Il souleva le petit garçon, le porta à bout de bras et s'exclama : « Faites quelque chose pour ces enfants ! »

Soudain, tout le monde se mit à pleurer. J'avançai jusqu'au micro pour prendre la parole : « Nous sommes ici aujourd'hui pour défendre les droits des enfants, pour empêcher que la tragédie qu'a vécue Arian se reproduise. Il faut changer la loi qui a causé sa perte. » Les gens commencèrent à scander des slogans, et nous leur avons demandé de disperser les fleurs dans la rue en sortant. La foule se dirigea aussitôt vers les portes en criant « Il faut changer la loi ! » et en jetant des pétales sur leur chemin.

En l'espace d'une demi-heure, les rues autour de la mosquée étaient jonchées de pétales blancs ; les chauffeurs de taxi et les passants s'arrêtaient pour nous observer. Les journaux ne tardèrent pas à s'emparer de l'histoire et les universités commencèrent à organiser des conférences sur les mauvais traitements infligés aux enfants. Soudain, une vaste campagne était née pour sensibiliser le public à la réforme nécessaire du droit de garde. Au cabinet, mon téléphone, qui sonnait déjà beaucoup depuis l'affaire Leila, sonnait désormais sans interruption. Et ce n'était pas seulement des clients potentiels, mais aussi des journalistes et des associations de défense des droits de l'homme qui avaient besoin d'un interlocuteur iranien sur le terrain pour leur expliquer les rouages du système et comment les femmes – pas encore organisées à l'époque – comptaient s'y prendre pour le modifier.

Nous avons donc intenté un procès. Je représentais la mère d'Arian et poursuivais le père et le demi-frère de la fillette respectivement pour torture et meurtre. Le tribunal était rempli de journalistes, y compris ceux de la télé. Dès que le procès débuta, le deuxième rang déploya une bannière qui disait : « EN L'HONNEUR D'ARIAN, CHANGEONS LA LOI EN FAVEUR DE NOS ENFANTS. » L'affaire avait pris une ampleur telle que c'était le doyen qui présidait.

Inutile d'enjoliver mon discours liminaire, la tragédie du cas d'Arian parlait d'elle-même. J'ai exposé les faits à la cour : la faiblesse et le désarroi de la fillette, mal nourrie, au bout de plusieurs semaines de torture ; la violence de son demi-frère, qui, la trouvant mains entre les jambes, s'était mis à la ruer de coups de pied jusqu'à envoyer son corps frêle à l'autre bout de la pièce ; le choc de sa tête contre le mur et la commotion cérébrale qui devait lui coûter la vie quelques heures plus tard. J'ai pris garde de m'attarder sur les lois elles-mêmes, et pas seulement sur le cas d'Arian. Je faisais les cent pas, mes talons résonnaient sur le parquet du tribunal ; plus que les accusés en présence, je voulais que l'on juge la loi.

À la fin de mon discours, le juge me prit le micro : « L'Islam, dit-il d'une voix solennelle, est une religion d'équité. Mais le Coran stipule que l'héritage d'une femme vaut la moitié de celui d'un homme. »

C'était tellement déplacé ! La question n'était pas là, nous ne parlions pas d'héritage. C'était un prétexte pour m'accuser de diffamation.

Je demandai la permission de prendre la parole. « Je ne critique pas l'Islam. Que l'on coupe la langue à quiconque oserait. Je critique une loi votée par le Parlement iranien. Trouvez-vous juste qu'une enfant soit si cruellement maltraitée par son père, et que le tribunal refuse la garde à sa mère ? Est-il juste d'attendre d'une mère dont l'enfant vient d'être assassinée qu'elle paie pour que justice soit rendue ?

— Ne vous inquiétez pas pour ça, me dit le juge, avant de m'assurer que le prix du sang serait pris en charge pas le ministère des Finances.

— Mais nous ne voulons pas que nos impôts profitent aux assassins ! » répondis-je, exaspérée.

Le juge condamna le demi-frère d'Arian à mort, et son père et sa belle-mère à un an de prison. La mère d'Arian consentit finalement à suspendre l'exécution du demi-frère. J'admirai sa compassion ; le demi-frère d'Arian vivait avec son père et lui-même avait été enlevé à sa mère après le divorce. Il s'était comporté comme un monstre envers Arian, mais il était victime du même système.

La fin du procès attira l'attention du monde entier. Christiane Amanpour, une correspondante de CNN, m'interviewa avec la mère d'Arian ; en regardant les images plus tard à la maison, cela m'a donné du courage : la mort d'Arian était absurde, mais au moins elle servait une cause noble. La République islamique refusait peut-être de rendre des comptes à ses citoyens, mais elle désirait plus que tout se débarrasser de son statut de paria aux yeux de la communauté internationale. Peu à peu, ses dirigeants ont compris qu'un pays qui ne faisait pas le poids face à l'Occident ne pouvait pas se permettre de bafouer les droits de ses citoyens.

En regardant l'interview, consciente du fait qu'elle était diffusée dans le monde entier, je me suis également rendu compte que j'étais devenue célèbre. L'importance que l'on a aux yeux du public s'acquiert petit à petit. On travaille, on parle, on écrit des articles, on donne des conférences, on rencontre des clients, on les défend, jour après jour, nuit après nuit, et puis un beau jour on se réveille et on remarque cette longue file de choses accomplies derrière nous, qui constituent une réputation. Enfin, c'est ainsi que ça s'est passé pour moi. Cette célébrité m'importait peu en tant qu'individu, mais elle est devenue très utile pour mon travail et les causes que je défendais. Cela voulait dire que les journalistes m'écouteraient si j'allais leur parler d'une affaire et qu'ils m'aideraient à la rendre publique à la fois en Iran et à l'étranger. Cela signifiait aussi que les défenseurs des droits de l'homme dans le monde me connaissaient et me faisaient confiance, et pouvaient lancer des appels au gouvernement pour les affaires urgentes sur lesquelles j'attirais leur attention. Cela voulait dire que l'on pouvait désormais associer un nom et un visage aux termes « droits de l'homme » en Iran, et que les millions de femmes qui ne pouvaient exprimer leurs frustrations et leurs désirs avaient quelqu'un pour parler en leur nom. Je n'endosserais jamais un tel rôle pour moi-même mais, dans la République islamique, nous avons un problème de représentation. Nos diplomates en poste à l'étranger sont naturellement fidèles au régime. Il incombe alors à d'autres ambassadeurs, non officiels, de transmettre les idées et les espoirs des Iraniens au reste du monde.

Grâce à ma réputation grandissante et à l'intérêt que portait le monde au sort des femmes dans la société iranienne, on pouvait enfin infliger des sanctions internationales à ce système qui refusait de changer ses lois.

CHAPITRE 8

La terreur
et la République

C E N'EST QU'APRÈS la seconde tentative du chauffeur d'abandonner le bus en marche que Fereshteh Sari comprit qu'il essayait de les tuer. Une vingtaine de romanciers et de poètes iraniens se rendaient en Arménie pour une conférence littéraire, et l'on avait affrété un bus pour les y emmener, en leur faisant traverser la chaîne de montagnes du nord de l'Iran, boisée de chênes et de noyers. Lorsque mon amie Fereshteh était passée à la maison prendre le thé la veille du départ, elle m'avait fait part de son impatience : ce voyage était pour elle l'occasion rêvée de découvrir les antiques pavés de la capitale et d'avoir de longues discussions avec ses amis écrivains.

Vers deux heures du matin, alors que la plupart des passagers somnolaient, le chauffeur arrêta le bus sur le bas-côté et sortit. À l'avant, un des écrivains remarqua qu'il n'avait pas mis le frein à main et l'appela, pensant qu'il avait juste besoin de faire une pause. Le chauffeur remonta à bord du bus, redémarra et reprit la route, qui sinuait vers le sommet de la montagne. Soudain, une accélération brutale réveilla tous les passagers. Terrorisés, ils virent le bus se précipiter vers une falaise. À l'approche du précipice, le chauffeur ouvrit sa portière et sauta. Un des écrivains se glissa sur le siège du conducteur et freina de toutes ses forces. Dans un effroyable crissement de pneus, le bus finit par s'arrêter. Devant eux, un abîme noir. Un des pneus était presque dans le vide. Un par un, les écrivains réussirent à sortir du bus, sains et saufs.

Sous le choc, ils se réunirent au bord de la route, s'observant les uns les autres dans le silence le plus complet. Peu de temps après, un officier chargé de la sécurité arriva et les emmena dans une petite ville près de la mer Caspienne pour les interroger. L'interrogateur leur ordonna de ne parler de cet incident à personne et les autorisa à rentrer à Téhéran. Fereshteh me raconta toute l'histoire dès le jour de son retour. Un frisson de peur me glaça le sang. Dans la première moitié des années 1990, le régime poursuivit ses opposants à travers l'Europe, organisant l'assassinat d'anciens fidèles du Shah, de militants politiques, et même d'un chanteur populaire trop critique. Nous étions en août 1996, et cette campagne de terreur ne se déroulait plus seulement à l'étranger : deux jours avant le départ de Fereshteh, une autre amie, la poétesse Simin Behbahani, avait été victime d'une rafle au cours d'un dîner chez un diplomate allemand ; avec deux autres écrivains, elle avait été arrêtée et emmenée à la prison d'Evin. Au début du même mois, on avait retrouvé le corps d'un traducteur assassiné dans les rues d'Ispahan. Un autre écrivain, Ghafar

Hosseini, mourut quant à lui d'une mystérieuse attaque cardiaque deux mois plus tard.

Beaucoup de ces auteurs appartenaient à l'Association des écrivains d'Iran, un groupe de romanciers, traducteurs, poètes et intellectuels qui se réunissaient chaque mois pour parler de littérature, de censure et des moyens de défendre la liberté d'expression dans notre pays. J'avais moi-même rejoint l'association et, après l'incident du bus et les mystérieuses disparitions de nos collègues, nous étions convaincus d'être les cibles d'une implacable vague de terreur. C'était une période épouvantable. Nous avions l'impression d'être sur écoute et suivis. De trop nombreuses coïncidences – les descentes de police pendant nos réunions, de nouvelles têtes qui faisaient leur apparition dans le groupe – indiquaient que l'on était surveillés en permanence.

À chaque fois que l'on devait assister à une réunion, on prenait nos précautions. On se retrouvait dans différents endroits de Téhéran. D'abord dans une grande librairie de la place de Palestine, puis au Naderi, un vieux café du centre-ville au plafond voûté, célèbre pour avoir été fréquenté par des écrivains et des intellectuels au début du siècle. Je changeais plusieurs fois de taxi en route. En Iran, les taxis fonctionnent comme les bus : ils acceptent plusieurs passagers sur certains itinéraires. Je prenais un de ceux-là, puis me faisais déposer à un carrefour pour en prendre un autre, privé, en sortais au bout de quelques centaines de mètres et sautais dans un autre. Le gouvernement savait qui nous étions. Par le passé, nous avions apposé nos noms en bas de lettres de protestation pour faire comprendre au gouvernement que notre travail d'intellectuels n'était pas politique. En 1994, l'année où mourut un critique littéraire important alors qu'il était en garde à vue, cent trente-quatre écrivains avaient signé une lettre ouverte au gouvernement pour protester contre la censure et réclamer la liberté d'expression et d'association. Moi aussi j'avais signé cette lettre. Après sa publication, un certain nombre des signataires furent assassinés ou disparurent. À présent, il semblait qu'un escadron de la mort sans visage s'était lancé à notre poursuite, et nous cueillait un à un.

*A*U FIL DES JOURS, force était de constater que nous vivions à peu près ce qu'avaient subi les militants anti-Shah dans les prisons du régime ou aux mains de la Savak, sa police secrète. Mais cette campagne d'intimidation était très différente des méthodes qu'avait utilisées le Shah contre ses opposants. La Savak était le dispositif de sécurité classique d'une autocratie ; elle s'attaquait à des cibles très précises – des activistes politiques qui prenaient ouvertement position contre le Shah – et essayait de les mater en ayant recours aux techniques traditionnelles de torture physique : décharges électriques et arrachement des ongles.

Les méthodes de la République islamique n'empruntaient pas à celles de la Savak, ni à celles qui avaient nourri la vague de terreur des débuts de la Révolution. Cela marquait une nouvelle étape dans l'évolution politique du régime, un changement qui témoignait d'un regain d'intérêt pour l'opinion de la communauté internationale. Les agents de la République islamique étaient cependant présents partout, et ne visaient pas seulement les activistes politiques qui réclamaient un gouvernement laïc ; parmi leurs cibles figuraient, par exemple, les traducteurs de littérature française.

Au début des années 1990, après la guerre, les rapporteurs des associations de défense des droits de l'homme et des comités de vigilance ont commencé à recenser, preuves à l'appui, les exécutions arbitraires et les crimes gratuits perpétrés par le régime. Les exécutions massives de 1988, qui avaient coûté la vie à Fouad et à des milliers d'autres jeunes, avaient terni la réputation d'un régime qui cherchait à réintégrer la communauté internationale afin de se reconstruire et de subvenir aux besoins de sa population en pleine croissance. C'est à l'époque de l'incident du bus que nous avons remarqué un changement dans les mesures de répression.

Le système commença à éprouver une certaine gêne à annoncer au reste du monde, dans des journaux remplis de photos de cadavres, qu'il assassinait ses opposants. Afin d'éviter une condamnation unanime de la communauté internationale, les dirigeants décidèrent qu'il était nécessaire de conduire différemment les procès et les exécutions. Auparavant, les officiels du régime organisaient des procès dans lesquels ils fournissaient eux-mêmes les preuves, dans lesquels il n'y avait pas d'avocats, des procès secrets, tout ce qu'il y a de plus irréguliers, dont l'issue inévitable était la peine de mort. Dans un système juridique où le procureur, le juge et le procureur ne sont qu'une seule et même personne, il était plus facile d'expédier les procès. Et puisque, en général, les prisonniers ne préparaient pas leur défense, les officiels ont fini par se dire : nous avons assez de preuves comme ça, à quoi bon les faire passer en jugement ? Pourquoi ne pas tout simplement présenter le dossier à un ou deux clercs et obtenir un ordre d'exécution ? De cette façon, les critères religieux étaient remplis, et le ministère des Renseignements n'avait plus qu'à envoyer son escadron de la mort. Les assassins variaient leurs techniques – leurs victimes mouraient dans des accidents de voiture, d'autres prenaient des balles perdues dans de faux cambriolages, d'autres encore étaient poignardées dans la rue, ou tuées par balle ; une méthode très utilisée consistait à injecter du potassium dans le corps de la victime pour faire croire à une attaque cardiaque naturelle. Les personnes qui ont mis au point ce système ont dû penser que c'était très astucieux. Elles ont dû croire que la communauté internationale ne remarquerait pas que, un mois sur deux, on retrouvait un écrivain iranien ou une figure de l'opposition morts au bord de la route, ou victimes d'un accident vasculaire complètement inattendu.

*C*E QUI ÉTAIT le plus effrayant à l'époque, c'était la façon aléatoire qu'avait l'État de choisir ses victimes. Mais c'était peut-être le but : terroriser les cercles intellectuels et littéraires de Téhéran dans leur ensemble afin que plus personne n'ose émettre de critiques. Si un professeur de littérature persane néoclassique était assassiné en prison, quel sort attendait ceux qui remettaient ouvertement en question le cœur du système, le droit divin des ayatollahs à gouverner ? Nous nous réunissions souvent, à l'époque, pour essayer en vain de dégager un schéma ou un ordre logique dans le choix des cibles.

La République islamique travaillait donc activement à sa propre réhabilitation, mais ses activités passées anéantissaient ses efforts. En 1997, un tribunal allemand lança un mandat d'arrêt international contre le ministre des Renseignements Ali Fallahian, pour avoir commandité l'assassinat de dissidents iraniens kurdes, tués dans un restaurant de Berlin en 1992. Cette condamnation humilia profondément la République islamique : l'implication d'un ministre dans une fusillade digne de la mafia venait gâcher les efforts du régime dans ses tentatives de blanchir sa réputation. Pour se venger, le gouvernement prétendit que des espions allemands infiltraient l'Iran. Mais qui ? Et où ? Les dirigeants désignèrent Faraj Sarkouhi, journaliste et membre de l'Association des écrivains d'Iran, dont la famille, pour son plus grand malheur, vivait en Allemagne. Faraj avait été arrêté lors d'une soirée organisée par un diplomate allemand, preuve qu'il était un espion aux yeux du régime.

Un soir, Faraj se rendit à l'aéroport Mehrabad pour prendre un vol à destination de l'Allemagne, où il n'arriva jamais. Sa femme alerta les autorités, mais les registres de l'aéroport attestaient que son passeport avait été tamponné. Personne ne comprenait, et nous étions très inquiets à son sujet. Un mois plus tard, il réapparut à Mehrabad, et nous raconta une histoire à dormir debout : après s'être disputé avec sa femme à son arrivée en Allemagne, il avait repris l'avion vers le Tadjikistan, puis vers la Géorgie. Il ne mentionna aucune arrestation ; nous avions du mal à y croire. D'une manière qui s'accordait tout à fait avec l'ambiance de film noir qui régnait à l'époque, une lettre fit son apparition dans les librairies de Téhéran, dans laquelle Faraj évoquait en détail son kidnapping à l'aéroport. En prison, ses interrogateurs l'avaient forcé à « avouer » face à une caméra qu'il espionnait pour le compte de l'Allemagne, et qu'il avait eu plusieurs aventures. « On m'a arrêté, disait-il, et il ne fait aucun doute que je serai bientôt assassiné. » Deux semaines plus tard, on l'arrêtait de nouveau.

Un après-midi, au cabinet, je reçus la visite de la mère de Faraj. D'un air hésitant, elle s'assit face à moi et me demanda si je voulais bien m'occuper du cas de son fils, avant de fondre en larmes. Faraj avait connu les prisons du Shah, me dit-elle. N'était-ce pas suffisant ? Entre deux anecdotes sur les atroces conditions d'emprisonnement de son fils, je compris vite que la pauvre femme n'avait plus d'argent. Je tenais à l'aider, mais ne voulais pas porter atteinte à sa fierté. « Madame Sarkouhi, Faraj m'a laissé de l'argent en dépôt. Pourquoi ne le prendriez-vous pas ? » Bien sûr, tout cela était faux, mais je pensais qu'elle accepterait mon aide si je la lui offrais de cette façon. Elle vit clair dans mon jeu et refusa l'argent.

Armée de sa procuration, je pouvais commencer mon enquête, mais je ne savais par où. Je décidai de me rendre à la Commission islamique des droits de l'homme, une prétendue organisation non gouvernementale qui avait ses bureaux dans un bâtiment administratif et qui était dirigée par le chef du pouvoir judiciaire. Une ONG ? En guise de contribution à la défense des droits de Faraj, ils m'informèrent qu'il avait rédigé une lettre en prison dans laquelle il disait refuser mon aide. Je leur fis remarquer que la lettre avait été écrite avant que sa mère ne vienne me trouver. Peine perdue. Ils m'interdirent de défendre Faraj, alors je fis part de l'affaire à la presse lorsque le verdict fut prononcé. J'insistai sur le fait que, aux termes de la Constitution, les crimes politiques doivent faire l'objet d'un procès public et, vu qu'on accusait Faraj de propos diffamatoires envers l'État, son procès à huis clos était donc illégal. Finalement, le tribunal nomma un avocat pour défendre Faraj, il passa un an en détention et sortit de prison, vivant. Il est tout à fait possible que la large diffusion de sa lettre l'ait sauvé.

À sa libération, Faraj m'a invitée à dîner au Sorrento, un restaurant de Vali Asr, le boulevard très passant, bordé de sycomores, qui traverse Téhéran. Il m'a dit qu'il voulait quitter le pays, mais qu'il avait peur de se faire de nouveau arrêter s'il faisait une demande de passeport. « Ne t'inquiète pas, je vais t'accompagner », l'ai-je rassuré. Dès le lendemain, nous nous présentions au service des passeports de Téhéran, où Faraj était entré avec une certaine appréhension. Il obtint son passeport, partit en Allemagne et ne revint jamais.

Le cas de Faraj en disait long sur la manière dont le système allait traiter ses opposants. Ceux que l'on arrêtait, pour espionnage ou complot contre le régime, faisaient les frais de techniques de torture et d'intimidation sophistiquées, qui ne laissaient pas de marques sur le corps et qui pourtant persuadaient le détenu de faire des confessions à une caméra, diffusées plus tard sur les chaînes nationales. Privation de sommeil, simulacres d'exécution, coups de fouet sur les pieds, manipulations psychologiques avec de faux journaux évoquant des arrestations massives ou un coup d'État, détention dans des cellules exiguës... voilà les méthodes qui remplaçaient la torture physique plus brutale de la Savak. Arrachement d'ongles, fers chauffés à blanc et décharges électriques n'étaient plus utilisés, et souvent, à leur sortie de prison, les détenus n'avaient que peu de cicatrices. Même s'ils avaient perdu quinze kilos, s'ils ne pouvaient plus fermer l'œil la nuit venue et s'ils avaient en permanence le regard vide, le système pouvait les faire défiler devant le monde entier et clamer qu'il n'avait pas eu recours à la torture physique.

*C*E FUT à la fois un conte d'horreur gothique, avec son traître infâme, et une histoire à suspens, avec ses enquêteurs incompétents, un journaliste déterreur de scandales qui avait conçu l'intrigue, des noms de code tels que « éminence grise » et un décor qu'il appelait la « maison aux fantômes ». Cette histoire provoqua une grave crise, au sein du système politique iranien, entre le gouvernement de Mohammed Khatami et son prédécesseur, toujours puissant, Akbar Hachemi Rafsandjani.

Le soir du 22 novembre 1998, le programme radio fut interrompu pour un bulletin spécial. Dariush et Parvaneh Forouhar, des intellectuels dissidents, venaient d'être retrouvés assassinés chez eux, à Téhéran. Les meurtriers avaient tué le couple, assez âgé, à coups de couteau avant de prendre la fuite. J'étais en déplacement aux États-Unis pour quelques jours à l'époque, et je me demandais si je n'allais pas repousser mon retour à Téhéran. Mais j'ai fini par rentrer à la date prévue, car les meurtres avaient atteint un degré de violence tel que je ne m'imaginais pas une seule seconde que la série continue.

Mais, trois jours plus tard, on apprenait aux informations que le corps de Majid Sharif, un traducteur qui était sorti faire un jogging la semaine précédente pour ne jamais revenir, avait été retrouvé devant les bureaux de la police judiciaire de Téhéran. Dix jours après, l'écrivain Mohammad Mokhtari disparut tandis qu'il faisait des achats sur le boulevard Jordan, dans le nord de Téhéran. Quelques jours plus tard, on retrouva son corps, étranglé, dans le sud de la capitale. Ce même soir, un autre écrivain, Mohammad Jafar Pouyandeh, disparut ; on découvrit son cadavre au bureau de la police judiciaire le 13 décembre 1998.

Lors de la prière du vendredi de la même semaine, le Guide suprême, l'Ayatollah Ali Khamenei, déclara à quel point ces meurtres le choquaient. Le président Khatami les qualifia d'« actes abominables » visant à faire tomber le système islamique. Il ordonna la formation d'une commission d'enquête. J'étais contente d'entendre la déclaration du président mais, puisque l'État déclinait toute responsabilité dans ces affaires d'une violence inédite depuis des années, je réservais mon jugement.

Le 6 janvier 1999, le téléphone sonna. « Tu ne vas jamais croire ce qui vient de se passer », me dit une amie. Le ministère des Renseignements avait fait la déclaration suivante : « Nous sommes au regret d'annoncer que ce sont des collègues, irresponsables, fourvoyés, francs-tireurs… qui ont perpétré ces actes criminels. »

C'était la première fois dans l'histoire de la République islamique que le gouvernement reconnaissait être impliqué dans l'assassinat de ses détracteurs. Environ un mois plus tard, le ministre des Renseignements, Ghorbanali Dorri Najafabadi, démissionnait. L'histoire ne faisait que commencer.

Quelques mois après, Parastou Forouhar, la fille du couple assassiné, vint me trouver pour me demander si j'acceptais de représenter sa famille. J'acceptai. Ensemble, nous avons passé de longues heures à récolter des renseignements auprès de la police, des voisins, de la domestique, pour essayer de reconstituer avec précision le déroulement de cette nuit fatidique.

*D*ANS LES JOURS précédant leur assassinat, Dariush et Parvaneh Forouhar vivaient dans une peur permanente de la mort. Ils étaient tous les deux de francs détracteurs du régime, et ce de longue date, surtout Dariush. Il dirigeait le Parti de la nation iranienne, émanation du parti du Premier ministre déchu Mohammed Mossadegh, et avait passé plusieurs années en prison sous le règne du Shah. Partisan de la Révolution, il devint le premier ministre du Travail de la République islamique mais, à l'instar de nombreux nationalistes laïcs qui s'opposaient à l'extrémisme islamique de la Révolution, il démissionna et finit par rejoindre les rangs de l'opposition. Même si les Forouhar s'opposaient au régime islamique de plus en plus ouvertement, critiquant notamment la Constitution de la République et la délégation autocratique du pouvoir au chef suprême, leur groupe politique ne représentait pas une menace réelle pour le gouvernement. Parmi leurs partisans figuraient des intellectuels et des universitaires vieillissants, et un petit nombre de jeunes étudiants.

Bien qu'ils n'aient pas constitué un véritable danger pour le régime islamique, les Forouhar furent harcelés jour et nuit par le ministère des Renseignements. Leurs enfants subirent tant d'interrogatoires qu'ils finirent par réclamer le statut de réfugié politique et par s'exiler en Allemagne. La moindre de leurs conversations était enregistrée. Ils installèrent des barreaux à leurs fenêtres, et Dariush gardait une trousse de toilette toujours prête au cas où on viendrait le chercher pour l'emmener en prison.

Peu après onze heures, ce soir de novembre, alors que Dariush recevait des amis dans son cabinet de travail, un de ses invités bondit sur lui et le ligota à sa chaise. Les assassins le frappèrent de onze coups de couteau, orientèrent son corps vers La Mecque, et laissèrent son sang former une mare autour de lui. Pendant ce temps-là, Parvaneh était à l'étage, dans leur chambre. Elle reçut vingt-quatre coups de couteau. Ensuite, ils découpèrent leurs corps en morceaux. Ce sont des voisins qui les ont trouvés le lendemain, après avoir remarqué que la porte d'entrée était ouverte et que le chien avait été drogué.

Les tapis, les meubles, les draps de lit étaient couverts de sang séché. Après avoir passé la maison au peigne fin, les enquêteurs, avec l'aide d'Arash, le fils Forouhar, établirent une liste d'objets manquants : le carnet de poésie de Parvaneh ; le journal de Dariush, dans lequel il avait consigné ses opinions sur le concept de *velayat-e-faqih*, doctrine de l'Ayatollah Khomeiny octroyant les pleins pouvoirs au clergé ; la précieuse correspondance entre Dariush et son héros, le Premier ministre Mossadegh.

Avant même que l'affaire ne soit jugée, elle se désagrégea. Au cœur de l'État, une faction était apparemment aussi déterminée à étouffer le scandale que le président était résolu à le révéler. Le président Khatami avait beau être en faveur de la démocratie et promettre aux Iraniens de faire de l'Iran un pays plus juste, il

s'aperçut rapidement que, dans la République islamique, l'exécutif n'exerce que peu de pouvoir. Le ministre adjoint des
Renseignements, Saeed Emami, fut désigné comme le principal
suspect. Peu de temps après son inculpation et sa mise en détention préventive, il « se suicida » en prison, en avalant un tube de
crème épilatoire. Avec sa mort, on pouvait dire adieu à nos espoirs
de poursuivre un jour en justice les hauts fonctionnaires du régime
pour avoir commandité ces meurtres. De toute évidence, Emami,
qui avait des contacts au sein des services de sécurité, était plus
qu'un simple chef d'escadron de la mort. Selon ses amis, il appartenait à un groupe notoire d'extrémistes religieux qui prônaient
l'assassinat des ennemis de l'Islam. À Téhéran, des bruits couraient
sur ce gang et ses sinistres activités. S'il existait au sein de l'appareil d'État une faction qui s'était donné pour mission de liquider
l'opposition et d'instaurer un climat de terreur, peu de gens
doutaient qu'Emami en fût l'instigateur.

L'annonce de son suicide éveilla mes doutes. « Mesdames, je
vous prierais d'aller acheter toutes les marques de crème épilatoire
que vous trouverez », demandai-je à mon équipe. Chaque tube
qu'elles ramenèrent était garanti « sans arsenic ». Il semblait impossible de se suicider avec les crèmes épilatoires en vente libre dans
notre pays. Je me demandai si cette histoire de suicide n'était pas
qu'une mise en scène et si Emami n'était pas en réalité bien vivant.
La seule façon d'en avoir le cœur net était d'assister à ses obsèques,
afin de voir si les larmes de ses proches étaient sincères ou feintes.

Un après-midi de juin 1999, je traînai donc ma sœur à la cérémonie, qui avait lieu dans une mosquée de Téhéran. Il faisait si
chaud à l'intérieur que j'avalai d'un trait deux verres de granité
à l'orange. « Maintenant qu'il est mort, lui murmurai-je, au moins,
c'est lui qui régale. » Tout en gloussant, nous sommes allées

prendre place. Je remarquai avec satisfaction que, parmi la foule, se trouvaient de nombreux visages familiers, de journalistes et d'activistes, attendant de voir comme moi si les gémissements de la famille endeuillée sonneraient juste ou non. Parmi ceux qui suivaient l'affaire de près, peu étaient convaincus par la thèse du suicide du principal suspect. Au premier rang, la femme et la sœur de Saeed Emami pleuraient bruyamment, tandis qu'une femme imposante, qui ressemblait à un officier de police en civil, leur demandait de se taire. À la fin de la cérémonie, j'allai trouver madame Emami pour lui présenter mes condoléances. J'observai ses yeux rougis, sentis sa main tremblante dans la mienne et sus que son mari était mort.

C'est à cette époque que fut publiée une enquête-reportage, dans le quotidien populaire *Sobh-e-Emrouz*, révélant le scandale au public. L'auteur des articles, un journaliste d'investigation du nom d'Akbar Ganji, s'appuyait sur des sources au sein des services de renseignements pour exposer le plan secret de l'État pour éliminer ses détracteurs. Les articles de Ganji fascinaient les Iraniens ; tous les matins, les gens faisaient la queue au kiosque à journaux, impatients d'apprendre les derniers rebondissements de l'affaire. Ganji prenait soin d'utiliser des surnoms pour désigner les religieux qui avaient ordonné les *fatwa*, ou décrets islamiques, servant de condamnations à mort, mais tout le monde savait à quels hauts responsables il faisait référence.

À l'été 1999, le pouvoir judiciaire nous autorisa enfin à accéder aux dossiers. Dans le même temps, le système cherchait à empêcher notre enquête. Le chef du pouvoir judiciaire avait ordonné un procès à huis clos et interdit aux avocats de parler à la presse. Plusieurs responsables haut placés déclarèrent que les suspects, y compris le défunt Saeed Emami, avaient agi sous les ordres des

« ennemis étrangers » de la République islamique pour ternir sa réputation à l'échelle internationale. La femme de Saeed Emami avait été filmée en train d'avouer avoir été une espionne (une technique que Ganji appelait l'« interview avec soi-même ») et la cassette vidéo s'était retrouvée aux mains des médias. Pendant sa détention, elle fut torturée avec tant de violence qu'un de ses reins cessa de fonctionner.

Les autres avocats des familles des victimes et moi-même ne disposions que de dix jours pour lire les dossiers, et nous n'avions pas le droit de faire de photocopies de ces milliers de pages. De nombreuses dates manquaient sur les documents, ainsi que des informations capitales, telles que la retranscription de l'interrogatoire d'Emami. Malgré tout, nous avons réussi à trouver des détails très éclairants sur l'historique de ces exécutions. Et c'est au cours de la lecture de ces dossiers que je suis tombée sur mon nom pour la première fois : le même escadron de la mort avait eu l'intention de m'éliminer moi aussi.

Pendant une longue période, j'ai pris soin de ne mentionner ceci à aucun membre du gouvernement. Quelques années plus tard, un responsable me rendit visite à mon cabinet, me demandant de participer à une conférence que le gouvernement organisait en Europe sur les activités terroristes des Moudjahiddines du Peuple. « Si vous voulez que je vienne parler du terrorisme du MKO, il va falloir que vous me laissiez dire comment le gouvernement, comment vous tous, vous avez essayé de me tuer. Est-ce que ça vous convient, comme arrangement ? » Il ne répondit pas. « En ce cas je suppose que vous ne voudrez pas d'une piètre oratrice comme moi », ajoutai-je. Parfois, la psychologie du régime islamique m'échappe ; il est capable de tendre une main pour demander de l'aide à une personne que l'autre main cherche à tuer.

À l'été 1999, le procès s'acheva d'une manière décevante. Deux des suspects furent condamnés à la prison à perpétuité, les assassins reconnus coupables furent condamnés à mort, et tous les autres à des peines de prison relativement courtes. Plus tard, la Cour suprême annula certains de ces verdicts, mais les avocats des familles ne furent jamais mis au courant de la décision finale, gardée confidentielle, pour des raisons de sécurité nationale. Aucun haut fonctionnaire ne fut poursuivi, et le ministre des Renseignements de l'époque fut même promu plus tard à un très haut poste de l'institution judiciaire. Le supérieur direct de Saeed Emami se présenta quant à lui aux élections présidentielles. Puisque aucune condamnation à mort ne fut exécutée – les hauts fonctionnaires impliqués purent même poursuivre leur carrière politique –, on avait l'impression que l'affaire des meurtres en série n'avait laissé aucune trace.

Mais, après la fin du procès, des veuves et des proches de dissidents assassinés vinrent régulièrement me trouver au cabinet. La loi du silence, instillée par la crainte du ministère et sa réputation inattaquable, avait été brisée. La République islamique se rendit compte qu'elle était divisée, cette division au sein du régime participait au scandale, et le scandale à son tour élargissait le fossé entre le régime et le peuple. Depuis cet été-là, le ministère des Renseignements a cessé d'ordonner l'exécution des dissidents et des intellectuels.

Mon propre sentiment à l'égard de cette affaire n'est pas facile à évaluer. C'était la première fois de ma vie que j'étais directement confrontée à l'éventualité de ma propre mort ; l'abstraction que la mort représentait pour moi se changea à jamais en peur on ne peut plus tangible. Lorsque je prévoyais de partir en vacances, je regardais la carte d'Iran et me demandais : Voyons, où ai-je le plus de chances de me faire tuer ? Je me refusais cependant à abandonner mon combat, même après avoir découvert que je faisais partie des cibles. Mais l'affaire avait déjà pris une ampleur qui me dépassait, qui dépassait les exécutions et tout ce que l'on pouvait imaginer.

Ce ne fut pas le procès le plus réussi de ma carrière, car il n'a pas abouti à une réforme de la loi, ni même à une condamnation digne de ce nom. Mais il a permis de lever le voile sur ce que Ganji appelait la « maison aux fantômes », un pays sombre où les assassins frappaient la nuit puis s'échappaient en toute impunité. Il a rendu les exécutions moins faciles. Il a contraint la République islamique à une certaine modération, à renoncer aux exécutions extrajudiciaires comme elle avait abandonné les exécutions en masse dix ans auparavant. Si le mot ne restait pas coincé dans ma gorge, je pourrais presque appeler ça une « évolution ».

CHAPITRE 9

Une lueur
d'espoir

L 23 MAI 1997, vingt-deux millions d'Iraniens votaient pour donner une seconde chance à la République islamique. Sous un ciel printanier sans nuages, ils faisaient la queue devant les bureaux de vote de Téhéran et d'autres villes à travers le pays pour donner leur voix à un homme peu connu, du nom de Mohammed Khatami, qui à l'époque incarnait peut-être davantage leur rejet du régime que leurs aspirations profondes. C'était la première fois qu'un candidat inattendu avait défié un homme politique traditionnel et conformiste, et les gens se sont pris à espérer que, grâce à l'élection de Khatami, leur vie s'améliorerait sensiblement.

À la différence du candidat favori, il n'appartenait pas à l'élite politique révolutionnaire, et les expressions telles que « le Grand Satan » ou « l'Ennemi sioniste » étaient absentes de son discours. Il promit de transformer l'Iran en démocratie islamique, en un pays gouverné par l'autorité de la loi, en meilleurs termes avec ses voisins et le reste du monde. Ces élections, comme beaucoup d'autres auparavant, ne furent pas une véritable démonstration de démocratie, car de nombreux candidats – ceux considérés comme « outsiders », des religieux nationalistes aux laïcs – ne furent pas autorisés à se présenter. Mais les candidats en lice étaient suffisamment divers pour que l'on puisse parler de concurrence, et la population avait le sentiment qu'en votant, elle pouvait jouer un rôle dans le changement de cap du pays. Le jour du scrutin, le 2 Khordad dans le calendrier iranien, tombait un vendredi, et les files d'attente devant les écoles et les mosquées s'allongeaient sur des centaines de mètres.

C'était la première fois que Negar, ma fille aînée, allait voter à des élections présidentielles, et sa sœur nous accompagnait pour nous regarder voter. Nous sommes allées au bureau de vote à pied, une école du quartier, et avons rejoint la file d'attente, mêlée de jeunes et de gens plus âgés qui discutaient entre eux sur un ton léger et détendu. Aucune femme ne portait le tchador traditionnel ; la douceur de l'air et la bonne humeur ambiante me rappelaient les premiers jours de la Révolution, lorsqu'on s'appelait tous « frère » et « sœur », qu'on s'entraidait comme une grande famille. C'était avant que la culture du « chacun pour soi » des années révolutionnaires ne s'enracine dans notre pays, et que les gens se mettent à se soupçonner les uns les autres, à mentir et à tromper avant d'être trahis eux-mêmes, à fermer la porte au nez des personnes âgées. « Khatami, il n'est pas comme les autres, dit une femme qui faisait la queue. Lui, il veut nous aider. »

Lorsque nous sommes allées chez ma mère pour déjeuner, elle est sortie de sa cuisine, poings sur les hanches. « Pourquoi tu ne m'as pas emmenée ? demanda-t-elle. — Parce que c'était bondé, et tu n'aurais pas pu rester debout à attendre pendant plus d'une heure. — Très bien, soupira-t-elle, mais il va falloir que tu m'y emmènes cet après-midi. » Vers dix-huit heures, avant que les votants du soir n'arrivent en foule, nous avons trouvé un petit bureau de vote où il n'y avait pas beaucoup d'attente. C'était la première fois depuis la révolution de 1979 que ma mère, âgée de quatre-vingts ans, votait. Ce n'est qu'après les conseils insistants du personnel qu'elle consentit à s'asseoir sur une chaise pendant que je faisais la queue pour elle. Quelques autres femmes du même âge qui venaient de voter se réunirent autour d'elle et, de ma place, j'entendais des bribes de leur conversation – « La situation a tellement empiré », « *Inch'Allah*, que Khatami nous vienne en aide ». Lorsque ce fut son tour, je l'appelai et commençai à remplir son bulletin. Mais elle me saisit le poignet : « Non, Shirin, s'il te plaît, laisse. Je dois le faire moi-même. » Sur le chemin du retour, elle me dit : « Si seulement ton père était encore en vie... » Elle ne le disait que très rarement. C'était sa manière à elle de dire : « Je suis heureuse. »

Elle ne sortait plus beaucoup de chez elle à cette époque, aussi décidai-je de profiter de l'occasion pour lui proposer d'aller manger une glace. « Shirin, ne me prends pas un cône, je vais en mettre partout sur mes vêtements », me dit-elle. À quatre-vingts ans, elle était plus méticuleuse que jamais. Je lui ai commandé deux boules de glace à la vanille dans un petit pot en carton, et je me suis pris un cône. Qui a coulé sur mes vêtements, bien évidemment. Elle se contenta de secouer la tête. Ce soir-là, Javad rentra tard à la maison : il était allé voir notre petit verger dans la banlieue de

Téhéran, et s'était retrouvé à faire des allers-retours pour emmener les ouvriers au bureau de vote du village.

Une joie spontanée, une euphorie même – comme les rues de la capitale n'en avaient pas connu depuis vingt ans –, s'empara de Téhéran dès que les radios commencèrent à annoncer la victoire de Khatami. J'étais dans la rue, les gens me dépassaient de tous les côtés, se tombaient dans les bras et se félicitaient. Devant la pâtisserie du quartier, l'apprenti distribuait des bonbons à la foule.

*L*A VICTOIRE de Mohammed Khatami fut une surprise pour tout le monde – pour la population aussi bien que les plus hauts membres du clergé. Toutes les « références » nécessaires à l'ascension au pouvoir dans la République islamique faisaient défaut à cet ancien ministre de la Culture à la réputation de rat de bibliothèque : pas de passé révolutionnaire, pas de liens forts avec les éminences grises religieuses. En tous points – à part le turban qu'il portait sur la tête et sa loyauté envers la Révolution – il se démarquait des leaders que nous avions connus depuis 1979. Un sourire sincère illuminait toujours son visage, ce qui nous changeait des habituelles têtes grimaçantes. Il portait des robes élégantes en tissu délicat, dans les tons chocolat et pistache, au lieu des robes ternes et informes communes chez les religieux. Il avait aux pieds des mocassins en cuir verni, et non des sandales, ou, pire, des tongs en plastique, qui étaient devenues les chaussures standard après la Révolution. Pendant des années, les images de nos leaders que diffusait la télé nous montraient des hommes présidant des réunions assis par terre en tailleur, vêtements débraillés, barbe broussailleuse. L'attrait que suscitait le raffinement de

Khatami ne signifiait pas que les Iraniens ne se souciaient plus du peuple, ni qu'ils étaient moins pauvres. Cela voulait simplement dire qu'au cours des vingt ans qui venaient de s'écouler, ils en étaient venus à mépriser l'hypocrisie des clercs.

Car ils savaient parfaitement que les révolutionnaires qui avaient écarté le Shah et sa cour du pouvoir et de leurs villas du nord de Téhéran avaient pris leur place. Les vastes champs pétrolifères d'où le Shah avait tiré sa richesse fournissaient aux proches du nouveau régime la même source d'enrichissement personnel. En l'espace de vingt ans, une nouvelle élite avait émergé parmi les radicaux populistes de 1979 qui, cette année-là, avaient déclaré que l'Islam résoudrait tous les problèmes économiques de l'Iran ; leurs belles promesses de voitures et de nourriture gratuites ne furent bien sûr jamais tenues. Le revenu par habitant ne cessa de baisser après la Révolution, et la majorité de la population devait avoir deux ou plusieurs emplois pour joindre les deux bouts. Pendant ce temps, les religieux au pouvoir s'installaient avec leurs familles à l'air pur, dans les luxueuses demeures sur les hauteurs au nord de Téhéran. Ils conduisaient des voitures de luxe étrangères – ou se faisaient conduire par leur chauffeur – qui semblaient crier « Laissez passer ! » à la face des vieilles Paykan iraniennes qui embouteillaient les rues de la capitale.

En raison de la corruption généralisée, la majeure partie des Iraniens pouvaient à peine procéder à la plus basique des transactions sans pots-de-vin ou piston. Les clercs et leur clique ne prenaient pas l'avion pour aller déjeuner quelque part en Europe comme le faisaient les ministres du Shah, mais leur razzia dans les coffres de l'État n'échappa à personne. Par exemple, le petit vendeur du bazar de Téhéran qui avait conduit la voiture de l'Ayatollah Khomeiny à son retour d'exil était devenu l'un des hommes les plus riches du pays. Des hommes politiques de premier ordre devinrent célèbres pour s'être servis de leurs contacts au sein du régime pour s'assurer de très lucratifs monopoles d'import-export.

En dépit de cette corruption galopante, le régime s'accrochait à son idéologie révolutionnaire, mais voyait sa crédibilité diminuer de jour en jour. Des affiches ou des fresques représentant des martyrs de la guerre à la mine sinistre et des portraits de clercs éminents fleurissaient dans la ville, dont une rue sur deux était rebaptisée d'après le nom d'un martyr. Aux murs, les slogans clamaient « MORT À L'AMÉRIQUE », embrassant le culte du martyr né de la guerre avec l'Irak, et nombreux étaient ceux qui s'enthousiasmaient du soutien que l'Iran apporte aux groupes militants hors de ses frontières, au Liban ou en Palestine. Souvent, les fresques murales étaient à la fois macabres et kitsch : la Statue de la Liberté avec une tête de mort à la place de la tête, une mère berçant un bébé paré pour un attentat-suicide. Ces images de propagande envahissaient l'espace public de notre pays et nourrissaient le sentiment d'indignation des Iraniens à l'égard des religieux, qui s'enrichissaient jour après jour tout en prêchant le sacrifice, la lutte et l'Islam révolutionnaires lors des prières du vendredi.

C'est dans ces circonstances que Khatami entra en campagne et conquit la population. Dans ses discours, pas de références aux ennemis de l'Iran ni aux complots étrangers, mais de fréquentes évocations de l'autorité de la loi, de la démocratie. S'y connaissant en philosophie, de Platon à Tocqueville, il subjuguait en particulier les jeunes et les femmes en soulignant leur importance dans la société iranienne. Ce qui rendait Khatami différent était précisément ce qui le rendait utile. La République islamique avait grand besoin de redorer son blason aux yeux d'une jeune génération désabusée. Grâce à sa popularité auprès des jeunes et à son allégeance au système islamique, Khatami était le moyen idéal d'assouplir le régime sans l'affaiblir.

Sa victoire écrasante – 70 % des voix – exprimait une demande de changement populaire sans équivoque. Mais les attentes de la population confinaient à l'utopie et cela me perturbait. Ce n'était pas tant une réforme que les gens semblaient désirer qu'un nouvel Iran, et dans quatre ans s'il vous plaît, merci beaucoup. Ils voulaient que toutes les lois discriminatoires envers les femmes disparaissent des codes. Ils voulaient que la corruption cesse. Ils s'imaginaient que du jour au lendemain le pouvoir judiciaire allait devenir indépendant. Ils pensaient que ceux qui avaient exécuté leurs proches et commandé les pelotons d'exécution seraient enfin jugés. Leurs espoirs plaçaient la barre si haut que je commençais à avoir peur.

Les gens ont perdu le sens des réalités, me disais-je. Ne savent-ils pas que notre Constitution n'accorde que des pouvoirs très limités au président ? Qu'une poignée de responsables religieux non élus peuvent prendre des mesures pour réduire à néant ou presque son pouvoir ? Il était impossible que Khatami accomplisse tous leurs vœux. Malheureusement, les Iraniens sont de vrais adorateurs de héros. Que ce soit le Rostam de notre poème épique antique *Shahnameh* (le *Livre des Rois*) ou l'Imam Hossein, le saint martyr du chiisme, ils s'accrochent à l'espoir qu'un sauveur entre majestueusement dans leur vie, pourfende leurs ennemis et transforme le monde dans lequel ils vivent. Peut-être existe-t-il d'autres cultures où l'on adore les héros, mais c'est un culte que les Iraniens pratiquent avec une dévotion sans pareille. Non seulement ils tombent amoureux de leurs héros, mais ils sont aussi amoureux de l'amour qu'ils leur portent. En votant pour Khatami, ils pensaient avoir joué leur rôle, et n'avaient plus qu'à attendre, transis d'admiration, qu'il fasse de l'Iran le paradis de leurs rêves.

*A*U COURS DES ANNÉES 1998 ET 1999, débat public et liberté de la presse connurent un certain épanouissement – période que quelques optimistes appelèrent le « printemps de Téhéran ». Cet optimisme n'était peut-être pas entièrement infondé : la censure existait depuis très longtemps en Iran, même sous le règne modernisateur du Shah. Après la Révolution, la République islamique avait une telle emprise sur les médias que la plupart de mes amis ne prenaient plus la peine d'acheter les journaux, et regardaient la BBC en farsi ou écoutaient La Voix de l'Amérique. Mais Khatami changea la donne, en laissant le champ libre à son ministre de la Culture pour permettre de nouvelles publications, et, pendant une courte période, les médias purent bénéficier d'une certaine liberté et d'une certaine indépendance.

Les journaux du matin égayaient notre routine. J'en achetais cinq ou six, me posais devant une tasse de thé fumant, et savourais ce nouveau rituel. La lecture des journaux ranimait la curiosité des gens pour la vie de leur pays : ils discutaient des gros titres en faisant la queue au kiosque, à l'arrière des taxis, dans les bus. On pouvait à nouveau parler librement en public, et plus seulement dans l'intimité des foyers. La plupart des Iraniens, surtout les jeunes, espéraient que l'indépendance de la presse annonçait un accroissement des libertés dans la société iranienne. Si d'un coup l'avenir semblait si radieux, c'est parce sa venue prochaine faisait la une.

Mais la tolérance du pouvoir à l'égard de la liberté de la presse ne dura pas longtemps. Une presse libéralisée permettait l'expression d'opinions politiques divergentes, et les clercs conservateurs craignaient que la critique ne finisse par causer leur perte. Déterminés à ne rien céder de leur influence, ils entreprirent de faire taire leurs détracteurs. Le matin du 7 juillet 1999, la justice ordonna la cessation d'activité du très populaire journal indépendant *Salaam*. Le rédacteur en chef fut accusé de mettre en péril la sécurité nationale – comprendre : de franchir les limites imposées par le régime. Le journal avait publié des articles évoquant l'implication de hauts fonctionnaires dans l'assassinat de douzaines de dissidents, et appelant l'État à reconnaître sa responsabilité dans le meurtre de ses opposants et de ceux qu'il trouvait tout simplement dérangeants. Lorsque les étudiants apprirent la nouvelle, ils se réunirent sur le campus de l'université de Téhéran pour protester contre la fermeture du journal.

Ce soir-là, environ quatre cents membres d'une force paramilitaire pénétrèrent dans l'un des dortoirs du campus, équipés de petites radios à ondes courtes et de matraques. Selon les étudiants, des policiers en uniforme étaient présents mais ont laissé faire. Les membres de la force paramilitaire ont défoncé les portes, saccagé les couloirs, attrapé des étudiantes par les cheveux, mis le feu aux chambres, abusé de leur matraque, balancé des étudiants depuis le troisième étage, qui allaient s'écraser sur le trottoir en bas, les os brisés. L'un d'entre eux, paralysé, fut incapable de se relever. Des coups de feu ont également dû être tirés, car des étudiants sont arrivés à l'hôpital blessés par balle. Selon des témoins, au moins un étudiant fut tué, trois cents blessés, et des milliers emprisonnés au cours des jours suivants.

Nous n'avions pas passé le week-end à Téhéran, nous sommes rentrés vers minuit. À un carrefour près de l'université, nous avons compris que quelque chose clochait. Des contingents de camions de police passaient à toute vitesse sous nos yeux, se dirigeant vers le cordon dont les forces de sécurité avaient entouré tout le campus. Les informations annoncèrent qu'il y avait eu des escarmouches à l'université, mais le barrage était si impressionnant que nous n'avons pas osé approcher. Un agent nous a fait signe de circuler, comme si le campus était une zone sinistrée.

Le lendemain, l'agitation passa à la vitesse supérieure et se propagea aux villes de province. La véritable origine de ce soulèvement fait toujours l'objet d'une controverse en Iran. Mais une chose au moins est sûre : Téhéran connut cinq jours d'émeute, qui transformèrent la capitale en champ de bataille, c'était sans conteste les pires désordres qu'ait connus le système en vingt années d'existence. Quelques scènes évoquaient les protestations de masse qui avaient mené à la révolution de 1979. Au bout du deuxième jour, les émeutes étaient véritablement incontrôlables : des saccages violents, qui laissaient dans leur sillage une capitale éventrée, des bus incendiés, des vitrines brisées. Il y avait des combats dans les rues et les parcs ; les étudiants bombardaient les forces de sécurité avec des pierres, brûlaient des portraits du Guide suprême. Les affrontements faisaient chaque jour plus de morts ; des policiers en civil tiraient des coups de feu en l'air pour disperser les étudiants, la police aspergeait la foule de gaz lacrymogène, et des camions emmenaient les étudiants par centaines vers des centres de détention. Des hélicoptères de police patrouillaient au-dessus du centre de Téhéran et appelaient la foule à se disperser. Les photos de cette époque donnent l'impression que Téhéran était en proie à une guerre civile ; on voit dans les rues les brigades antiémeute casquées et armées de boucliers, face à une foule de jeunes gens le poing levé, entourés de fumée et de décombres.

Au cours de ces quelques jours, on avait l'impression que le temps s'était arrêté. Personne ne savait à quoi s'attendre : est-ce que des chars d'assaut allaient quadriller Téhéran ? Les manifestations allaient-elles rassembler des millions de gens ? C'était comme si le destin de notre pays se jouait à ce moment-là.

J'ai décidé que c'était l'occasion rêvée pour offrir à mes filles une visite guidée d'une émeute iranienne. Comme dans tous les pays, la jeunesse iranienne est facilement attirée par l'appel de la protestation politique. Quand on est jeune, on ne pense pas à ce qui pourrait arriver, aux risques que l'on court. On n'est pas encore assez expérimenté pour se demander si le jeune homme, juste à côté, qui appelle à la destitution du Guide suprême ne serait pas par hasard un agent payé pour infiltrer la foule et noyauter les protestataires. Tout ce que l'on voit, ce sont les visages radieux et exaltés ; on sent le mouvement de foule dont on est partie intégrante et l'on est grisé par un sentiment de puissance. On n'est pas un simple adolescent iranien qui se lamente sur l'oppression sans rien faire ; on est un citoyen, un acteur capable de transformer une capitale en zone de guerre.

Comme la plupart des parents, je craignais que mes filles ne foncent tête baissée dans le chaos de ces manifestations. Des mères inquiètes, en larmes, se massaient déjà devant la prison d'Evin, attendant des nouvelles de leurs enfants disparus, et je n'avais aucune envie de me joindre à elles. Ma plus grande crainte a toujours été que l'on utilise mes filles pour m'écraser. Si jamais on les arrêtait pour une raison ou pour une autre – ongles vernis ou passage à proximité d'une manifestation – et que l'on découvrait qu'elles étaient mes filles, il ne faisait aucun doute qu'elles n'en seraient que plus maltraitées.

Un jour, après déjeuner, j'ai dit à mes filles d'enfiler leur *roopoosh*, leur manteau islamique, et je les ai emmenées à l'université de

Téhéran. Dans les rues autour du campus régnait un silence de mort ; les librairies étaient fermées, il y avait des agents de police à tous les carrefours. Sur le campus, les gens étaient réunis par grappes, sous des arbres ou sur les marches devant les amphithéâtres, lancés dans des discussions animées. De temps à autre, un militant passait par là, apportant de quoi manger et boire aux étudiants. En passant devant un amphithéâtre, nous avons entendu des éclats de voix provenant d'un groupe.

« Tenez, observez et écoutez bien ce qui se passe, dis-je à mes filles. L'important n'est pas de savoir si ce que cet étudiant scande est vrai ou non, ni si vous y croyez ou non. Votre décision de reprendre son slogan ne reflétera pas forcément votre engagement envers la justice, ou la liberté, ou n'importe quel noble principe. Parfois, les slogans radicaux sont des pièges. Ils proviennent de gens infiltrés dans des manifestations afin qu'un groupe d'étudiants protestant contre la fermeture d'un journal ordonnée par le gouvernement puisse être décrit comme un groupe cherchant à renverser le régime. Mais il arrive aussi que ces slogans soient sincères, qu'ils reflètent la frustration d'une personne. Mais comment savoir ? Le but, c'est d'éviter de se laisser manœuvrer, de vous attirer des ennuis parce que vous êtes curieuses ou parce que vous croyez assister à l'écriture de l'Histoire. »

Elles acquiescèrent avec sérieux.

Et qu'a fait Negar dès le lendemain ? Elle est retournée directement au campus avec ses amies. Au bout d'un moment, des combats ont éclaté.

J'étais à la maison lorsqu'elle a téléphoné.

« Maman ? Tu m'entends ? me demanda-t-elle d'une voix tremblante.

— Negar ! Mais où es-tu ? Est-ce que ce sont des coups de feu que j'entends ? »

Avec ses amies, elle était allée trouver refuge dans une maison en face du campus.

Elle me donna le numéro. Une demi-heure plus tard je rappelai, mais le téléphone ne fit que sonner dans le vide. J'avais le ventre noué. J'avais envie de prendre la voiture pour aller la chercher, mais les rues étaient en proie à la plus grande agitation. Mon frère habitait non loin du campus, je lui ai demandé d'aller voir s'il la trouvait.

« Tout va bien, me dit-il quelques instants plus tard. Elles sont sur le toit, pour avoir une meilleure vue des affrontements. »

Finalement, vers vingt-trois heures, je suis allée la chercher ; les postes de police étaient carbonisés, les vitrines des magasins, brisées. Lorsqu'elle est montée dans la voiture, j'ai décidé de rester calme, de ne pas la gronder.

« Negar, dis-je sans hausser le ton, si je t'ai emmenée sur le campus hier, c'était précisément pour éviter ce genre de situation. Laisse-moi te poser une question ou deux. »

Elle leva de grands yeux innocents vers moi.

« S'il y avait eu des hommes dans cette maison, et s'ils t'avaient attaquée, qu'est-ce que tu aurais fait ? Si on t'avait arrêtée et que tu étais assise non pas dans cette voiture, mais dans une cellule, qu'est-ce que tu ferais ? Si on t'avait tiré dessus, où serais-tu à l'heure qu'il est ? N'oublie jamais une chose : si un jour tu te fais arrêter, tu seras traitée bien plus violemment que les autres parce que tu es ma fille. Ils ne peuvent rien me faire à moi, mais à toi, si. Ils t'utiliseront pour essayer de m'intimider. Quoi qu'il arrive, promets-moi d'être prudente. Et garde toujours en tête ce que je viens de te dire. »

Nous sommes rentrées à la maison en silence. En arrivant, nous sommes tombées sur Javad, qui rentrait juste de la piscine, les cheveux encore mouillés. En posant les yeux sur lui, sur son visage détendu après ses longueurs, j'ai été frappée par la différence qui existe entre un père et une mère. Je ne veux pas dire par là qu'il était négligent. Mais, en tant que mère, j'étais constamment préoccupée par mes filles. Je connaissais leur humeur d'une heure à l'autre, ce qu'elles avaient prévu de faire le lendemain, la semaine suivante, l'été suivant. Il n'y avait pas un moment ni un aspect de leur vie auxquels je ne sois intimement liée. Quant à Javad, il avait raté de nombreuses étapes de leur éducation. Et ce n'était pas particulier à Javad. Il adorait nos filles. Mais, en Iran, la mère est considérée comme le pilier de la famille, toujours là pour anticiper les besoins ou les dangers qui pourraient survenir. Dans ma vie, je ne crois pas avoir rencontré plus d'une poignée d'Iraniens qui n'obligent pas leur femme à endosser la responsabilité du foyer et des enfants. En plus de tout ce que j'avais à faire, je devais également enseigner à mes filles les subtilités de la politique et l'attitude à adopter dans une société imprévisible.

*E*N IRAN, l'autorité réside entre les mains du Guide religieux suprême, en vertu du *velayat-e-faqih*, doctrine inventée et instaurée par l'Ayatollah Khomeiny. C'est son successeur, l'Ayatollah Ali Khamenei, qui détient le pouvoir réel dans notre pays. Il gouverne les forces armées et nomme les responsables des institutions importantes de l'État, du pouvoir judiciaire aux médias, et surtout ceux du Conseil des gardiens de la Constitution, chargé d'examiner les nouvelles lois et de superviser les élections. Dans un tel système, le Parlement et l'exécutif n'ont qu'un pouvoir largement fictif. Si ces postes sont occupés par des officiels dont la politique va dans le sens de celle du Guide, ils sont autorisés à ratifier des lois et à poursuivre leur programme. Mais si le peuple élit un président ou des parlementaires dont les mesures ne conviennent pas au Guide suprême (lui-même non élu), alors ils sont écartés. Leurs réformes et leurs lois se retrouvent bloquées dans le labyrinthe des institutions de la République islamique.

Le sixième jour des émeutes, le président Khatami se retourna contre les manifestants. Il les accusa « d'attaquer les fondations du régime et de vouloir créer des tensions et des désordres » et les avertit que leur mouvement serait « réprimé par la force et avec détermination ». La réaction de Khatami stupéfia les étudiants, qui avaient cru que le président les soutiendrait. Parmi les activistes, nombreux étaient ceux qui pensaient que le régime avait envoyé des provocateurs dans la foule pour scander des slogans incendiaires. Lorsque la foule s'était mise à clamer : « Mort au Guide suprême », les forces de sécurité avaient chargé et les manifestations avaient mal tourné. Les réformateurs également étaient convaincus que la transformation des protestations en émeutes avait été provoquée par le régime. Si les manifestations étudiantes étaient de nature à provoquer des violences de rues et un désordre social, le mouvement réformateur n'utiliserait pas l'un de ses atouts politiques majeurs : sa capacité à faire descendre les jeunes dans la rue.

Plus tard, le président Khatami déclarerait que ce fiasco – depuis le raid dans les dortoirs du campus jusqu'aux émeutes de plus en plus violentes – était le prix qu'il avait dû payer pour avoir tenu l'État responsable des meurtres en série. Après cet été-là, j'eus l'impression que le président était devenu frileux, inquiet à l'idée que, s'il poussait encore les limites, il en résulterait d'autres provocations des radicaux et de nouvelles mesures de répression. Cet été-là, il avait vu des étudiants se faire tuer sous son « règne », et il changea de politique : il ne s'agissait plus de changer l'Iran, mais de faire en sorte que de tels événements ne se reproduisent pas.

Pour moi, et pour tous ceux qui pensaient qu'une enquête sur les meurtres en série pourrait enfin condamner l'État, cet été fut une profonde déception. Les extrémistes influents de la République islamique ne souhaitaient pas mener leurs combats par des moyens politiques. Ils semblaient plus indifférents que jamais à l'opinion des Iraniens et du monde entier. Soudain, le futur immédiat prenait un aspect plus sombre. L'heure était venue pour les réformateurs et le président de payer la note ; face à la main de fer de leurs opposants, ils réalisaient avec quelle brutalité tout défi à l'autorité serait puni. Et *quid* de leurs autres rêves ? Leur envie de réformer la Constitution pour consolider le pouvoir des élus ? C'était là le genre de réformes que les réformistes avaient en tête, les changements qu'ils jugeaient nécessaires pour faire de l'Iran un pays plus démocratique. Cet été fut un tournant décisif pour le groupe hétéroclite de nationalistes religieux, laïcs, fidèles à l'ancien régime et intellectuels qui constituaient le mouvement de réforme. Comme il en va pour tous les groupes politiques iraniens depuis toujours, le mouvement se scinda, et les différents groupes ainsi formés se scindèrent à leur tour. Plus personne ne s'entendait sur la stratégie à adopter. Exigeons un référendum national ! Attaquons les dirigeants dans la presse ! Tous avec nous, prônons la laïcité ! Allons-y en douceur ! Activons le mouvement !

CHAPITRE 10

Prisonnière de conscience

*A*U COURS DE L'HISTOIRE, les événements les plus terribles restent souvent gravés dans les mémoires sous la forme d'une image symbolique. La photo de l'étudiant chinois seul face aux chars d'assaut sur la place Tienanmen. Boris Eltsine juché sur un tank russe. Dans le cas des émeutes étudiantes de 1999, la photo d'Ahmad Batebi, beau jeune homme de vingt-trois ans aux longues boucles brunes portant un brassard noir, brandissant la chemise blanche tachée de sang d'un ami. Batebi fut condamné à mort, et l'ami dont il tenait la chemise – cet ami était déjà mort — s'appelait Ezzat Ebrahimnezhad.

Un matin, à la fin de l'été 1999, après la répression des émeutes et le retour à la « normale », je lus dans le journal que le père d'Ezzat cherchait à vendre sa petite maison de province afin d'engager un avocat et de poursuivre en justice les assassins de son fils. Le désespoir de cet homme me sembla tel que je décidai de le retrouver pour lui offrir gratuitement mes services. Quelques jours plus tard, la sœur d'Ezzat se présenta à mon cabinet drapée dans un tchador noir et s'assit avec un soulagement évident. « Je suis tellement heureuse que vous soyez une femme, me dit-elle. Pour moi, ça signifie que je peux venir de mon village pour vous rencontrer sans qu'on raconte des choses sur mon compte. » La guerre avait fait d'elle une veuve, et elle avait déjà excité les commérages en s'inscrivant à l'université, m'expliqua-t-elle, alors elle n'avait pas besoin d'ennuis supplémentaires.

Une semaine plus tard, elle revint accompagnée de son père, un vieil homme accablé de tristesse portant à la main un livre de poèmes d'Ezzat. « Je ne savais pas qu'Ezzat était poète, dis-je. — Tenez, répondit-il en feuilletant les pages, lisez celui-ci. » C'était un poème magnifique ; dans le dernier vers, Ezzat écrivait qu'il mourrait à vingt et un ans. Sa mort tragique m'était insupportable. Talentueux, travailleur, ambitieux, Ezzat était typiquement le genre de jeune homme happé par la fuite des cerveaux vers l'Occident, chaque année plus importante. Mais Ezzat était resté et avait persévéré, s'épanouissant malgré tous les obstacles que rencontraient les jeunes dans notre pays. Ezzat incarnait ce qui me rendait fière de la jeunesse iranienne – sa capacité d'adaptation au chaos, sa créativité face au dogmatisme. Et il était mort, ce jeune poète aux vers sombres et de funeste présage. En général, je ne pleure pas souvent. Mais, ce jour-là, je dus m'excuser pour aller aux toilettes et pleurer toutes les larmes de mon corps.

Quelques jours après, le procès du chef de la police de Téhéran et des officiers présents sur les lieux, accusés d'avoir attaqué les étudiants, commençait au tribunal militaire. Habillé en civil, assis sur le banc des accusés à transpirer abondamment, le chef de la police passa son temps à se vanter de ses exploits au cours de la guerre et à se plaindre que cette mascarade le mettait de fort mauvaise humeur. Le procès traîna en longueur et, à la fin, tous les accusés furent acquittés. Seul un des officiers fut condamné. Et pour quel motif ? Pour avoir volé un rasoir électrique dans le dortoir. Le verdict devint une blague parmi les étudiants, qui n'avait d'égal que le suicide de Saeed Emami à la crème dépilatoire.

*D*ANS LES SEMAINES qui ont suivi, j'ai continué à travailler sur le cas d'Ezzat, qui bénéficiait d'un procès à part. Plus j'apprenais des détails, plus j'avais l'impression de m'enfoncer dans l'obscurité. Un après-midi, la famille d'Ezzat vint à mon bureau, complètement affolée ; ils s'étaient rendus au cimetière quelques jours auparavant et, tandis qu'ils déposaient une couronne de fleurs sur sa tombe, un groupe d'hommes avait émergé de derrière les pierres tombales et leur avait lancé des injures et des pierres. Effrayés, ils avaient pris la fuite et y étaient retournés le jour même, pour se recueillir sur sa tombe en paix. Là encore, les assaillants avaient surgi, criant des obscénités, leur jetant des pierres. La sœur d'Ezzat m'apprit qu'on l'avait empêchée par deux fois d'entrer dans des bâtiments administratifs, et qu'une rumeur courait dans leur village selon laquelle ils étaient antirévolutionnaires. « Et dire que je suis veuve de guerre », précisa-t-elle.

J'entrevis une lueur d'espoir lorsqu'un étudiant et une jeune journaliste vinrent me voir à mon cabinet. L'étudiant se tenait près d'Ezzat au moment où on lui avait tiré dessus et avait aidé à le transporter à l'hôpital, où il avait succombé à ses blessures au bout de quelques heures. La jeune femme avait également assisté à la scène. Je m'empressai d'inclure leurs témoignages dans mon dossier. Mais, après qu'ils eurent témoigné, le procès changea brutalement de direction. Le tribunal militaire décréta que l'affaire ne relevait pas de sa juridiction et la transféra au bureau du procureur, qui se déclara lui-même incompétent pour juger l'affaire. Le système judiciaire se repassa le bébé jusqu'à ce qu'il atterrisse à la Cour suprême, chargée de déterminer de quel tribunal il relevait.

Je me suis vite rendu compte que l'affaire d'Ezzat serait condamnée à errer éternellement dans les bureaux du ministère, à moins que je ne réussisse à trouver des preuves incriminant ceux qui avaient attaqué les étudiants. Selon les témoins, étudiants comme agents de police, les assassins mystère étaient les *lebas-shakhi* – littéralement, les « hommes en civil ». Le terme est un code pour désigner les forces militaires en civil, les hommes de main utilisés par les centres de pouvoir radicaux en Iran pour réprimer les soulèvements populaires, terroriser la population, et se livrer aux exactions brutales que la police et les forces de sécurité régulières préfèrent éviter. Lorsqu'ils sont envoyés en mission, on les reconnaît à leur barbe de trois jours, leur carrure imposante et leur regard aiguisé. On ne sait pas exactement qui les commande ou qui finance leurs méthodes de mercenaires. Ils ressemblent à une mafia locale, qui terrorise un quartier, menace les commerçants, mène des attaques violentes destinées à installer un climat de peur et un sentiment d'insécurité permanente. Tout comme on peut repérer un mafioso de cinéma à des kilomètres, tout le monde peut reconnaître les *lebas-shakhi* immédiatement, mais personne ne sait précisément qui ils sont. Comment poursuit-on en justice les membres d'une force paramilitaire qui se fondent dans l'obscurité après avoir frappé, enfourchent leur moto et font tournoyer des masses au-dessus de leur tête ? Ils agissent avec l'accord tacite du système, qui refuse de les mettre au pas. Mais comment les tenir responsables de ces meurtres alors que juridiquement ils n'existent pas ? Autant essayer d'assigner en justice un fantôme.

Un matin de mars 2000, un jeune homme du nom d'Amir Farshad Ebrahimi se présenta à mon bureau : il souhaitait dénoncer les *lebas-shakhi*. Il disait détenir des renseignements de premier ordre sur ses camarades qui avaient perpétré l'attaque dans les dortoirs et appartenir à l'un des groupes paramilitaires les plus violents : Ansar-e-Hezbollah (sans lien avec le groupe militant libanais du même nom). Selon ses dires, le chef l'avait envoyé en prison parce qu'il avait voulu démissionner de son unité. N'était-ce pas trop beau pour être vrai ? Je lui demandai des détails.

Une fois lancé, Amir Farshad ne s'arrêta plus. Il avait lui-même, m'apprit-il, fourni de l'argent et des équipements pour l'attaque et disposait de preuves incriminant d'autres membres. À l'époque où il était actif dans le groupe, il avait également pris part à deux violentes attaques contre des ministres réformateurs. S'il disait vrai, Amir Farshad était la perle des témoins, pas seulement pour l'affaire d'Ezzat, mais aussi pour d'autres attaques non élucidées par manque de preuves. « Maintenant que je veux quitter le groupe, ils essaient de monter un coup contre moi. » C'était comme faire partie d'un gang, m'expliqua-t-il, on ne pouvait tout simplement pas le quitter. Ce que vous saviez représentait pour vous un danger. Ils l'ont emprisonné pendant sept mois, ils l'ont torturé. Une fois, ils l'ont même enfermé dans un minuscule placard de la taille d'un cercueil et l'y ont laissé pendant vingt-quatre heures.

« Amir Farshad, il faut rendre public tout ce que tu sais, lui dis-je. C'est plus sûr pour toi. Tes secrets sont une menace pour toi tant que ce sont des secrets. Mais, une fois que la population sera au courant, tu ne courras plus de danger. » Il a accepté, et nous nous sommes arrangés pour filmer son témoignage. J'ai pris un maximum de précautions car je savais que j'étais sur écoute. J'ai aussi pris soin de demander à deux personnes de se joindre à nous, au cas où l'on m'accuse plus tard d'avoir incité ou forcé Amir Farshad à faire ses révélations. Le jour du rendez-vous, il arriva avec sa sœur, que je ne pus m'empêcher de dévisager, stupéfaite. Certes, Amir Farshad dénonçait les membres de son unité, mais il avait été assez croyant pour rejoindre un groupe paramilitaire proche des Taliban par son interprétation radicale de l'Islam. Je n'aurais pas été surprise de voir sa sœur en tchador noir, ou au moins en habit traditionnel. Mais elle était très maquillée et me tendit une main aux ongles vernis de fuchsia. Étrange, me dis-je.

Nous sommes allés rejoindre les témoins qui attendaient dans l'autre pièce et, après avoir enlevé une plaque et d'autres objets qui pourraient identifier le local comme étant mon bureau, j'ai commencé à filmer son témoignage. À la fin, un des témoins, appartenant à une association de défense des droits de l'homme américaine, me fit venir dans la pièce d'à côté. « Shirin, me dit-elle sans attendre, c'est un piège. Si Amir Farshad veut tellement témoigner, pourquoi n'est-il pas allé trouver le gouvernement ? Le gouvernement est actuellement contrôlé par des réformistes, qui l'auraient écouté. Pourquoi s'est-il tourné vers toi ? Tu pourrais être arrêtée pour avoir cette cassette en ta possession. Ils pourraient t'accuser de falsifier des informations et de diffamer la République islamique.

— Mais je ne fais rien d'illégal, répondis-je. Je suis avocate, et je récolte des preuves pour mon dossier. »

Mais son avertissement me fit réfléchir. Et, très franchement, je n'étais pas à l'aise. J'ai décidé de ne pas garder la cassette. Le lendemain, je me rendis au bureau du ministre adjoint de l'Intérieur pour l'y déposer. Si c'était un piège, la cassette n'était plus en ma possession.

Quelques jours plus tard, des articles ont commencé à mentionner une cassette, qui circulait dans Téhéran et à l'étranger, montrant un jeune homme exposer les activités du fameux groupe Ansar-e-Hezbollah. Ces articles m'inquiétaient : ils étaient aussi publiés dans des journaux conservateurs qui mettaient en cause deux avocats et avaient interviewé la mère d'Amir Farshad – selon elle, son fils était psychologiquement instable et avait probablement subi un lavage de cerveau avant de faire ses révélations. Pendant ce temps-là, Amir Farshad avait disparu. Aux dires de son père, il y avait eu une descente chez eux et des agents l'avaient emmené. « Je viens de tomber aux mains de ceux à qui je voulais échapper », aurait-il murmuré à son père tandis qu'ils le traînaient de force vers une voiture.

Les jours suivants furent extrêmement tendus. La situation prenait des proportions vertigineuses. Tous les jours, la presse conservatrice attaquait ceux qui entachaient la Révolution avec ce faux témoignage. L'affaire fut portée devant le tribunal, et on me convoqua pour m'interroger. J'angoissais un peu plus chaque jour, convaincue que tout cela n'était qu'une vaste machination et que j'allais finir en prison.

Le soir de mon second interrogatoire, quelques amis et membres de ma famille sont venus à la maison pour fêter mon anniversaire.

J'étais tendue, mais j'essayais de sourire et de faire passer le gâteau au chocolat comme si tout allait bien. Malgré tout, je ne pouvais m'empêcher de penser à la prison, et je me demandais comment ma famille s'en sortirait sans moi. Ce soir-là, incapable de m'endormir, je me suis installée à mon bureau pour écrire une lettre à mon mari et à mes filles :

M es chéris,

Au moment où vous lirez ceci, je serai déjà en prison. Je veux simplement vous assurer que tout ira bien. J'en sortirai indemne, car je n'ai rien fait de mal. Je peux vous demander un service ? J'aimerais que vous imaginiez pendant quelques instants que j'ai eu une crise cardiaque et que l'on m'a emmenée à l'hôpital. Ça serait terrible, n'est-ce pas ? Sachez que cela serait bien plus terrible que mon arrestation. Gardez bien ça à l'esprit.

Ghorban-e-hamegi, *avec tout mon amour*
S hirin

Je tendis la lettre à Javad, qui était très peu au courant des événements de ces derniers jours. Il la parcourut du regard, puis leva la tête vers moi, l'air perplexe : « Shirin, tu peux me dire ce qui se passe ? » J'essayai de lui raconter l'histoire sans paraître trop triste. « Et tu pourras lire cette lettre tout haut aux filles pour les réconforter. »

J'AI TENDANCE à commencer mes phrases par l'équivalent farsi de l'expression « pour le meilleur ou pour le pire », qui doit donner quelque chose comme « pour notre bonheur ou notre malheur ». Il y a tant de choses dans la République islamique qui nous laissent perplexes. C'est comme si on voyait en permanence la réalité à travers un miroir déformant, qui interdit tout regard objectif.

Pour votre bonheur ou votre malheur, en République islamique, lorsque votre arrestation approche, vous êtes averti par la presse conservatrice. Tout comme vous pouvez aller directement à telle page pour regarder les prévisions météo ou acheter le quotidien *Hamshahri* pour les petites annonces, vous pouvez parcourir la une des deux ou trois journaux conservateurs pour savoir qui est sur le point de se faire arrêter. Si les titres ne sont pas tout en haut de la page et que votre nom apparaît de façon intermittente, on ne vous passera les menottes que deux ou trois semaines plus tard. En revanche, si vous êtes l'objet de diffamations quotidiennes, si la fureur du régime est visible dans les gros titres, alors il est recommandé de faire votre valise sur-le-champ.

Pour notre malheur – et parfois pour notre bonheur –, les médias sont l'instrument principal des conservateurs ; ils envoient les communiqués de presse de bonne heure, afin que les journaux occidentaux puissent relayer les informations malgré le décalage horaire. Mais ils oublient de mettre la nouvelle sous embargo jusqu'à l'heure de l'arrestation, ce qui donne lieu à des coups de fil étranges, comme celui que je reçus très tôt un matin de juin.

« Allô ? ai-je dit en décrochant.

— Allô ? répéta-t-on à l'autre bout du fil. Qui est-ce ?

— Shirin Ebadi à l'appareil.

— Madame Ebadi ! Je suis tellement content d'entendre votre voix ! Nous venons de recevoir un télex qui annonce votre arrestation et...

— Ah bon ? Comme c'est intéressant... »

Ce jour-là, le téléphone ne cessa de sonner. Pendant des heures et des heures, j'ai répété aux journalistes que non, je n'étais pas en prison. Pas encore. Même ma sœur m'a appelée, après avoir entendu un bulletin d'information en farsi sur une station de radio européenne. « Ils se sont trompés », l'ai-je rassurée.

À cinq heures ce soir-là, le coup de fil que je redoutais finit par arriver. « Vous êtes priée de vous présenter à la 16e chambre du tribunal général de Téhéran », me dit-on. Mon heure était venue. On allait m'envoyer à Evin.

En jetant un dernier coup d'œil à l'appartement, m'assurant que j'avais bien pris mes médicaments pour la tension et une brosse à dents, j'essayai de me convaincre que je serais bientôt de retour. « Votre père et moi avons une réunion ce soir, dis-je aux filles, qui regardaient la télévision dans le salon. Commandez-vous une pizza pour le dîner. » Je tenais à ce que Javad ne s'attarde pas trop au ministère, où l'on m'avait demandé de me présenter, au cas où nos filles commenceraient à s'inquiéter.

L'audience avec le juge ne dura pas plus de vingt minutes. Il promit de prévenir mon mari, qui attendait dehors, que l'on m'avait emmenée en prison. Les gardes m'escortèrent jusqu'à un parking, que je n'avais jamais vu avant, par une porte de derrière. Il était assez tard, plus de vingt-deux heures, et la lumière des lampadaires baignait le parking d'une étrange lueur orange. La circulation était moins dense à cette heure-ci, aussi nous fallut-il peu de temps pour atteindre l'autoroute, passer devant le nouveau lieu de prières et ses deux minarets, puis la colline sur laquelle on avait formé les mots « YA HOSSEIN » à l'aide d'ampoules électriques. Le chauffeur s'arrêta en chemin pour m'acheter un soda. J'avais la gorge très sèche.

Puis nous sommes arrivés à Evin. Evin, dont les barrières de barbelé avaient été franchies par la quasi-totalité des prisonniers politiques au cours de ce dernier demi-siècle. Evin, où mon beau-frère Fouad avait passé les dernières années de sa jeunesse. Mes pensées vagabondèrent vers une autre époque, à laquelle Evin n'était qu'une présence indistincte dans nos vies. Je n'étais absolument pas préparée à la question que l'on me posa à mon arrivée.

« Êtes-vous ici pour un crime d'ordre moral ? »

Les femmes que l'on arrête et que l'on amène à Evin après la nuit tombée sont en général des prostituées. Je me rendis compte avec stupéfaction que le gardien avait l'air de penser que c'était mon cas.

« Mais non ! Pas du tout ! C'est politique ! »

Cela me fit penser à une blague, que nous nous racontions tout le temps entre amis, dont la chute était : « C'est politique ! » Je me mis à rire, ce qui mit le gardien dans une colère noire. « Pourquoi riez-vous ? » aboya-t-il.

« C'est politique », ai-je répété plusieurs fois, en proie à une crise de fou rire. Il attendait que je me calme, mais se rendit vite compte que je n'y arriverais pas.

« Bon, écrivez ce que vous voulez, et emmenez-la. »

Une gardienne me guida jusqu'au bout du couloir, vers ce qu'elle appelait sa « plus belle cellule ». Une de mes amies, avocate elle aussi, avait été détenue quelques semaines auparavant, et m'avait dit en plaisantant qu'elle leur avait demandé de me réserver sa cellule, leur « plus belle ». Et voilà que je m'y trouvais. La plus belle cellule était noire de crasse, il y avait bien un lavabo mais pas d'eau courante. La cuvette en métal des toilettes dans le coin était couverte de saletés et de rouille. « Est-ce qu'il y en aurait une mieux ? » demandai-je timidement. Elle me laissa jeter un œil dans trois autres cellules, mais je m'aperçus qu'en effet j'avais la moins épouvantable. Incapable de rassembler le courage pour y retourner, je m'assis dans le couloir, épaules voûtées. Quelques détenues du même quartier passèrent à ce moment-là. « T'es là pour quoi ? » me demanda l'une d'elles. L'affaire Amir Farshad avait été surnommée l'« affaire des cassettes » par la presse ; alors, sans relever la tête, j'ai soupiré : « L'affaire des cassettes. »

« Vraiment ? Comment ça s'appelait ? » demanda l'une. « Combien tu as été payée ? » « Est-ce que le réalisateur était sympa ? » voulaient savoir les autres.

Oh, mon Dieu, me dis-je. Elles croient que je suis ici parce que j'ai tourné dans un film pornographique. Je gardai la tête baissée, en essayant d'ignorer leurs questions.

Un peu plus tard, le médecin de la prison passa dans ma cellule prendre ma tension. Lorsqu'il est sorti, claquant la porte derrière lui, mon regard s'est posé sur les murs criblés de petits trous et de taches, et j'ai senti toute la tension accumulée au cours des dernières semaines s'estomper lentement. Je ne pouvais avoir recours à rien ni à personne, sauf à Dieu. « J'ai fait tout ce qui était en mon pouvoir, murmurai-je. Maintenant, c'est à Ton tour. » Puis j'ai mis mon sac sous ma tête en guise d'oreiller, je me suis enveloppée dans mon tchador et me suis endormie.

*J*E FUS RÉVEILLÉE par le tintement métallique du plateau de petit déjeuner. Un morceau de pain, un petit bout de fromage et du thé. Une gardienne frappa bruyamment à la porte avec son bâton et m'ordonna de me changer. Elle me tendit un uniforme de la prison – un tchador bleu avec un motif imprimé que je trouvai des plus ironiques : la balance de la justice – et me dit de la suivre. Elle m'emmena dans un bureau ; on prit mes empreintes, on me passa une chaîne autour du cou avec une plaque numérotée puis on me prit en photo. L'un des gardiens me demanda : « Alors, de quoi jouez-vous ? » En Iran, lorsqu'une personne est arrêtée, la police fait une descente chez elle à la recherche de preuves. Comme certains ayatollahs considèrent comme immorale la pratique d'un instrument de musique, je me dis qu'ils avaient dû tomber sur le piano des filles ou sur le sitar de mon mari et qu'ils essayaient d'ajouter la musique à la liste de mes crimes. « Je ne joue de rien du tout, répondis-je.

— Arrêtez de nous raconter des histoires, dit le gardien sèchement. On en a déjà eu assez de tout votre cirque hier soir. Alors, je vous repose la question : de quoi jouez-vous ?

— Le piano appartient à mes filles. Tout le monde n'a pas l'oreille musicale, vous savez. »

La gardienne qui m'avait escortée comprit le quiproquo et, avec un petit sourire, expliqua à son collègue que j'avais été arrêtée en rapport avec l'affaire Amir Farshad.

Je commençais à entrevoir la vérité. Il me prenait pour une toxicomane ! En farsi, on utilise le même verbe pour dire « prendre de la drogue » et « jouer d'un instrument ». « De quoi jouez-vous » veut donc également dire « qu'est-ce que vous prenez » (comme drogue). Il avait cru que je planais, la veille, à cause de mon fou rire. Prostituée, star du porno, toxicomane... Personne dans cette prison ne pensait donc qu'une femme puisse être prisonnière de conscience ?

On m'emmena ensuite dans une nouvelle cellule. Elle n'était pas en meilleur état, mais au moins les gardiens étaient plus gentils, et j'ai remarqué que je bénéficiais d'un traitement de faveur. Ils servaient aux autres détenues des bols d'un liquide indéterminé qui provenait d'une énorme marmite, mais j'avais droit à un plateau spécial de *chelo-kabob*. J'ai passé plusieurs heures à regarder le plafond, puis le sol, puis à nouveau le plafond, et j'ai bien cru que j'allais loucher à force de m'ennuyer. Alors je me suis levée pour regarder par le petit trou qu'il y avait dans la porte. Une des détenues avait son enfant avec elle ; ils jouaient ensemble dans le couloir, divertissaient les gardiennes.

J'appris plus tard que toutes les gardiennes étaient diplômées de l'enseignement supérieur et avaient travaillé dans des centres de redressement pour mineurs. Elles connaissaient une association des droits de l'enfant que j'avais aidé à fonder et, lorsqu'elles le découvrirent, elles n'en furent que plus respectueuses et gentilles à mon égard. Elles s'arrangèrent pour me faire entrer en cachette dans la bibliothèque de la prison pour que je puisse prendre quelques livres. (Théoriquement, elle était réservée aux hommes ; même ici nous étions des citoyennes de second ordre.) Elles m'apportaient des vêtements propres. Mais elles ne pouvaient pas me protéger contre la nuit et son lot d'horreurs. Nombre des détenues de mon quartier étaient des toxicomanes que l'on avait amenées ici pour les faire décrocher sans produits de substitution. Elles gémissaient, poussaient des hurlements stridents, leurs cris horribles traversaient les murs ; c'était pire que des loups qui hurlent à la mort ou que tout ce que je pouvais imaginer. Au fil des jours, les gardiennes se sentaient de plus en plus à l'aise avec moi ; elles venaient parfois dans ma cellule pour bavarder, se plaindre de leur travail. Je compatissais. C'était un travail difficile. Mais, au moins, on peut rentrer chez soi après sa ronde, me disais-je.

Bizarrement, je me suis très vite habituée au rythme de la vie en prison. La personnalité un peu excentrique de certaines gardiennes, l'odeur d'humidité de ma cellule et même les hurlements des toxicomanes ont fini par me sembler normaux au bout de quelques jours. Le troisième jour, un jeune homme vint inspecter ma cellule en m'accusant de vouloir faire passer un numéro de téléphone à l'extérieur. « Je n'ai rien fait de tel », répondis-je poliment. Furieux, il se mit à fouiller dans mon sac en lançant mes affaires aux quatre coins de la cellule. Je n'en revenais pas. Une des gardiennes avec qui j'avais sympathisé vint me trouver après son départ.

« Mais, bon sang, pourquoi tu ne t'es pas défendue ? explosa-t-elle, le regard lourd de reproches. Pourquoi tu ne lui as pas dit que les gardiennes n'avaient rien signalé ? Et de quoi il parlait, d'abord ? Je peux savoir à quelle fac' tu es allée ? À quoi ça sert d'avoir fait toutes ces études de droit si c'est pour s'écraser ? »

Je me suis contentée de fermer les yeux, en faisant mine d'être fatiguée. Je n'avais pas la force de me disputer avec elle. Ni de lui expliquer qu'il ne servait à rien de plaider non coupable tant que je n'étais pas dans un tribunal. Elle posa une main sur mon épaule, soupira et me dit simplement d'avoir confiance en Dieu, avant de partir.

Plus tard cette nuit-là, je fus réveillée en sursaut par un coup sec sur ma porte. « Préparez-vous, on vous transfère dans une autre prison », m'annonça une voix de femme. Soudain, toute la peur que j'avais réussi à combattre depuis mon arrivée à Evin me submergea à nouveau. En prenant mon sac d'une main tremblante, des fragments de témoignages de prisonniers torturés me revinrent en mémoire.

Calme-toi, me répétais-je. En vain. Je savais qu'ils n'oseraient pas me violer. Mais, d'un autre côté, je savais qu'ils pouvaient me fouetter les pieds à l'aide de câbles électriques jusqu'à ce que j'« avoue », jusqu'à ce que je leur dise : « Oui, moi, Shirin Ebadi, j'ai produit de faux documents de propagande contre la République islamique. »

« Vous pouvez me dire où vous m'emmenez, s'il vous plaît ? »
Silence. « Je vous en prie, pouvez-vous simplement me dire où on
va ? » Et s'ils m'emmenaient dans cet endroit effroyable qui abritait
le tristement célèbre *komiteh* ? La torture y régnait en maître. Si
c'était là que nous allions, je savais à quoi m'attendre.

Mais personne ne me répondait. « Avancez », me disait-on.
Dans une cour sombre devant le bloc, un bus attendait. Une des
gardiennes me noua un foulard sur les yeux et m'aida à monter
dans le bus. J'avais l'impression que nous tournions en rond.
Lorsque nous nous sommes arrêtés, je suis descendue en titubant,
bras tendus devant moi. « Par ici », me dit-on. Je reconnus la voix.
C'était Ali, qui m'avait interrogée au tribunal. « Nous organisons
une audience pour vous », me dit-il. On me donna ce qui avait
l'air d'être un bâton. « Suivez-moi. »

Ce que j'ai essayé de faire, un bâton pour seul guide, l'esprit
hanté par les atrocités que j'allais peut-être subir. J'avais la gorge
sèche, et je tremblais de tous mes membres. « Tu auras à répondre
de tes actes le jour du Jugement ! criai-je à l'attention d'Ali. C'est
toi qui es fautif ! Tu es censé être mon interrogateur, et mener
l'enquête. Mais, au lieu de rechercher qui a fait passer la cassette
à la presse, tu m'accuses, moi ! » J'étais hors de moi ; la colère et
la terreur me désinhibaient totalement. « Je veux que tu saches
que moi, jamais, jamais je ne te pardonnerai au jour du Jugement ! »

Soudain, le bâton s'arrêta. « Enlevez votre foulard. » Je dus
cligner plusieurs fois des yeux avant de m'habituer à la faible
lumière autour de nous ; nous étions dans un couloir très étroit,
à peine plus large que les épaules d'un homme. Huit portes
donnaient sur le couloir ; derrière, autant de cellules. « L'eau est
plus saine ici », me dit-il. (L'eau contaminée dans l'autre prison
m'avait rendue malade.) « La nourriture est meilleure, et personne

ne vous dérangera la nuit. Vous serez bien plus à l'aise, me promit-il. — Je crois que je serais encore plus à l'aise chez moi, répondis-je d'un ton maussade. Et pourquoi m'a-t-on amenée ici ? » Il tourna les talons sans rien dire, sortit et ferma à clé la porte du couloir.

Je me suis mise à inspecter mon nouvel environnement. Il n'y avait pas de gardien. Je jetai un œil dans chacune des cellules, toutes sans fenêtre et tapissées d'un tissu miteux qui n'avait manifestement pas été lavé depuis des années. Dans l'une des cellules, mes yeux tombèrent sur un paquet à moitié plein de cigarettes iraniennes bon marché. Je mourais d'envie de fumer. Je laissai un billet froissé sur la table – nous avions le droit d'avoir de l'argent sur nous pour pouvoir nous acheter des articles divers au kiosque de la prison – et me mis en quête d'allumettes. Pendant une demi-heure, j'ai fouillé toutes les cellules, inspectant le moindre recoin, sous les tapis, partout. Fumer est autorisé en prison mais les détenus n'ont pas le droit de garder leurs allumettes ou leur briquet. Il faut taper contre la porte jusqu'à ce qu'un gardien vienne vous donner du feu. J'avais envie d'une de ces cigarettes comme jamais je n'avais désiré quelque chose. Mais je m'étais promis de ne jamais rien demander en prison. J'y mettais un point d'honneur. Je refusais d'avoir besoin de quoi que ce soit qu'eux seuls étaient en mesure de me donner. Après une autre fouille infructueuse, je reposai le paquet sur la table, me roulai en boule sur un lit de camp à l'odeur pestilentielle et finis par m'endormir.

*L*E COUP DE PIED qu'on me donna dans les côtes avait pour but de me faire mal, et de me réveiller.

« Qu'est-ce que vous fichez là ? me demanda une femme à la carrure imposante.

— Je n'en sais rien, répondis-je d'une voix ensommeillée. On m'a amenée ici dans la nuit.

— Ici, c'est la salle des gardiens, alors je vous conseille d'aller voir ailleurs.

— Très bien.

— Et on peut savoir pourquoi vous êtes en prison ? »

Ça ne vous regarde pas, eus-je envie de répondre. Mais je me suis ravisée : j'étais coincée dans cet endroit et, d'une façon ou d'une autre, il allait falloir que je gagne ces gens à ma cause. Je lui ai donc calmement expliqué les raisons de mon incarcération.

« Vous mentez. » Elle se mit à fouiller dans mon sac, prit mes vêtements et me tendit à la place un tchador dégoûtant.

« Mais... mais... s'il vous plaît, rendez-moi mes vêtements.

— Hors de question. C'est ça ou rien. »

Un peu plus tard, un médecin vint prendre ma tension et je lui ai demandé s'il pouvait récupérer mes vêtements. Pour moi cela faisait toute la différence d'être assise dans cette cellule dans mon tchador propre plutôt que dans cette blouse dégoûtante qu'une centaine de pauvres femmes avaient portée avant moi.

Je n'arrivais pas à savoir si je préférais l'ancien quartier ou le nouveau. Ici, il est vrai, on mangeait mieux. Brochettes de poulet, escalopes, ragoûts nourrissants et, tous les dix jours : une pomme ! Mais les gardiennes étaient en permanence d'une humeur exécrable, méchantes et tyranniques. Elles étaient quatre à me surveiller, et elles m'en voulaient énormément. « C'est nous qui sommes tes prisonnières », aimaient-elles répéter. J'avais du mal à dire quelle heure il était, puisque l'ampoule de ma cellule était constamment allumée et qu'il n'y avait pas de fenêtre pour laisser passer la lumière du jour. Je n'avais pas le droit de lire les journaux, ni d'écouter la radio. Parfois je faisais une sieste et, quand je me réveillais, j'étais incapable de dire si j'avais dormi dix minutes ou dix heures. J'étais complètement désorientée, ce qui était sans doute le but.

Au bout du premier jour dans le nouveau quartier, la solitude et le silence ont commencé à me rendre folle. Les injures de mes anciennes voisines me manquaient, ainsi que leurs hurlements en pleine nuit et leur tapage pour qu'on vienne leur allumer une cigarette. Le jour d'après, ma claustrophobie s'estompait déjà. Hum, me disais-je, après tout, peut-être que la prison d'Evin n'est pas si mal que ça. Au moins, je n'avais pas à passer la serpillière ni à sortir les poubelles. Je n'avais pas à m'inquiéter pour l'article que j'avais promis de rendre à telle date, ou pour le procès que je devais préparer. Il n'y avait pas d'étudiants pour me demander si j'avais eu le temps de jeter un œil à leur thèse. Pas de dîner à préparer. Pas de loyer à payer.

Mes interrogatoires commençaient en général vers neuf heures, dans une salle minuscule qu'occupait presque entièrement une vieille table en bois. Les séances duraient plusieurs heures, les questions étaient répétées, et le juge débutait chaque séance en récitant d'une voix sonore une sourate du Coran. Ali, mon interrogateur, était également présent et, dans l'ensemble, tous deux étaient plutôt courtois. Ce qui m'énervait le plus n'était pas les interrogatoires mais le ralentissement du temps. Les heures devenaient des jours, les jours, des semaines, dans l'uniformité étouffante de ma cellule. Je priais cinq fois par jour. Je m'étirais, m'essayais à la gymnastique suédoise.

Un matin, sans qu'on m'ait prévenue, la gardienne qui m'apportait le petit déjeuner me dit de m'habiller pour mon procès. La perspective de quitter ce quartier pour n'importe où, fût-ce vers un procès truqué, me remplit de joie. Je montai à bord du bus pour me retrouver à côté d'Amir Farshad lui-même, ainsi que deux autres personnes impliquées dans l'affaire, en uniforme de prison et chaussons. Quand nous sommes entrés dans le tribunal, je fus submergée par un sentiment d'exaltation intense, littéralement transportée. Après avoir passé seule des jours entiers, ou en compagnie d'un gardien ou d'un interrogateur, toute cette foule – des amis venus nous encourager, des journalistes qui poussaient les officiers de police pour nous parler – me réchauffait le cœur.

Soudain, j'entendis une voix familière : celle de mon mari, qui essayait d'attirer mon attention. Il se fraya un chemin jusqu'à moi avec l'avocat qui me représenterait tout au long du procès. Car ce jour-là n'eut lieu qu'une audience préliminaire. Amir Farshad fut appelé à la barre et, courageusement, resta fidèle à sa version des faits. Puis la cour lut les réquisitions des plaignants, qui étaient membres de l'extrême droite, des forces paramilitaires et de la presse conservatrice. Au cours du témoignage d'Amir Farshad, le juge convoqua Ali.

« Son témoignage ne correspond pas à ce qu'il a déclaré lors de son interrogatoire, dit-il. Laissez-moi lui rafraîchir la mémoire. »

Tandis que l'on nous escortait hors du tribunal, je vis ma sœur, en larmes, essayer de me rejoindre. Elle ne réussit pas à écarter la foule, mais nos regards se sont croisés.

*D*IX JOURS de plus en prison. Dix jours de plateaux métalliques, de gardiennes moroses qui fumaient et me détestaient

– quatre surveillantes pour une seule prisonnière ! Dix jours à essayer d'imaginer les pentes douces des monts Elbourz derrière Evin, où mon amie poète Simin Behbahani et moi faisions des excursions le week-end et parlions longuement en escaladant la montagne, tandis que des groupes d'adolescents nous dépassaient, avec leur musique et leurs foulards vifs. Nous montions jusqu'à un sommet et nous arrêtions prendre un thé dans un café à flanc de montagne, pour profiter de la fraîcheur de l'air et de la vue. Simin et moi avons énormément de choses en commun, et de nombreux thèmes abordés dans ses poèmes – la souffrance des femmes, la célébration de leurs droits et de leur existence – inspirent mon travail. J'essayais de faire passer les heures en me rappelant les vers de ses *ghazal*. Je fermais les yeux et les images survenaient : des monstres qui s'élançaient vers le ciel dans un sillage de fumée, des sirènes échouées.

J'ai commencé à avoir des hallucinations. Tous mes petits ennuis de santé ont fait leur réapparition – mes douleurs à la hanche, mon hypertension, mes palpitations cardiaques... et même mon bégaiement de petite fille. Je méprisais ma propre faiblesse et essayais de ne pas me plaindre. Je me contentais de serrer les dents, de fermer les poings jusqu'à ce que mes ongles soient bleus, de réprimer mes gémissements. J'essayais de me souvenir qui avait dit « Nous ne sommes pas nés pour souffrir », mais je n'y arrivais pas, et cela me mettait dans une rage folle. À l'aide d'une cuillère, je me suis mise à graver des mots dans les murs de ma cellule : « Nous sommes nés pour souffrir car nous sommes nés dans le tiers-monde. Nous n'avons pas choisi l'endroit ni l'époque. Il n'y a rien à faire à part rester patient. »

J'essayais de ne pas trop m'abandonner à mes rêveries, afin de rester lucide pendant les interrogatoires. Il était courant qu'un juge vous coince et vous fasse donner le nom d'une personne en suggérant que cette personne vous avait impliqué en premier lieu. Une astuce classique, pas très subtile à vrai dire ; je réussissais à éviter chaque piège. Mais ce n'était pas le cas de tout le monde. L'une des personnes impliquées dans l'affaire finit par m'incriminer. Je faisais de mon mieux pour ne pas lui en vouloir. Après tout, tout le monde ne réagit pas de la même façon aux interrogatoires et à la torture. Les gens n'ont pas la même constitution, le même tempérament, ni les mêmes réactions : certains ont passé leur vie entière à redouter le moment où ils se retrouveraient ligotés à une table, les pieds fouettés par un câble, sommés, entre chaque coup de fouet, de donner des noms, de tout déballer. Mais même les militants les plus engagés qui se sont préparés à la torture physique et psychologique ne peuvent pas savoir avant d'y être confrontés combien de temps ils tiendront le choc.

Souvent, je me dis que c'est là la réalité la plus triste des militants ou des intellectuels iraniens. Lorsque des dissidents ou de simples intellectuels âgés sortent de prison, au lieu de les féliciter pour leur courage et d'en être sortis vivants, on les harcèle en général de questions sur leur conduite en prison. Ont-ils cédé et confessé des crimes face à une caméra ? Ont-ils signé des lettres d'aveux ? Ont-ils donné la liste de leurs camarades ? En jugeant ce qu'on ne devrait pas juger – la réaction d'un individu à la torture –, nous habilitons les interrogateurs à torturer leurs victimes. Nous légitimons la perversité de ces méthodes, comme s'il y avait, que l'on résiste ou que l'on craque, une « bonne » manière de réagir.

La seconde audience se déroula à peu près comme la première. Sauf que, cette fois, le tribunal autorisa mon mari à me parler quelques minutes dans le couloir. « Quoi qu'il arrive, lui dis-je, surtout ne laisse pas ma mère ni les filles me rendre visite en prison. » Je me réveillais tous les matins en pensant à elles, mais je refusais qu'elles me voient en uniforme de prisonnière, derrière des barreaux. Je ne voulais pas qu'elles vivent avec ce souvenir. Ma sœur s'est précipitée vers moi tandis que les gardiens m'emmenaient, et nous a suivis en me murmurant à l'oreille : « Tu vas bien ? Tu vas bien ? » Le lendemain, Javad fut autorisé à me rendre visite. Nous avons échangé quelques mots et, juste avant de partir, il m'a glissé un roman que j'avais commencé avant de me faire arrêter et laissé sur la table de chevet, *Le Figuier des monastères*.

UN MARDI SOIR, allongée sur le tapis crasseux de ma cellule, trop fatiguée pour lire mais trop anxieuse pour dormir, j'entendis une gardienne frapper à la porte pour m'annoncer que l'on me demandait au téléphone. C'était le juge qui présidait mon procès ; il m'appelait pour me dire qu'au bout de vingt-cinq jours de détention je pouvais être relâchée contre une caution de vingt millions de *toman* (environ vingt-cinq mille dollars). Euphorique, j'appelai aussitôt mon mari pour lui demander de se présenter au tribunal, à la première heure samedi matin, avec le titre de propriété de notre maison.

Le lendemain, les heures s'écoulèrent avec une insoutenable lenteur, mais la perspective de ma libération m'avait apaisée et pour la première fois je fus capable de me concentrer sur mon roman. Le soir venu, les paupières lourdes, je laissai mon esprit vagabonder. Je pensais aux retrouvailles avec mes filles, j'éprouvais un réel soulagement de leur avoir épargné la vue de leur mère dans cet immonde tchador. Je songeais aux randonnées que je ferais de nouveau avec mon amie, au thé que nous siroterions bientôt près des monts enneigés, Téhéran disparaissant dans le lointain. Je repensais à ce que m'avait dit un jour un de mes clients, Akbar Ganji, sur les suites de la détention. « En Iran, m'avait-il avertie, à moins de bénéficier d'un procès public, tout le monde sera convaincu que tu as collaboré avec le régime. »

En me réveillant le samedi matin, je pris le temps d'examiner ma cellule dans les moindres détails, que je connaissais pourtant par cœur. Je me demandais combien de temps il me faudrait pour oublier la forme des taches, les mots que j'avais gravés dans le mur. À neuf heures, après avoir rassemblé le peu d'affaires personnelles que j'avais, j'attendais, assise sur mon lit de camp, que l'on vienne frapper à ma porte. Il me fallut patienter jusqu'à dix-sept heures. C'est la gardienne solidement charpentée, celle qui se plaignait d'être ma prisonnière, qui vint ouvrir la porte de ma cellule et me dit de la suivre. Elle avançait à petits pas, et je faisais des efforts surhumains pour aller à son rythme, car je me sentais si légère que j'aurais pu quitter le sol.

Dans la cour de la prison attendait une ambulance aux vitres teintées. Un responsable de la prison me dit qu'elle me déposerait à une station de taxis. Pourquoi une ambulance ? À Téhéran, les automobilistes n'ont que faire des véhicules de secours, alors ce n'était sûrement pas pour une question de rapidité. Mais je jugeai plus sûr de ne pas poser de questions si près du but, aussi montai-je dans l'ambulance sans rien dire. Tandis que nous nous engagions dans la circulation dense de la voie express, j'observai le flot de voitures autour de nous – les conducteurs qui s'ennuyaient, les vieux camions chargés de fruits – et me dis, pour la première fois de ma vie, que les embouteillages de six heures du soir n'étaient pas dépourvus de charme.

En peu de temps, nous sommes arrivés à l'échangeur du nord de la capitale, surplombé de ponts autoroutiers. Au feu rouge, l'« ambulancier » a fait signe au chauffeur de taxi derrière nous pour savoir s'il acceptait de me ramener chez moi. Surpris, le chauffeur accepta ; je pris mon sac sans demander mon reste et sautai de l'ambulance.

« Vous êtes malade ? me demanda-t-il en me regardant dans son rétroviseur.

— Non. Je viens juste de sortir de prison ! » Ma réponse lui donna un choc. Je le rassurai aussitôt : « Ne vous inquiétez pas, je ne suis ni une voleuse ni une criminelle. J'étais prisonnière politique. »

Il observa mon visage attentivement puis s'exclama : « Mais ! Vous êtes madame Ebadi ! » Voyant que j'acquiesçais, il m'adressa un large sourire et se félicita de ma libération. Après une ou deux minutes de silence, il me fit part de ses propres malheurs. Il avait un diplôme d'ingénieur et complétait son maigre salaire en louant le taxi d'un ami l'après-midi. Il se plaignit de la corruption, de l'inflation, du chômage. Au bout d'un moment, il a cessé de vérifier dans son rétroviseur si je l'écoutais. Il avait l'air encore plus triste que moi.

J'avais hâte de rentrer chez moi, mais je ne pus m'empêcher de m'arrêter à un kiosque pour acheter des journaux, le rituel quotidien qui m'avait le plus manqué en prison. Les yeux gourmands, j'observai les piles entassées sur le trottoir. J'en achetai sept ou huit et les serrai fort contre ma poitrine. Lorsque le taxi s'engagea dans notre rue, je vis mes proches réunis devant notre maison, un agneau prêt pour le sacrifice. Le chauffeur de taxi se précipita pour ouvrir ma portière et refusa que je paye la course.

J'avais à peine franchi le seuil de la maison que mes filles se précipitèrent dans mes bras, en me serrant fort pendant une longue minute. Ce soir-là, nous avons veillé tard, à boire des litres de thé. Mon mari m'apporta une pile de journaux, tous ceux qui avaient été publiés tandis que j'étais en prison, et je me suis mise à les feuilleter tandis que les gens discutaient autour de moi. Assises à côté de moi, à bout de souffle, mes filles me racontaient tout ce qui leur était arrivé en mon absence. Elles étaient habituées à me consulter sur tout, depuis leurs devoirs jusqu'à leur coupe de cheveux, et elles tenaient à me faire part de toutes les décisions, importantes ou mineures, qu'elles avaient dû prendre toutes seules.

Elles avaient également gardé tous les messages et les fax que des gens avaient envoyés des quatre coins du monde après l'annonce de mon incarcération ; je fus surprise par l'épaisseur du classeur. Ma réputation à l'étranger avait grandi au fil des années, et ce n'était pas tous les jours que j'avais une telle pile de messages pour me rappeler que j'étais internationalement connue.

Après avoir passé en revue les derniers messages, il était déjà plus de minuit et mes proches partirent, un à un, jusqu'à ce qu'une quiétude réconfortante enveloppe le salon, où nous étions assis tous les quatre. Pendant des années, j'avais fait en sorte de ne pas leur faire partager les aspects les plus pénibles de mon travail. Je parlais rarement des affaires dont je m'occupais, car la plupart impliquaient des personnes victimes d'une violence inouïe et je ne voyais aucune raison d'exposer à mes filles ces cruels détails. Bien sûr, elles m'avaient entendue répondre à des interviews au télé-phone, et elles savaient que mes journées de travail se partageaient entre procès au tribunal et visites en prison. Mais il me semblait important de maintenir un certain équilibre et de bien séparer vie de famille et vie professionnelle. Dans la mesure du possible, j'essayais de ne pas plomber nos conversations lors du dîner et de détendre l'atmosphère. Ma sortie de prison était un défi qui s'ajoutait aux efforts de longue haleine que je fournissais afin de me faire passer pour une mère comme les autres. Le lendemain matin, j'agissais comme si je m'étais absentée pour une conférence et, à part le fait que je n'avais pas rapporté de cadeaux de ce voyage, nous avons tous fait comme si c'était le cas.

*J*E SUIS SÛRE que vous vous posez des centaines de questions. Qu'est-ce que tout cela signifiait ? Qu'est-il arrivé à Ezzat ? Qu'est-il advenu de mon procès ? Dans le cas d'Ezzat, le tribunal prononça un non-lieu. Le Tribunal révolutionnaire déclara que, puisque personne n'avait été officiellement mis en cause et qu'Ezzat était mort de toute façon, l'affaire était classée. Les juges refermèrent leurs livres de loi mais, dans l'esprit des Iraniens, l'affaire demeure encore ouverte à ce jour.

Quelle trace ces événements ont-ils laissée ? Quelles furent les conséquences de toute cette agitation – la plus forte depuis la Révolution – suite à l'affaire Ezzat Ebrahimnezhad, jeune poète tombé sous les balles de mercenaires que l'État autorise à prendre ses citoyens pour proie ? On me demande souvent : pourquoi la jeunesse iranienne ne se soulève-t-elle pas ? Si son mécontentement est si profond, sa colère, irréversible, si elle représente 70 % de la population, comment expliquer son inaction ?

Les faits parlent d'eux-mêmes. Il suffit d'examiner attentivement le coût élevé, à l'échelle humaine, de la rébellion. Ezzat a protesté contre la fermeture d'un journal et a été tué dans un dortoir. Imaginez ce qui attend les étudiants assez audacieux pour organiser des sit-in, les étudiants qui ne déguisent pas leurs opinions politiques. La principale organisation étudiante de ces dernières années se plaint que, au cours de cette période sombre de 1999, tout le monde – des soi-disant réformistes au président

Khatami – les a abandonnés. Qu'Ezzat, la victime, a été stigma-
tisé comme agitateur, que, dans les procès qui ont suivi, pas un
seul agresseur n'a été poursuivi.

Peut-on tirer un trait sur 1999 et dire qu'à partir de cette année-
là la République islamique a changé de cap ? Non. Tout ce que
l'on peut dire, c'est que le régime, qui avait depuis longtemps
perdu le contact avec son peuple, fut forcé de regarder en face son
profond mécontentement.

Et qu'est devenu le jeune Ahmad Batebi, l'étudiant sur la photo
qui brandissait la chemise ensanglantée d'Ezzat, avec qui nous
avons commencé cette histoire ? Tout le monde se souvenait de
la photo de ce jeune homme aux yeux noirs et au foulard rouge,
aux airs de Che Guevara. Le Guide suprême annula son exécution et commua sa peine en quinze ans d'emprisonnement. Un
jour où il était en permission, il me rendit visite. Il avait pris un
peu de poids et ses cheveux étaient plus courts que sur la fameuse
photo. Tout son corps, le moindre de ses mouvements, exprimait
un terrible découragement.

« Ils ont écrit "Ahmad Batebi" au marqueur sur mon bras, m'ont
fait remplir un testament, et m'ont bandé les yeux. Ils m'ont
emmené dans une pièce et m'ont forcé à me mettre à genoux.
Quelqu'un a tiré un coup de feu. Je me suis évanoui. Quand je
suis revenu à moi, j'étais allongé par terre, et je me suis demandé :
Est-ce que je suis dans l'au-delà ? Et, si c'est le cas, pourquoi est-
ce que l'au-delà ressemble à l'intérieur de ma cellule ? J'ai
commencé à me cogner les coudes contre les murs de béton en
me disant que, si j'étais mort, alors je ne sentirais aucune douleur.
J'étais innocent quand je suis entré dans cette prison. Pas seulement innocent des crimes que l'on me reprochait, mais en tant
qu'être humain. Je serai peut-être libre un jour. Mais j'ai perdu

mon avenir entre les quatre murs de ma cellule. Après tout ce que j'ai vu, après tout ce qu'ils m'ont fait, je ne pourrai jamais redevenir un être humain. »

Il avait le même âge que ma fille aînée. En le voyant assis là, sur mon canapé, à me raconter sa vie brisée, je ne pensais qu'à une chose : et si c'était arrivé à ma fille ? Qu'aurais-je fait ?

CHAPITRE 11

Dans les ténèbres de la Réforme

« *T*U PRÉFÈRES un gâteau au chocolat ou une mousse au café ? » demandai-je à Negar, qui fêtait ses vingt-trois ans à la fin de la semaine. Assises à la petite table de la cuisine, nous faisions la liste des courses pour sa fête d'anniversaire. Au menu : salade *olivieh* – une salade de pommes de terre –, *kotlet* – des boulettes de viande hachée aux herbes – et des amuse-gueule que ses amis pourraient picorer tout au long de la soirée. Une fois qu'ils en auraient assez de danser en montant sans cesse le volume de la musique, je leur servirais le gâteau, avec des coupes de glace traditionnelle, aux éclats de pistache, parfumée au safran et à la rose. « Je n'oublie personne, si ? me demanda Negar en tortillant une de ses longues boucles brunes. Je leur dis de venir vers neuf heures ? »

Organiser une fête d'anniversaire en 2003 n'avait rien à voir avec toutes les précautions qu'on devait prendre dans les années 1990, époque à laquelle tout rassemblement de jeunes était source d'angoisse. Il fallait dire aux filles d'inviter leurs amis de bonne heure, afin que la fête batte son plein tant qu'il était encore tôt, et que le bruit soit couvert par la circulation. J'essayais de servir le dîner après dix heures, de façon à ce qu'ils soient occupés et évitent de mettre la musique à plein volume. Mais ma méthode était en général inefficace car, inévitablement, ils finissaient par tourner le bouton de la stéréo au maximum, jusqu'à ce que la maison vibre, et j'étais sûre qu'aucun de nos voisins ne fermait l'œil. Je demandais à mon mari de sortir dans la rue pour voir jusqu'où on entendait la musique. Au moment d'allumer les bougies et d'apporter le gâteau, j'étais plus inquiète que je ne voulais le laisser paraître et, sur la moitié des photos d'anniversaire de nos albums, j'affiche un sourire plutôt crispé.

Mais cette époque était révolue. Par chance, les dernières années de l'adolescence de mes filles coïncidaient avec les années de réforme – une période de huit ans qui commença en 1997, au cours de laquelle le président Khatami chercha à réduire l'ingérence du régime dans la vie privée des Iraniens. Je lui en étais reconnaissante, car je m'imaginais mal mère de deux adolescentes dans les années de répression qui avaient précédé son mandat. Du début au milieu des années 1990, les jeunes évoluaient dans un paysage social désolé, isolé du reste du monde et dépourvu de la moindre distraction. Internet n'avait pas encore fait son apparition dans les foyers iraniens, ni dans les universités ; les lois sur la tenue vestimentaire des femmes étaient rigoureusement appliquées. Les jeunes s'exposaient à une interpellation de la police de l'ordre moral si jamais ils partaient en randonnée à plusieurs. Les femmes qui portaient autre chose que du noir ou du bleu marine étaient susceptibles de se faire harceler par la police, et la moindre trace de maquillage ou de vernis à ongles était passible de prison ou de flagellation.

Malgré les mécontentements qu'elle provoqua, la période réformatrice améliora considérablement notre vie quotidienne. La police qui veillait à l'ordre moral n'avait pas disparu mais, au lieu de sévir à la moindre occasion, elle n'intervenait plus que de manière sporadique. On ne doit qu'en partie ce changement à Khatami. C'est surtout grâce à la réaction de la génération de mes filles, grâce à leur nombre et à leur audace, que l'État a fini par lâcher la bride. À présent, l'organisation d'une fête d'anniversaire ne nécessitait plus d'élaborer une stratégie complexe avec chronomètre et solutions de repli. Je n'avais plus à m'inquiéter si les filles quittaient la maison pieds nus dans leurs sandales, ou si elles portaient un voile aux couleurs vives. Si un cousin les emmenait en voiture à un dîner de famille, je ne me faisais plus un sang d'encre pour dix minutes de retard et ne craignais plus un incident tragique à un point de contrôle.

Cela dit, il était toujours inconcevable de vraiment s'amuser en public. J'entendais mes filles écouter des albums de vieux chanteurs iraniens, qui s'étaient exilés à Los Angeles plus de vingt ans auparavant. « C'est Mahashti, non ? leur demandais-je. À moins que ce ne soit Haideh ? » Elles n'en revenaient pas. « Mais, maman, comment tu les connais ? » Comme si ces voix désincarnées n'avaient pas retenti il y a des années dans les restaurants et les hôtels de Téhéran. Ce n'était pas évident pour mes filles, comme pour la plupart des jeunes, de s'imaginer une telle époque, car cet Iran – où on ne pouvait plus entendre la voix d'une chanteuse dans les lieux publics – était la seule réalité qu'ils connaissaient. Pour cette génération, une fête d'anniversaire qui se déroulait sans encombres, ou ne pas se faire arrêter à un point de contrôle en chemin vers les pistes de ski, c'était un progrès.

La diminution progressive de la répression ranima le cœur culturel de Téhéran ; de nouveaux cafés ont ouvert leurs portes, il y avait des concerts dans les parcs, de nouvelles galeries ont vu le jour. Internet a permis de connecter les jeunes par le biais des forums de discussion virtuels et des blogs ; pendant une période, il semblait que la plupart des jeunes de la capitale étaient reliés entre eux grâce à des sites tels que orkut.com. Même si une épaisse couche de brouillard flottait toujours au-dessus de la ville, même si des groupes à moto continuaient d'intimider les jeunes qui partaient vers la montagne le vendredi matin, même si l'on entendait encore parler d'une descente de police dans telle fête ou tel café, la ville, vécue par une jeune femme de vingt-deux ans, était toujours un endroit plus vibrant et tolérant que le Téhéran du début des années 1990.

Cependant, ce changement ne ralentit pas la fuite des cerveaux. Les universités produisaient toujours des centaines de milliers de diplômés compétents, pour les lâcher sur un marché du travail complètement bouché. Les plus ambitieux croyaient toujours que l'Occident leur offrait un avenir plus souriant et plus sûr financièrement parlant, et partaient en masse.

Cette année-là, Negar eut la possibilité de partir au Canada pour un troisième cycle d'études. Nous avons passé des semaines à peser le pour et le contre, tard le soir après dîner, laissant le répondeur se déclencher si jamais le téléphone sonnait, à envisager la possibilité que notre famille soit séparée par des continents, peut-être pour toujours. Si Negar restait en Iran, elle trouverait un emploi mais, comme la plupart des Iraniens, elle se rendrait vite compte que son salaire ne pourrait même pas lui payer la moitié du loyer d'un petit appartement. Elle pouvait faire sa thèse ici, mais la formation qu'elle recevrait ne serait en aucun cas comparable à l'enseignement dispensé dans les universités occidentales. Qui plus est, pour décrocher un troisième cycle il fallait avoir des liens avec le monde politique et je craignais que, parce qu'elle était ma fille, on ne refuse de l'inscrire.

Si la question avait été de savoir quel pays offrirait à ma fille le meilleur doctorat en électrotechnique, le choix aurait été facile. Mais il y avait bien plus à prendre en compte. Bien sûr, je voulais que Negar s'épanouisse au maximum professionnellement, mais je savais aussi qu'après avoir goûté à la liberté et au confort qu'offrait l'Occident, elle ne prendrait pas immédiatement conscience qu'elle pouvait revenir vivre en Iran. Pour une brillante jeune femme proche de la trentaine, âge qu'elle aurait à la fin de son troisième cycle, l'opportunité de mettre ses connaissances en application au sein d'un environnement compétitif, dans l'une des plus belles villes du monde, serait difficile à refuser. Je savais que ce ne seraient pas les cafés de Montréal et les festivals de jazz qui la retiendraient là-bas, mais plutôt l'occasion de travailler dans un environnement où l'on respecterait ses compétences, où elle apprendrait au contact de ses collègues. Je l'imaginais se lever le matin, enfiler un tailleur chic et sortir dans une rue animée sans porter de voile, complètement intégrée à une culture vivante et dynamique. Comment ne pas avoir envie de tout ça ? Comment pouvais-je ne pas le lui souhaiter, à elle qui avait passé les dix dernières années penchée sur ses cours, qui excellait dans son domaine et adorait ses études ?

Je faisais de mon mieux pour mettre mon égoïsme de côté lorsque je faisais remarquer à Negar qu'il y aurait aussi des inconvénients. Je ne voulais pas la décourager – c'est un choix assez difficile comme ça pour une jeune femme – mais je voulais qu'elle sache que son départ à l'étranger compliquerait sa vie personnelle aussi sûrement qu'il lui permettrait d'enrichir ses connaissances. Sans mentionner la solitude qu'elle éprouverait au début et les pincements au cœur dus à l'éloignement, elle allait se retrouver dans une ville où il y avait très peu d'Iraniens. De ses vingt-trois à ses vingt-neuf ans environ, années au cours desquelles elle allait se faire des amis, rencontrer ses nouveaux collègues, et, idéalement, se trouver un compagnon, elle serait dans un petit cercle, aux perspectives limitées. À Téhéran, au moins, elle aurait plus de possibilités.

Finalement, nous avons décidé qu'elle devait y aller. Une fois la décision prise, j'ai essayé de mettre mes doutes de côté et de me répéter que ce n'était pas une séparation définitive. Le soir de son départ, une douce soirée de fin d'été, j'ai pris le Coran et l'ai maintenu en l'air devant la porte pour qu'elle passe dessous trois fois en sortant, un rituel que nous avons accompli trop de fois, depuis la Révolution, pour nos proches qui s'exilaient. Son père et moi l'avons emmenée à l'aéroport ; le long de l'autoroute qui mène vers le Sud défilaient sur les murs les visages peints de martyrs barbus à l'air sombre, des affiches de soutien à l'Intifada palestinienne. Nous nous sommes engagés sur la quatre voies bordée d'arbres qui menait à l'aéroport, avons dépassé le terminal réservé au *hadj*, le pèlerinage à La Mecque, et nous sommes garés devant le bâtiment principal de Mehrabad, théâtre d'adieux déchirants, trop nombreux au cours de ces dernières années. Bientôt le gouvernement inaugurerait son nouvel aéroport international

Imam Khomeiny aux abords de Saveh, une ville du sud de Téhéran, mais, pour l'heure, les vols partaient de Mehrabad, décati mais ancré dans l'Histoire, blotti au sud de la capitale. Le petit parking était envahi de familles en quête de vieux chariots à bagages rouillés, qu'ils chargeaient de valises ou de bouquets de fleurs. Des mollahs en robe longue et turban allaient et venaient, ainsi que des hommes en costume de ville, des femmes drapées dans leur tchador noir, des femmes en talons hauts et voile extra-fin.

J'accompagnai Negar dans la file d'attente réservée aux femmes. Tandis qu'une femme à l'air austère, en tchador noir, examinait son billet, tournant le dos à deux grands portraits de nos ayatollahs, je préparais mes dernières recommandations. « J'espère simplement que tu reviendras quand tu auras fini tes études, dis-je à ma fille. Même si tu gagnes moins ici, ce n'est pas ça le plus important. Je sais que tu n'es pas de nature très dépensière, et puis, ton père et moi, on pourra t'aider. Je veux juste que tu sois sûre d'une chose. Je sais que la vie n'est pas toujours facile ici, mais sache que ton cœur se sentira mieux dans un pays qui est le tien. » Ma gorge se noua. Je me recomposai une attitude (que Negar appelait mon « air grave »), la serrai une dernière fois contre moi et la laissai franchir le portique de sécurité.

La première semaine fut la plus difficile. En général, je n'ai pas un tempérament nostalgique, à la différence de ces mères iraniennes qui vivent en permanence dans leurs souvenirs du temps où leurs enfants étaient petits. Mais, cette semaine-là, l'odeur la plus insignifiante ou le bruit le plus ordinaire me ramenaient à l'adolescence de Negar : l'été où elle révisait pour ses examens d'entrée à l'université et exigeait le silence le plus complet, nous forçant son père et moi à nous isoler dans la salle de bains pour écouter les informations à la radio ; l'année sombre au cours de laquelle on a commencé à retrouver les cadavres d'intellectuels aux quatre coins du pays, et où elle se glissait dans mon bureau avec un sourire espiègle en m'agitant sous le nez *Dix petits nègres* d'Agatha Christie ; la veille de la remise des diplômes, lorsque, poings sur les hanches, elle m'avait dit : « Et ne t'avise pas de me dire demain qu'untel entame une grève de la faim ou vient d'être envoyé en prison. Je te conseille d'être là. »

*P*AR CHANCE, l'année où partit Negar, je fus extrêmement occupée. Nous étions en 2003, trois ans après les élections qui avaient donné une écrasante majorité aux réformateurs au Majlis – le Parlement – et permis à quatorze femmes d'être élues députées. C'était la première fois depuis la Révolution que la proportion hommes/femmes dans le Parlement iranien était semblable à celle des pays européens. Mais, pendant ces trois années, ces femmes n'avaient nulle part où siéger. Littéralement, elles n'avaient pas de siège. Tout de même, si elles s'étaient débrouillées pour se faire élire au Parlement sous la République islamique, elles auraient pu trouver un moyen de se procurer des chaises. Ou au moins de se plaindre publiquement de cette situation. Mais elles n'en firent rien, et je découvris moi-même la chose par hasard.

Cette année-là, je fus approchée par une des membres du Parlement pour rédiger un projet de loi sur le droit familial. « Écrivez quelque chose qui élargisse les droits des femmes, mais qui reste compatible avec l'Islam pour que nous ayons plus de chances. » J'acceptai, et elles m'invitèrent un jour à déjeuner dans les locaux du Parlement afin de discuter du projet de loi. Le nouveau bâtiment se trouvait boulevard Sepah. À la cafétéria, je pus constater avec plaisir qu'on ne servait ni de la grande cuisine, ni une tambouille immangeable. En Iran, depuis trop longtemps, les déjeuners en disaient long sur votre statut : sous le règne du Shah, les escapades en jet privé pour aller déjeuner dans les restaurants parisiens étaient d'un luxe insolent ; aux premiers temps de la Révolution, les déjeuners ressemblaient à ceux d'une mauvaise cantine, manière de souligner la victoire du prolétariat musulman. Mais ce déjeuner-là fut un déjeuner tout à fait normal, ce qui, après des décennies de repas chargés de symboles, était une bonne chose.

Après le thé, nous nous sommes retirées dans la salle réservée aux femmes pour discuter. En approchant du bout du couloir, un premier détail m'inquiéta : leur salle n'avait pas de porte, mais seulement un rideau. Nous sommes entrées dans une pièce dont le sol était couvert d'un tapis. J'observai les murs à la recherche d'une porte, derrière laquelle se trouverait la pièce où elles s'asseyaient et travaillaient. Mais elles ont toutes posé leurs affaires par terre et se sont assises en tailleur sur le tapis. « Pourquoi est-ce qu'il n'y a pas de chaises ? demandai-je. Pourquoi n'y a-t-il même pas de photocopieur ? Enfin, nous sommes au Parlement, tout de même ! — Nous avons demandé un photocopieur à plusieurs reprises, me répondit l'une des députées, mais on nous a dit que nous sommes trop peu pour avoir droit à notre propre équipement. Nous avons le droit d'utiliser les bureaux des hommes, mais nous préférons être ici, parce qu'en général il fait très chaud, et nous pouvons enlever nos tchadors et respirer un peu. »

J'étais complètement démoralisée. Nous étions à l'intérieur du Parlement, dans le bâtiment même où ces femmes étaient censées faire des lois pour améliorer la condition de millions de femmes, et elles ne pouvaient même pas se procurer de table. Que peut-on espérer accomplir à l'échelle de la société lorsqu'on ne peut rien changer à l'intérieur même de l'institution ? Il faisait tellement chaud et nos tchadors étaient si lourds que nous les avons retirés pour nous asseoir sur le tapis. Une des députées s'allongea et entama une sieste.

« Je pense que ma proposition va vous plaire », me lançai-je. Je leur exposai mon projet de loi, en insistant sur le fait que ce que nous réclamions en termes de droit au divorce s'appuyait sur la charia en tous points ; il était donc tout à fait défendable. Elles l'ont adoré. « Merveilleux, dit l'une des députées, mais, s'il vous plaît, ne divulguez pas pour l'instant que vous êtes l'auteur de ce projet de loi. Tout le monde n'est pas réformateur ici. Il y a des extrémistes aussi, très influents, et s'ils découvrent que c'est vous qui l'avez rédigée, la loi pourrait être bloquée. »

Deux mois plus tard, j'apprenais que le projet de loi n'avait pas dépassé le stade des différentes commissions du Majlis, dont l'accord était nécessaire pour le soumettre au vote. Les députées n'avaient pas réussi à convaincre ces commissions que la loi était en accord avec la charia, et elles me demandèrent de venir démontrer sa conformité avec la loi islamique. J'acceptai, et me rendis au Parlement dès le lendemain après-midi. Il y avait une vingtaine de députés, des religieux pour la plupart ; il n'y avait que deux femmes.

La partie la plus importante du projet de loi avait trait au divorce. En vertu de l'interprétation de l'Islam dont la loi en vigueur était inspirée, un homme pouvait obtenir le divorce très facilement ; il lui suffisait de crier trois fois « Je divorce d'avec toi ! » sous un arbre ou dans un restaurant, et le tour était joué. Pour une femme, il était presque impossible d'obtenir le divorce ; il lui fallait l'autorisation écrite de son mari avant de pouvoir lancer la procédure, et elle devait prouver la folie, la stérilité de celui-ci ou toute autre inaptitude jugée grave.

La charia n'envisage pas toujours le divorce d'une façon aussi inflexible, mais les pères de la législation iranienne ont opté pour l'interprétation la plus rigide. Par exemple, selon une école, si une femme perd son *mehrieh* (somme à sa disposition en cas de divorce devant refléter sa valeur) par confiscation, elle peut réclamer le divorce en invoquant pour seul motif qu'elle n'aime pas son mari. Ce qui a pour but d'octroyer à la femme l'initiative du divorce et de récupérer le *mehrieh* en cas de divorce par consentement mutuel ou « pour inaptitude ». Mais, en vertu de la loi iranienne, si une femme réclamait le divorce au simple motif qu'elle n'aimait pas son mari, elle devait à la fois obtenir le consentement de son époux et renoncer au *mehrieh*, ce qui, en plus de rendre le divorce impossible dans la plupart des cas, l'exposait à une situation financière extrêmement précaire.

J'avais passé des heures à éplucher de vieux codes pour rédiger mon projet de loi. La loi islamique avait été étudiée des siècles auparavant et se transmettait telle quelle, et ceux qui l'appliquaient – clercs, juristes et avocats confondus – prenaient pour sources des textes anciens. Au cours des siècles, les spécialistes du droit islamique avaient envisagé presque toutes les circonstances dans lesquelles pourrait se retrouver un couple sur cette terre, et avaient soigneusement défini la position de la charia sur chaque cas. Ils avaient donc imaginé qu'une femme puisse vouloir divorcer de son mari non parce qu'il était stérile, ni atteint d'une maladie mentale, ni violent, mais tout simplement parce qu'elle ne l'aimait pas, et lui avaient donc aménagé une porte de sortie. En rédigeant mon projet de loi, j'avais pris soin de fonder chaque clause sur ces vieux textes.

Tandis que je défendais mon projet devant la commission, un député traditionaliste assis non loin de moi me demanda d'un air autoritaire : « Pourquoi avoir écrit que le consentement de l'homme n'est pas obligatoire pour obtenir le divorce ?

— Parce que ce n'est pas obligatoire, répondis-je. Et je vais vous le prouver. » Je sortis le *Shahr-e-Lomeh*, le registre chiite de jurisprudence. « Voici le livre que l'on étudie en séminaire, et sur lequel on est interrogé avant de pouvoir devenir mollah. Il n'est dit nulle par que le consentement de l'homme est obligatoire. Alors pourquoi dire le contraire ? »

Il ne répondit pas, mais je le vis faire un signe à un employé du Parlement.

Quelques instants plus tard, un autre employé vint me taper sur l'épaule : « On vous demande au téléphone. » Cela me surprit. Je ne me rappelais pas avoir dit à qui que ce soit que je serais au Parlement cet après-midi-là. Mais, supposant qu'il s'agissait peut-être d'une urgence familiale, je sortis en hâte.

« Où est le téléphone ? lui demandai-je une fois dans le couloir.

— Oh, en fait, il n'y a pas eu d'appel pour vous. Les députés en ont assez entendu comme ça, et ils veulent procéder à un vote. Et personne n'est autorisé à rester à l'intérieur lorsqu'ils votent.

— Est-ce que je peux au moins aller récupérer mon sac à main et mon dossier ?

— Non, restez ici. Je vous les rapporte. »

Avant qu'il ne parte, je me souvins qu'il restait une femme parmi l'assemblée. « Pourquoi elle, elle peut rester, et pas moi ?

— Parce qu'elle est députée. C'est différent. »

Je commençai à me poser des questions. Était-il possible qu'ils n'aient pas du tout eu l'intention de procéder à un vote mais qu'ils aient tout simplement voulu me virer ? Étaient-ils irrespectueux au point de m'exclure physiquement du débat ?

Ce soir-là, une des députées m'appela à la maison : « Je suis navrée. Nous ne nous sommes rendu compte qu'ils s'étaient débarrassés de vous qu'au bout d'une demi-heure. Quand nous avons compris, nous avons protesté. Mais, quoi qu'il en soit, nous vous prions d'accepter toutes nos excuses. »

Au final, la loi ne fut pas votée. Je ne comprenais pas pourquoi les femmes ne l'avaient pas proposée plus tôt, au début de leur mandat, pour pouvoir se battre plus longtemps. Peut-être que le manque de matériel – de table, de photocopieur – les empêchait de faire des lois. Qui sait. Cet après-midi au Majlis incarnait en tous points la façon dont les extrémistes qui gouvernaient notre pays perdaient la raison lorsqu'ils traitaient avec moi. Parfois ils mettaient de petits obstacles sur mon chemin, en me chassant par exemple d'une session parlementaire. D'autres fois, ils me menaçaient directement, en espérant que ma propre peur me paralyserait.

Je me souviens d'un exemple précis où ils m'ont menacée afin que j'abandonne une affaire ; elle concernait le mari d'une amie très proche – Siamak Pourzand, journaliste marié à Mehrangiz Kar, avocate, militante et amie de longue date. À la fin de l'année 2001, Pourzand, alors âgé de soixante et onze ans, fut arrêté. Les faits reprochés ? « Liens avec des monarchistes et des contre-révolutionnaires », « espionnage et mise en péril de la sécurité nationale » et « tentative d'embrigadement de jeunes gens ». À l'époque, la tolérance du système à l'égard de la presse indépendante diminuait de jour en jour et, lors de la prière du vendredi, un ayatollah influent avait annoncé qu'un agent du gouvernement américain avait débarqué en Iran avec une valise pleine de billets qu'il distribuait aux journalistes partisans des réformes. Le prêche visait clairement à discréditer les journalistes indépendants, et Pourzand – dont la fille, à l'étranger, soutenait ouvertement l'opposition monarchiste – était une cible idéale.

Tandis qu'il était en prison, les chaînes nationales diffusèrent une interview dans laquelle un Pourzand amaigri, d'une voix qui ne lui ressemblait pas, « avouait » avoir collaboré avec les opposants au régime en exil. D'autres journalistes et militants furent ensuite convoqués dans les quartiers généraux des forces de sécurité et molestés, au motif que Pourzand avait donné leur nom. Je reçus moi-même une convocation, et l'on me fit savoir que je figurais parmi les personnes que Pourzand avait incriminées. L'interrogateur me demanda qui j'avais rencontré au cours de mes séjours à l'étranger et me posa d'autres questions prévisibles, destinées à me piéger et à me faire avouer que j'avais des fréquentations politiquement douteuses.

Quelques jours plus tôt, tandis que je rentrais à la maison avec les filles, autour de minuit, deux hommes nous avaient accostées. Je les avais remarqués du bout de la rue, ils faisaient les cent pas, des fleurs fanées à la main. Ils m'ont dit avoir besoin de conseils juridiques et ont insisté, même lorsque je leur ai demandé de m'appeler à mon bureau pendant les heures de travail. Au même moment les invités d'une fête de mariage un peu plus haut dans la rue sont sortis en grand nombre de leurs voitures, et les deux hommes se sont éloignés en me jetant leurs fleurs fanées. Leur arrogance et leur fuite soudaine étaient pour moi des signes on ne peut plus clairs : ils avaient voulu porter atteinte à ma vie, mais l'arrivée des fêtards avait contrarié leurs plans. J'en avais fait part à un ami, au téléphone, sitôt rentrée à la maison. Ce qui me permit de savoir avec certitude que j'étais sur écoute : lors de mon interrogatoire au tribunal, mon interrogateur fit allusion à cette soirée, et suggéra que je faisais courir de fausses rumeurs de tentative d'assassinat afin d'entacher la réputation du pays. Il ajouta qu'ils en avaient assez de moi et que, si je continuais à exercer mon métier, je serais accusée d'espionnage et que mon nom serait associé à l'affaire Pourzand. « Cette fois, vous serez dos au mur, et ce sera tout ce qu'il y a de plus légal », me menaça-t-il. Façon de dire que je me retrouverais face à un peloton d'exécution.

Quelques mois plus tard, grâce à la déferlante de critiques du gouvernement émanant des associations de défense des droits de l'homme, Pourzand eut droit à une permission de sortie de deux mois. Lorsqu'il retourna dans sa cellule, il m'appela pour me demander pourquoi je ne lui avais jamais rendu visite en prison. « La loi m'interdit de venir te voir si tu n'es pas mon client », répondis-je. Entre-temps, sa femme avait fait appel à une commission parlementaire pour examiner son dossier. Lorsqu'il s'avéra que les choses ne progresseraient pas de ce côté, je pris la suite, mais on m'informa que si je me chargeais de sa défense, cela ne ferait qu'empirer les choses. Pourzand resta donc en prison, et son état de santé se dégrada peu à peu.

Une fois de plus, le gouvernement avait tenté de m'intimider et de me faire renoncer à mon activité. C'était à l'image de l'acharnement du système, prêt à recourir à toutes les méthodes pour affaiblir les gens comme moi. Nous nous retrouvions impliqués dans des affaires qui ne nous concernaient absolument pas, puis coincés dans l'arène où nous cherchions à faire avancer les choses.

Lorsque j'avais fait la leçon à ce député au Parlement en invoquant un livre qu'il avait lui-même étudié au séminaire, et qu'il s'était retrouvé à court d'arguments, il avait eu recours à la force. Cette confrontation reflète elle aussi les difficultés que l'on rencontre en voulant défendre les droits des femmes dans l'Iran théocratique d'aujourd'hui. Mon projet de loi, qui ne s'appuyait pas sur une école marginale d'interprétation de l'Islam mais sur un des textes fondateurs enseignés dans les séminaires de la ville de Qom, démontrait que l'on pouvait garantir des droits aux femmes dans un cadre islamique – à condition que le gouvernement soit enclin à interpréter la religion dans un esprit d'égalité.

Dans l'Islam, il existe un courant d'interprétation et d'innovation connu sous le nom d'*ijtihad*, tradition pratiquée par des juristes et des clercs au cours des siècles pour débattre du sens des enseignements coraniques et de leurs applications à des situations modernes. L'Islam sunnite a fermé ses portes à l'*ijtihad* il y a déjà plusieurs siècles mais, dans l'Islam chiite, l'esprit de l'*ijtihad* a perduré. L'*ijtihad* est au centre de la loi islamique, car la charia est plus une série de principes qu'un ensemble codifié de règles. Une décision ou une opinion dérivées de l'*ijtihad* signifient qu'un juriste prend en compte un fait donné (par exemple, doit-on lapider les femmes coupables d'adultère au XXe siècle ?) de façon raisonnée et en évalue la pertinence dans un contexte moderne. Au cours des premières années postrévolutionnaires, l'Ayatollah Khomeiny a décidé que les chaînes nationales pouvaient diffuser de la musique et ce contre l'avis du clergé traditionnel. D'après lui, les jeunes auraient été tentés d'écouter les radios occidentales, ce qui aurait été plus dommageable encore à la République islamique. Ceci était donc un acte d'*ijtihad* : une pratique pénale du VIIe siècle était jugée inadaptée à notre époque.

D'un côté, l'*ijtihad* impose une certaine souplesse à la loi islamique et ménage des possibilités d'interprétation des valeurs et des traditions islamiques selon l'époque à laquelle on vit. Mais, d'un autre côté, cette souplesse est précisément ce qui constitue la faiblesse de l'*ijtihad*, ainsi que de la jurisprudence islamique. L'*ijtihad* nous libère en nous enlevant le fardeau de l'irrévocabilité – nous pouvons interpréter et réinterpréter les enseignements coraniques à l'infini ; mais cela veut aussi dire que les religieux peuvent s'attaquer à la Déclaration universelle des droits de l'homme et en débattre pendant des siècles. Cela signifie qu'il est possible pour tout le monde, à tout moment, d'avoir raison. Que les patriarches et les régimes autoritaires qui exercent une répression sans merci au nom de l'Islam peuvent exploiter l'*ijtihad* pour interpréter l'Islam d'une façon régressive et implacable qui convient à leur programme politique. Comme l'a démontré le mollah qui m'a fait expulser de la session parlementaire, se battre pour les droits des femmes en République islamique n'est pas un débat d'idées, et ce n'est pas un combat équitable. Ce qui ne veut pas dire pour autant que l'Islam n'est pas incompatible avec le droit des femmes ; cela signifie qu'invoquer l'Islam dans une théocratie projette la religion dans un maelström d'interprétations, où celle du plus fort l'emporte.

L'expérience du mouvement réformateur iranien – le mandat de Khatami et celui, très bref, des parlementaires en faveur de la réforme – a montré les limites de la réforme islamique sous un régime théocratique. À la fin des années 1990, et même au début du troisième millénaire, la réforme islamique était au centre des débats politiques iraniens. Religieux progressistes, intellectuels laïques et philosophes soulignaient la nécessité d'une telle réforme et indiquaient le chemin par lequel la République islamique pouvait se démocratiser de l'intérieur. Mais l'échec de ce mouvement remettait en question la pertinence même du débat. À quoi servait un Islam réformiste et tolérant si la Constitution théocratique de la République islamique et ses défenseurs – aussi puissants que réactionnaires – considéraient leur interprétation comme approuvée par Dieu et intangible ?

Le courageux journaliste Akbar Ganji, l'un des plus importants prisonniers politiques du pays, trouva une solution tandis qu'il purgeait sa peine de prison pour avoir critiqué le régime. J'ai déjà mentionné Ganji : ce sont ses articles qui ont fait le lien entre les meurtres de dissidents à la fin des années 1990 et des hauts fonctionnaires du régime. Si les tabous commençaient à tomber dans la République islamique, c'est parce que des gens comme lui n'hésitaient pas à sacrifier leur vie – leur santé, leur carrière et leur famille. En 2000, Ganji fut condamné à six ans de prison pour ces fameux articles. Tandis qu'il purgeait sa peine à Evin, il a écrit un livre, intitulé *Manifeste pour le républicanisme*, dans lequel il prône la séparation de la religion et de l'État et invite le Guide suprême à se retirer. Son manifeste, comme il l'avait probablement voulu, fit couler beaucoup d'encre. C'était la première fois qu'une figure majeure de la dissidence – musulman croyant et ancien révolutionnaire de surcroît – préconisait le remplacement du système islamique par une démocratie laïque. Selon Ganji, les Iraniens ne sont pas contre la démocratie, ils sont tout simplement réticents à en payer le prix. Il appelait à la désobéissance civile et proposait une stratégie de « non-coopération avec le despote ».

Parfois je le croisais à la prison d'Evin lorsque j'allais rendre visite à mes clients. Un après-midi, je ne pus m'empêcher de lui demander : « Pourquoi ne parle-t-on pas de vous et de votre travail dans la presse ? Les gens commencent à vous oublier… » Je n'y comprenais rien ; dans une affaire comme celle-ci, le travail de l'avocat repose essentiellement sur les plaidoiries et les relations avec la presse.

« J'ai choisi un mauvais avocat, répondit-il. Les autorités m'ont dit que si je le choisissais pour me représenter, le tribunal réduirait ma peine. Mais, comme vous le voyez, ça ne s'est pas passé ainsi. En trois ans, il n'est pas venu me voir une seule fois en prison. Une fois, je l'ai aperçu dans la cour de la prison, et il a tourné la tête en faisant semblant de ne pas me voir. Que puis-je faire ? Je suis coincé ici. »

Je lui ai immédiatement proposé de le défendre ; un sourire a illuminé son visage. Mais, lorsque j'ai repris son dossier, je me suis aperçue qu'il n'y avait pas grand-chose à faire pour lui. Alors que j'étais son avocat, et qu'à ce titre j'avais un droit de visite, les autorités m'interdirent de le voir. La condamnation était sans appel, et la magistrature n'avait aucunement l'intention de réviser le jugement en faveur de quelqu'un qui avait déclenché un énorme scandale avant d'aller en prison, pour ensuite, depuis sa cellule, réclamer la fin du système islamique. La dernière année de sa peine, sentant peut-être qu'elle serait reconduite, il entama une grève de la faim et exigea sa libération. Entre les mollahs extrémistes et lui, c'était à qui céderait le premier. Les jours passaient et Ganji perdait kilo après kilo, jusqu'à ce qu'au bout de cinquante jours les médecins annoncent qu'il subirait des lésions cérébrales irréversibles et il finit par céder.

La lutte d'Akbar Ganji illustre l'une des façons dont le changement se traduit en Iran. Au moment de sa grève de la faim, la presse ne jouissait plus de la liberté et de l'indépendance – relatives – dont elle bénéficiait en 1999. Je m'aperçus que beaucoup d'Iraniens ignoraient sa grève de la faim, mais que son manifeste circulait. La différence entre l'Iran d'aujourd'hui et celui de 1979, c'est qu'Internet a puissamment limité la portée de la censure. Lorsque j'ai vu à la télévision des photos du corps émacié de Ganji, je me suis dit que les générations à venir se souviendraient de son sacrifice.

$\mathcal{P}$AR UNE AGRÉABLE SOIRÉE de juin 2003, plus de mille étudiants se sont réunis sur le campus d'une université de l'est de Téhéran, et ont allumé des bougies en l'honneur de plusieurs de leurs camarades blessés au cours de manifestations qui avaient eu lieu plus tôt dans la journée. « Khatami, ton silence te rend complice », chantaient-ils, et ils appelaient à la démission du président.

Cinq jours plus tôt, des étudiants d'une autre université de Téhéran avaient manifesté contre les frais d'inscription, le même prétexte qu'utilisaient à mon époque les étudiants pour manifester contre le gouvernement. Les étudiants à travers le pays ont eu vent de ces manifestations et ont organisé les leurs. Rapidement, les groupuscules de protestataires isolés se sont réunis et ont gagné du terrain, jusqu'à attirer une foule chaque jour plus nombreuse qui réclamait la fin du régime islamique. Au cours des années précédentes, les manifestations étudiantes avaient pris la forme de sit-in où l'on criait des slogans en faveur de la liberté d'expression, de la libération de prisonniers politiques, du changement des lois. Mais, cette fois, les étudiants arrivaient avec des sacs à dos remplis de pierres et, à grands cris, exigeaient que le système change. L'espoir qui avait soutenu le mouvement réformateur s'était transformé en désespoir et en colère.

Le sixième soir de ces désordres, qui avaient une fois de plus semé le trouble dans Téhéran, les autorités ont déployé les forces de sécurité dans la capitale, bien décidées à regagner le contrôle de la rue. Des Gardiens de la Révolution ont installé des contrôles autour des places, des officiers de police en civil patrouillaient aux carrefours, et des voitures de police bloquaient les routes d'accès aux universités. On avait l'impression que Téhéran était en guerre. Des colonnes de véhicules de l'armée et de voitures de police déferlaient sur les autoroutes, comme pour aller au front.

Le gouvernement a réprimé le mouvement protestataire avec sa brutalité habituelle, exacerbée cette fois-ci par une déclaration, jugée provocatrice, du président américain : « La population iranienne exprime son désir de vivre dans un pays libre, ce qui est positif, je pense », avait dit le président Bush. L'expression publique du soutien des Américains à toute action en faveur de la démocratie en Iran provoquait toujours la colère du régime, qui prenait des mesures encore plus répressives. Cette fois-ci ne fit pas exception.

Les chaînes nationales diffusaient des images de manifestants emprisonnés, assis face à la caméra, prostrés et blessés, reniant leur participation aux manifestations. Des associations d'étudiants ont commencé à publier les noms des quatre mille étudiants portés disparus depuis le début des émeutes. Les amis et les familles des étudiants disparus se rendaient en masse au seul endroit de Téhéran où l'on se rend lorsqu'une personne disparaît au cours d'une manifestation : la prison d'Evin. Après des émeutes, les parents font en général la queue sur le trottoir, cherchant désespérément à obtenir des nouvelles de leurs enfants. C'est une scène très émouvante et visuellement saisissante : des mères drapées dans leur tchador, assises sur le trottoir, inconsolables, avec les chaînes de montagnes en arrière-plan.

Une photographe irano-canadienne du nom de Zahra Kazemi se rendit à la prison d'Evin le 23 juin pour prendre des photos. Carte de presse délivrée par le gouvernement en poche, elle pensait pouvoir exercer son métier en toute liberté. Mais, lorsqu'un gardien de la prison l'a surprise en train de prendre des photos, il a exigé qu'elle lui donne son appareil, au lieu de lui demander d'arrêter. Inquiète à l'idée que les responsables de la prison ne s'en prennent aux familles qu'elle avait photographiées, elle sortit sa carte de presse et exposa la pellicule à la lumière. Le gardien lui cria sèchement : « Je ne vous ai pas demandé d'exposer la pellicule à la lumière, mais de me donner votre appareil ! — Vous pouvez prendre l'appareil, répliqua-t-elle, mais la pellicule n'appartient qu'à moi. » Elle fut emprisonnée et interrogée pendant trois jours, tour à tour par des officiers de police, des juges et des agents des renseignements.

Peu de temps après, une de mes amies vint me trouver à mon cabinet pour m'apprendre que son amie Ziba, surnom qu'elle donnait à Zahra Kazemi, avait été arrêtée. « Sa famille n'est pas au courant, me dit-elle, et j'ai peur d'alerter l'ambassade canadienne, parce qu'ils l'ont accusée d'espionnage quand ils l'ont arrêtée. Si jamais ils remontaient jusqu'à moi et m'accusaient moi aussi d'espionnage ? — Appelle l'ambassade depuis une cabine téléphonique, lui ai-je conseillé. Il faut les mettre au courant. »

Quatre jours plus tard, Ziba était admise dans un hôpital de Téhéran. Les journaux ont commencé à relayer l'information : elle était décrite comme une espionne ayant pénétré en Iran clandestinement en se faisant passer pour une journaliste. Ses proches n'ont appris qu'au bout d'une semaine qu'elle était non plus en détention mais à l'hôpital, dans le coma, en unité de soins intensifs, gardée par des agents de sécurité. Une semaine plus tard, elle mourut.

L'annonce de sa mort provoqua un débat on ne peut plus houleux entre l'institution judiciaire, le gouvernement du président Khatami et le gouvernement du Canada. Ziba Kazemi bénéficiait à la fois de la nationalité canadienne et de la nationalité iranienne, et le Canada ne tarda pas à faire pression sur le gouvernement iranien pour rapatrier son corps et punir ses assassins. Le régime affirma qu'elle avait succombé à une crise cardiaque au cours d'un interrogatoire, mais se contredit plus tard en disant qu'elle avait fait une chute et que sa tête avait violemment heurté le sol. Lorsque Mohammad Ali Abtahi, l'un des vice-présidents d'Iran, suggéra qu'elle avait été battue à mort, le régime prit conscience qu'il aurait du mal à dissimuler les véritables causes de son décès. Le gouvernement semblait même pris de court par les condamnations qui émanaient des quatre coins de la planète.

Peu de temps après l'annonce de la mort de Ziba dans les journaux et les déclarations contradictoires du régime, une autre de ses amies m'a appelée pour me demander si elle pouvait venir me voir avec la mère de Ziba. Elles sont passées un jour en fin d'après-midi et m'ont raconté leur histoire autour d'une tasse de thé.

L'amie de Ziba a dit que des agents de sécurité étaient venus chez elle deux fois – c'est elle qui hébergeait Ziba au moment de son arrestation. « Ils n'arrêtaient pas de me poser des questions sur son état de santé, ils m'ont demandé quels médicaments elle prenait quotidiennement. Lorsque je leur ai dit qu'elle n'était pas malade, qu'elle ne l'avait jamais été, ils ont demandé à voir ses affaires. Je les ai menés jusqu'à la salle de bains et ils ont commencé à fouiller dans sa trousse de toilette. Ils sont tombés sur un flacon de multivitamines et sur un autre de calcium. "Ah, vous voyez ! se sont-ils exclamés en brandissant les tubes. On vous avait bien dit qu'elle était malade. — Mais ce sont des vitamines ! ai-je répondu. Inutile d'être malade pour en prendre." Je n'ai compris que plus tard qu'ils voulaient prouver que Ziba avait des problèmes de santé qui s'étaient aggravés en prison. »

La mère de Ziba, vieille femme fragile qui n'avait pas d'autre enfant, avait parcouru tout le chemin depuis Chiraz, ville célèbre du sud de l'Iran, juste pour me voir. Elle parlait d'une voix tremblante. « Ils m'ont appelée à Chiraz ; ils m'ont dit que Zahra avait été arrêtée et qu'elle était en prison. Je pouvais aller la voir si je voulais. J'ai pris un bus pour Téhéran le soir même, pour arriver à la prison dès le lendemain matin. Lorsque je me suis présentée au bureau de la prison, ils m'ont fait attendre deux ou trois heures. De temps en temps, quelqu'un passait en me demandant : "Quel genre de médicaments prend Ziba ? — Je suis ici pour voir ma fille, leur répondais-je. Arrêtez de me poser des questions. Elle est en parfaite santé. Que s'est-il passé pour que vous insistiez à ce point ?"

« Jusqu'à quatre heures de l'après-midi, personne ne m'a répondu. Tandis que le personnel s'apprêtait à partir, un des employés a fini par me dire que Ziba était malade et qu'on l'avait emmenée à l'hôpital. Il a ajouté que je pouvais lui rendre visite. Alors j'ai pris un taxi pour l'hôpital. Lorsque je suis entrée dans sa chambre, je ne voulais pas croire que c'était ma fille que je voyais, cette pauvre chose inerte sur ce lit, le visage couvert d'un masque à oxygène, le corps relié à toutes sortes de machines. Je me suis approchée et j'ai doucement soulevé sa blouse d'hôpital, pour voir ce qui lui était arrivé. Ses seins, ses bras et ses cuisses étaient couverts de griffures et d'énormes hématomes.

« Le lendemain, je suis retournée la voir. Mais, cette fois, ils ne m'ont pas autorisée à entrer dans sa chambre. Je pouvais juste l'observer par la fenêtre. Elle semblait être exactement dans la même position que la veille. C'est là que j'ai compris que c'étaient les machines qui la maintenaient en vie. J'ai su que j'avais perdu ma fille unique.

« Pendant qu'elle était encore dans le coma, mon petit-fils m'a appelé du Canada pour me demander de faire rapatrier le corps là-bas pour l'enterrement. Mais, quand j'ai dit aux responsables de l'organisation judiciaire et au ministère des Renseignements que telle était la décision de la famille, ils ont insisté pour que le corps soit enterré en Iran. Ils m'ont menacée. Ils m'ont dit qu'ils s'en prendraient aux amis de Ziba si je refusais. Je ne comprenais pas, j'étais perdue ; j'avais peur de ce qui pourrait arriver si je n'obéissais pas. Alors j'ai cédé et, quelques heures à peine après son décès, un avion a transporté son corps jusqu'à Chiraz pour l'enterrement. »

La mère de Ziba fit une pause pour boire un peu de thé ; l'imaginer seule face à ces brutes me démoralisait. Un avocat nommé par la cour était venu la voir de Téhéran et lui avait poliment demandé de signer des papiers – qu'il lui avait présentés comme étant une procuration, afin qu'il puisse poursuivre en justice les assassins de Ziba. Illettrée, elle avait signé les papiers ; elle ne s'aperçut que plus tard, en montrant une copie à un proche, qu'elle avait en fait octroyé à l'avocat le droit de plaider et même de négocier un règlement à l'amiable. Sa famille lui avait alors conseillé de s'adresser à un avocat digne de ce nom, et c'est ainsi qu'elle était venue me trouver.

« Je n'ai pas les moyens de vous payer, me dit-elle. — Ne vous en faites pas, la rassurai-je, je n'aurais pas accepté d'argent de votre part de toute façon. Mettons-nous au travail. » J'écrivis immédiatement une lettre en son nom, adressée au tribunal, invalidant la procuration qu'elle avait donnée à l'avocat. Puis nous nous sommes préparées pour le procès, qui devait débuter la semaine suivante.

Le premier jour du procès, je suis restée à la maison, et j'ai conseillé à la mère de Ziba de faire de même. Je ne voulais pas que le tribunal sache que je la représentais car, en vertu de la loi iranienne, le tribunal décide le premier jour si le procès aura lieu à huis clos ou en public. Je savais que, si je me montrais, le tribunal ordonnerait immédiatement un procès à huis clos. La mère de Ziba a envoyé de Chiraz une lettre disant : « Mon avocat est Dieu. » Au cours de la première audience, le président du tribunal décréta que s'il n'y avait pas d'avocat et que la mère de Ziba n'avait même pas pris la peine de venir de Chiraz, ce serait un témoignage de bonne volonté que d'ordonner un procès public. Ma ruse avait marché : le tribunal ne pouvait annuler sa décision.

Dix jours plus tard, je devais me rendre à Paris – voyage au cours duquel j'apprendrais que j'avais remporté le prix Nobel – mais je voulais voir la mère de Ziba avant de partir. Ziba n'était pas la première personne à mourir dans une prison iranienne, mais c'était la première fois qu'une mort survenue en prison attirait autant l'attention internationale. En représentant sa famille, je voulais montrer au monde ce qui se passait dans les prisons iraniennes et empêcher, dans la mesure du possible, que de telles atrocités se reproduisent. L'issue du procès fut affligeante : le juge déclara qu'il était impossible d'identifier le gardien qui avait porté le coup fatal à Ziba. Mais, ce jour-là, sa mère et moi nous sommes félicitées de notre stratégie. Elle m'avait apporté des citrons de Chiraz, dont l'odeur emplissait mon bureau, de la même façon que les boutons des orangers en fleurs de Chiraz parfument l'air au printemps.

CHAPITRE 12

Le prix Nobel

E N SEPTEMBRE 2003, on m'invitait à Paris pour assister à un colloque sur la ville de Téhéran. L'ambassade d'Iran en France s'était au départ opposée à ma participation, au motif que mes convictions étaient contraires à la position officielle du gouvernement iranien. Il semblait que, même à l'étranger, le système pensait pouvoir contrôler ce qui se disait sur l'Iran et considérait comme illégitimes les opinions contraires aux siennes. L'ambassade menaça même d'empêcher que les bobines de film et les œuvres d'art iraniens destinés au colloque quittent le pays si jamais j'y participais. La Ville de Paris, qui organisait l'événement, a tenu bon et le gouvernement iranien a fini par céder.

J'avais emmenée ma fille cadette, Nargess, avec moi et, entre deux projections de films tels que *SOS à Téhéran*, je lui ai fait visiter Paris, amusée de la voir s'extasier devant la tour Eiffel, le Louvre et les Champs-Élysées. Le dernier soir, nous étions hébergées par un vieil ami à moi, un ancien collègue du tribunal avant la Révolution, Abdel Karim Lahidji aujourd'hui vice-président de la Fédération internationale des droits d'homme. Le matin de notre départ, un vendredi, nous nous dépêchions de faire nos valises afin que sa femme puisse nous déposer à l'aéroport. J'avais entendu dire que mon nom figurait sur la liste des candidats au prix Nobel de la Paix, mais un journal iranien avait écrit qu'on l'avait supprimé ; tout cela m'était sorti de la tête, et je n'avais allumé ni la télé ni la radio au cours de mon séjour à Paris.

Ce matin-là donc, Abdel Karim nous dit au revoir avant de partir travailler et, tandis que nous amenions nos bagages dans l'entrée, le téléphone sonna. C'était pour moi. Je pris le téléphone dans la cuisine. À l'autre bout du fil, un homme me dit qu'il appelait du comité du prix Nobel de la Paix. Il me demanda de rester en ligne car des nouvelles importantes allaient arriver. Pensant qu'un ami me jouait un tour, je raccrochai. Dix minutes plus tard, le téléphone sonna de nouveau, on me laissa le même message. J'expliquai au même homme que j'étais en route pour l'aéroport et que je n'avais pas de temps à perdre, mais il insista en disant que c'était urgent. Quand il se rendit compte que je ne le croyais pas et que j'étais à nouveau sur le point de raccrocher, il me passa une autre personne, qui m'apprit que je figurais parmi les nominés et me demanda d'attendre quelques minutes de plus. J'ai alors entendu quelqu'un dire que le prix Nobel de la Paix m'était attribué et je me suis assise, sidérée, me demandant si je devais ou non prendre l'avion pour Téhéran.

Le téléphone se mit à sonner sans interruption, il s'agissait surtout de journalistes. J'appelai mon ami à son bureau pour lui demander s'il avait eu vent de la nouvelle. J'étais vraiment sous le choc, je n'en revenais pas ; et je ne savais pas très bien comment réagir. Il me conseilla de repousser mon départ, car il était difficile de prévoir la réaction du gouvernement iranien. Qui plus est, à Téhéran, les reporters et les journalistes étrangers pourraient moins facilement me contacter, aussi suggéra-t-il que je reste à Paris pour le moment. Deux heures plus tard, il avait fait le nécessaire pour que je donne une conférence de presse.

Je suis arrivée dans une salle bondée de journalistes, qui se sont mis à me bombarder de questions avant même que j'atteigne le pupitre. Les questions fusaient, et je faisais de mon mieux pour répondre le plus rapidement et le plus clairement possible. Après l'annonce officielle, un émissaire de l'ambassade d'Iran est venu à ma rencontre pour m'informer d'un air glacial que l'ambassadeur m'adressait ses félicitations. Ils craignaient visiblement que je me mette à lancer de violentes attaques contre le régime. Or ce n'était pas mon intention – et ça ne l'a jamais été. Lorsqu'ils se sont rendu compte au cours de la conférence de presse que mes propos étaient, comme d'habitude, modérés et courtois, ils ont envoyé deux personnes de l'ambassade avec un Coran en guise de cadeau. Ils m'ont dit que l'ambassadeur aurait souhaité me voir, mais qu'il avait des engagements et pouvait seulement me parler au téléphone. Ils ont transféré l'appel sur un téléphone portable et nous avons échangé quelques mots.

À la fin de la conférence de presse, je me suis dit qu'il fallait que j'appelle ma mère, pour lui dire que je ne rentrais que le lendemain. Mon frère m'appela de Téhéran plus tard ce soir-là et m'apprit qu'un comité d'accueil m'attendait à l'aéroport. Apparemment, ils ne savaient pas encore quelle partie de l'aéroport réserver, j'ai seulement insisté pour qu'on ne m'emmène pas au salon VIP du gouvernement. Les membres du comité d'accueil n'arrivaient pas non plus à s'accorder sur la date de mon retour. Pour certains, il valait mieux que j'attende un peu, pour qu'ils prennent leurs dispositions et laisser le temps aux gens de gagner Téhéran depuis la province ; pour d'autres, il fallait faire les choses spontanément et revenir vite à Téhéran pour partager ma joie avec les Iraniens tant que la nouvelle était encore fraîche. De mon côté, je commençais à trouver le tourbillon d'interviews usant et, même si j'étais encore en proie à la plus grande confusion, j'étais sûre d'une chose : je voulais rentrer chez moi.

Le lendemain, à l'aéroport, des admirateurs inconnus sont venus en masse me saluer avant mon départ. Abdel Karim et moi nous sommes dit au revoir dans une salle de réunion que l'ambassade avait réservée. Dans l'avion, le commandant de bord vint me féliciter et nous installa, Nargess et moi, en première classe. L'hôtesse de l'air a commencé à m'apporter des mots d'encouragements et de félicitations de la part des passagers. Au bout d'un moment, j'ai décidé de passer dans les allées pour leur serrer la main. Tous les passagers faisaient preuve d'un grand enthousiasme, sauf deux hommes à l'air très grave, qui m'ont conseillé de prendre garde à ne pas porter atteinte à l'honneur de ceux qui avaient péri au nom de leur peuple et de l'Islam. « L'honneur des martyrs est d'une valeur telle qu'il ne peut être souillé par un seul individu, leur ai-je répondu. Aussi, soyez rassurés. »

Le commandant de bord annonça qu'il baptisait notre voyage le « Vol de la Paix » et nous invita dans le cockpit. Lorsque nous sommes arrivées, il a tourné le dos au tableau de bord et à tous ses voyants pour nous parler, et, l'espace d'une seconde, j'ai eu peur que l'avion s'écrase. « Je peux vous demander pourquoi vous ne regardez pas devant vous ? » ai-je balbutié nerveusement. Il m'a expliqué que l'avion était en pilotage automatique, et je dois avouer que je me suis sentie un peu bête.

Ce n'est qu'après être retournée à mon siège, confortablement installée, que j'ai pris le temps de réfléchir à la suite. Les pensées se bousculaient dans ma tête : notre ONG bénéficierait enfin de matériel de bureau... Comment allait réagir le gouvernement iranien ? Serais-je plus en sécurité, protégée, en quelque sorte, par ce prix que j'avais reçu au nom de la paix ?... Ou est-ce que cela ne ferait qu'accroître l'intolérance de ceux qui me supportaient déjà à peine en Iran et avaient prévu de me faire assassiner du temps où j'étais beaucoup moins connue ?

À mesure que le ciel s'obscurcissait et que le calme revenait, je réfléchissais à la véritable signification de ce prix. À aucun moment je n'ai pensé qu'il m'était destiné à moi en tant qu'individu. Une reconnaissance aussi importante ne peut récompenser que ce que symbolise la vie d'une personne, le long chemin qu'elle a parcouru pour atteindre ses objectifs. Au cours des vingt-trois dernières années, depuis le jour où l'on m'a démise de mes fonctions de juge jusqu'aux combats que j'ai menés dans les tribunaux de Téhéran, je me suis répété un seul et unique refrain : une interprétation de l'Islam en accord avec les notions d'égalité et de démocratie est une expression authentique de la foi. Ce n'est pas la religion qui enchaîne les femmes, mais les préceptes réducteurs de ceux qui souhaitent les voir enfermées. C'est cette croyance – ainsi que la conviction que le changement en Iran doit s'opérer en douceur et venir de l'intérieur – qui a toujours inspiré mon travail.

Pour avoir eu une telle approche des choses, j'ai passé la majeure partie de ma vie adulte dans la peur ; j'ai été menacée en Iran par ceux qui me considèrent comme apostat pour avoir suggéré que l'Islam peut être une religion de progrès, dénoncée en dehors de mon pays par des critiques laïques de la République islamique, dont l'attitude n'est pas moins dogmatique. Au fil des ans, j'ai subi toutes sortes d'attaques, je me suis entendu dire que je ne devais pas bien saisir le concept de démocratie si j'étais capable d'affirmer que la liberté et les droits de l'homme ne sont pas nécessairement incompatibles avec l'Islam. Lorsque j'ai entendu l'attribution du prix lue à voix haute, entendu le mot « musulmane » accolé à mon travail de défense des droits des Iraniens, j'ai compris ce qui était reconnu : la conviction qu'il existe une interprétation positive de l'Islam, et l'atout qu'elle constitue pour les Iraniens qui désirent changer leur pays par des moyens pacifiques.

En dessous de nous, les lumières de Téhéran commençaient à apparaître et, au moment où l'avion a amorcé sa descente, ma fille a posé une main sur mon épaule. L'avion a fini par s'arrêter sur le tarmac, et une hôtesse m'a accompagnée jusqu'à une sortie pour me faire descendre en premier. Lorsque la porte s'est ouverte, la première chose que j'ai vue a été le visage radieux de ma mère. J'ai pris ses vieilles mains dans les miennes et les ai pressées contre ma bouche. Puis j'ai relevé la tête et c'est là que j'ai remarqué la foule, qui s'étendait à perte de vue. La petite-fille de l'Ayatollah Khomeiny s'est avancée vers moi et m'a passé une couronne d'orchidées autour du cou. La foule se pressait de tous les côtés et j'ai passé un bras autour des frêles épaules de ma mère pour la protéger, jetant un œil aux officiers de sécurité qui, manifestement, ne savaient pas trop comment s'y prendre. Je ne pouvais quand même pas gagner un prix Nobel et mourir écrasée par la foule, alors j'ai décidé d'aider la police à former un cercle autour de nous. J'ai pris une profonde inspiration et j'ai crié *Allah akbar* de toutes mes forces. Tout le monde, du personnel de l'aéroport aux milliers d'Iraniens qui étaient là, s'est figé, et nous en avons profité pour nous éclipser vers une salle d'attente.

Nous étions attendues par un vice-président très populaire et un porte-parole du gouvernement, deux anciens réformateurs, qui nous ont accueillies chaleureusement. Nous avons échangé quelques mots, puis nous nous sommes vite dirigés vers un gradin de fortune, construit pour l'occasion ; il était presque minuit et, à en juger par la rumeur sourde à l'extérieur, il devait y avoir des centaines de milliers de personnes. En arrivant en haut du gradin, je n'en crus pas mes yeux : la foule s'étendait à perte de vue, emplissait tout l'espace, du terminal de l'aéroport jusqu'au long boulevard qui mène à la ville. La dernière fois qu'une telle marée humaine s'était déversée dans l'aéroport de Téhéran, c'était en 1979, et la personne qui descendait de l'avion en provenance de Paris était l'Ayatollah Khomeiny. À la différence près que cette fois, à en juger par le nombre de voiles, la foule était composée en majeure partie de femmes. Certaines portaient le tchador noir, mais la plupart portaient des foulards aux couleurs vives, et les glaïeuls et les roses blanches qu'elles agitaient au-dessus de leur tête luisaient dans le noir. « Ils sont venus à pied, me chuchota mon frère à l'oreille. Ils ont progressé en voiture jusqu'à ce que les routes soient complètement bouchées, ils sont descendus de leur voiture et ils ont fini le trajet à pied. Tous les vols ont été annulés parce que tous les accès à l'aéroport sont bloqués. »

Au loin, un groupe d'étudiants s'était rassemblé, ils chantaient « Yar-e-Dabestani », une chanson traditionnelle devenue l'hymne des jeunes qui militent en faveur de la démocratie. Ils la chantent en général lors des sit-in, pour se donner du courage avant d'être chargés par les forces paramilitaires, mais aussi lors d'autres rassemblements, inquiets pour leur avenir mais malgré tout décidés à s'unir. La mélodie est à la fois mélancolique et réconfortante, et pour la première fois depuis des années j'ai éprouvé un réel espoir lorsqu'ils ont entonné : « Quelles mains, sinon les tiennes et les miennes, peuvent ouvrir ce rideau ? »

Le microphone et les haut-parleurs n'étaient pas assez puissants pour que je m'adresse à une foule si nombreuse, alors je me suis simplement excusée en faisant des signes de la main à tous ces gens qui s'étaient déplacés. Lorsque nous avons enfin atteint la voiture, la foule s'est écartée pour nous laisser passer ; à travers la vitre, j'observais les visages, graves, pleins d'espoir, fiers mais, plus que tout, vivants. Près de l'arche construite par le Shah dans le sud de Téhéran – à présent rebaptisée Place de la Liberté – j'ai aperçu une femme qui portait son enfant autour du cou et brandissait de l'autre main une pancarte que je n'oublierai jamais ; on pouvait y lire : « L'Iran, c'est ÇA. »

J'AI SUR MON BUREAU à Téhéran un dessin humoristique que j'aime bien avoir sous les yeux quand je travaille. Il représente une femme portant un casque de protection, penchée sur une page blanche, un stylo à la main. Il me rappelle une vérité que la vie m'a enseignée, une vérité qui perdure dans la vie des Iraniennes à travers les âges : les mots couchés sur le papier sont l'outil le plus puissant dont nous disposons pour nous protéger, à la fois des tyrans et de nos propres traditions. Qu'il s'agisse de la légendaire Schéhérazade conjurant son exécution en narrant mille et un contes à son époux, des poètes féministes du siècle dernier qui ont remis en question la façon dont on percevait les femmes, ou d'avocates comme moi, qui défendent les plus démunis face à la justice, les Iraniennes ont toujours eu recours aux mots pour changer la réalité.

Bien que les mots soient des armes pacifiques, au cours des quinze dernières années on m'a harcelée, menacée et emprisonnée parce que je défends les droits de l'homme et des victimes de violence en Iran. Cela faisait longtemps que j'avais envie de raconter ces années-là, vues par une femme ayant choisi, bien que mise à l'écart par la Révolution islamique, de rester en Iran pour jouer un rôle, professionnel et politique, dans cette austère théocratie. En plus de ma propre expérience, je voulais illustrer les changements qui ont lieu en Iran car, dans la République islamique, ils sont si lents à survenir et s'opèrent de façon si subtile qu'ils sont parfois indétectables. Debout à un carrefour très passant de la capitale ou en assistant aux prêches du vendredi, on ne se rend pas immédiatement compte que 65 % des étudiants iraniens et 43 % de la population active sont des femmes. Je voulais écrire un livre pour corriger les stéréotypes qu'entretient l'Occident sur l'Islam, en particulier l'image des musulmanes, perçues comme des créatures dociles et tristes. Mais la censure qui règne en Iran m'a empêchée d'y publier le récit de ma vie. Par mon travail, je m'oppose au système en place, et j'ai bien peur de ne jamais pouvoir écrire quoi que ce soit en Iran sans mon casque.

Lorsque j'ai reçu le prix Nobel de la Paix en 2003, je me suis dit qu'au moins en Occident, dans des sociétés qui protègent la liberté d'expression, je pourrais publier des mémoires qui aideraient à corriger ces préjugés sur les musulmanes. J'ai pensé que mon expérience pourrait apporter une contribution au débat sur l'Islam et l'Occident, et toucher un public large. Je voulais donc nuancer le débat sur la confrontation de la civilisation islamique à l'Amérique moderne, mais il m'a également semblé urgent, au vu de l'antagonisme grandissant entre les États-Unis et l'Iran, de rétablir la communication entre ces deux sociétés. Je pensais que la voix d'Iraniens se sentant mal représentés par leur gouvernement et leurs diplomates serait particulièrement bien accueillie en Amérique.

Je confiais à un ami proche, le Dr. Mohammed Sahimi, professeur d'université aux États-Unis, que je souhaitais écrire un livre. Après avoir contacté un certain nombre d'agents littéraires, il me présenta à Wendy Strothman, qui avait assisté à deux de mes conférences dans des universités américaines et était convaincue que mon histoire rencontrerait un public enthousiaste aux États-Unis. Le seul obstacle – et je fus choquée de l'apprendre – était le gouvernement américain. Il s'avérait que les sanctions imposées par les États-Unis m'empêchaient de publier mes mémoires en Amérique.

Même si rien ne stipulait dans les lois fédérales américaines que l'embargo s'appliquait à la libre circulation de l'information, le Treasury Department's Office of Foreign Assets Control (OFAC, Bureau de contrôle des actifs étrangers dépendant du secrétariat d'État à l'Économie et aux Finances) organisait l'importation des livres en provenance d'Iran et d'autres pays sous embargo. Bien que cet embargo n'ait pas eu pour but d'entraver complètement la circulation de l'information entre les pays, il le faisait *de facto* puisqu'il interdisait la publication de « tous travaux qui ne seraient pas entièrement achevés ». Cela signifiait que je pouvais publier mes mémoires aux États-Unis, mais qu'un agent littéraire ou un éditeur se mettraient dans l'illégalité s'ils décidaient de m'aider à les publier, ou de faire de la publicité autour de l'ouvrage. Au début, aucune de nous n'a mesuré la gravité des sanctions auxquelles nous nous exposions. Mais nous avons vite découvert que, si Wendy avait défié ces règles, elle aurait pu être condamnée à une lourde amende, voire à la prison.

En Iran, le régime islamique censure des livres, filtre les informations circulant sur Internet et interdit la télévision par satellite afin d'empêcher les Iraniens d'accéder aux informations en provenance de l'étranger. Il me semblait incompréhensible que le gouvernement américain, protecteur et défenseur autoproclamés de la liberté, cherche à régir ce que les Américains avaient le droit de lire ou non – pratique appelée « censure » lorsqu'elle est appliquée par des dictateurs. Quelle était la différence entre la censure en Iran et ce mode de censure aux États-Unis ?

Lorsque les éditeurs cherchaient à faire pression sur le gouvernement pour modifier ces règles, les responsables invoquaient la sécurité nationale, tout en précisant qu'il était possible de leur adresser une pétition pour bénéficier d'une autorisation spéciale. Mais, s'il y a bien une chose que j'ai apprise en défendant des victimes dans les tribunaux de la République islamique, c'est qu'un cas isolé est rarement le vrai combat ; il est plutôt symptomatique d'une injustice inhérente à la loi elle-même.

Comme Prix Nobel de la Paix, j'avais toutes les chances d'obtenir une autorisation spéciale : j'avais été emprisonnée en Iran pour m'être battue en faveur des droits de l'homme, et un embargo sur mes mémoires semblait difficile à justifier. Mais cette exception ne ferait rien pour les centaines d'écrivains et scientifiques iraniens, et d'autres pays sous embargo, dont les travaux étaient refusés par des revues et des maisons d'édition en raison des restrictions imposées par le secrétariat d'État aux Finances américain. Ces restrictions entravaient les échanges dans de nombreux domaines, empêchant par exemple les scientifiques de partager les leçons apprises au cours de tragédies telles que le tremblement de terre de 2003 à Bam, qui a causé la mort de près de trente mille Iraniens.

Comme militante de la liberté d'expression, je ne pouvais concevoir de demander l'autorisation à un gouvernement pour publier mon livre. Je ne demandais aucun traitement de faveur en raison de ma célébrité ; à mes yeux, l'affaire se résumait à une question de principe : celui du droit à la liberté d'expression et du droit du public américain d'entendre des voix venues d'ailleurs. Wendy a accepté de faire tout son possible pour m'aider à combattre ces restrictions, et nous nous sommes mises en quête de conseils juridiques. Après quelques mois de recherches infructueuses, nous avons trouvé Philip Lacovara, avocat distingué ayant plaidé dans l'affaire du Watergate devant la Cour suprême et associé du cabinet Mayer, Brown, Rowe & Maw, qui nous a offert ses conseils sur la manière de poursuivre en justice le gouvernement.

Le 26 octobre 2004, Wendy et moi avons intenté un procès au secrétariat d'État à l'Économie et aux Finances devant le tribunal fédéral de New York, ajoutant notre nom à la liste des organisations américaines qui représentaient des éditeurs, des directeurs de journaux et des traducteurs. Notre procès remettait en question les règlements contre l'importation d'informations en provenance de pays sous embargo et démontrait qu'ils violaient des droits du lecteur américain garantis par le Premier Amendement de la Constitution américaine. Dans ma déclaration, je qualifiai cet embargo d'erreur cruciale : les Américains perdaient l'occasion d'apprendre une multitude de choses sur mon pays et son peuple à travers la voix des Iraniens, et il empêchait une meilleure entente entre nos deux nations.

À mes yeux, ces règlements reflétaient aussi l'état des relations entre les États-Unis et l'Iran, plutôt embrouillées et houleuses – ce qu'elles demeurent à ce jour. Le manque d'échanges est dangereux pour nos deux pays. C'est une habitude qui a conduit les deux camps à subir des traumatismes singuliers : le renversement d'un gouvernement démocratique par la CIA en Iran en 1953 et sa réponse tardive, la prise d'otages à l'ambassade américaine à Téhéran en 1979. Malgré ce passé chargé, je crains que les deux pays persistent à agir comme si leurs destins n'étaient pas liés, comme s'ils pouvaient se museler l'un l'autre et s'ignorer.

Pour le meilleur ou pour le pire, les États-Unis sont l'unique superpuissance au monde aujourd'hui, et l'Iran occupe une place stratégique dans une région vitale pour les intérêts américains. Les implications sont nombreuses : la sphère d'influence de l'Iran s'étend largement en Irak, où l'Amérique tente tant bien que mal de remédier au chaos, et les nouveaux leaders du gouvernement irakien sont des amis intimes de la République islamique. Et, malgré la position officielle de leur gouvernement, les jeunes Iraniens demeurent proaméricains et le montrent avec enthousiasme – derniers représentants d'un tel sentiment dans un Moyen-Orient majoritairement hostile aux États-Unis. Les deux nations savent qu'elles partagent des intérêts stratégiques ; c'est ce qui leur a permis d'unir leurs forces pour décider de l'avenir de l'Afghanistan après la chute des Taliban. Mais l'idéologie et la suspicion mutuelle jouent dans leur désaccord grandissant un rôle aussi important que la *Realpolitik*, ce qui explique pourquoi l'échange d'idées – l'accès à la culture de l'autre et des rapports qui dépassent la rhétorique officielle – est si important.

Le 16 décembre 2004, le secrétariat d'État à l'Économie et aux Finances modifia sa réglementation sur la publication de travaux écrits par des citoyens de pays sous embargo. Dans le cas contraire, il s'exposait à voir un tribunal fédéral déclarer ses mesures anti-constitutionnelles. Deux mois plus tard, dans son discours sur l'état de l'Union, le président Bush s'adressait au peuple iranien en ces termes : « Tout comme vous vous battez pour votre propre liberté, l'Amérique se bat avec vous. » Difficile d'imaginer le président faisant une telle déclaration alors même que les Iraniens avaient à peine le droit de publier en Amérique des récits sur ce fameux combat pour la liberté.

Dans la longue et violente histoire de nos deux pays, les modifications qu'a apportées le secrétariat d'État à l'Économie et aux Finances à sa réglementation sont un petit pas, mais sa valeur symbolique est pour moi très encourageante. N'est-il pas remarquable, finalement, qu'une Iranienne vivant dans son pays d'origine ait contribué à rendre plus justes les pratiques du gouvernement américain ? C'est une victoire dont je parle fréquemment en Iran, afin que chacun de nous en tire des enseignements pour l'avenir. Elle m'a permis de contredire ce qui est devenu un truisme politique dans la rhétorique de la République islamique, à savoir que l'Amérique ne comprend que le langage de la force. L'esprit belliqueux et la stratégie de la corde raide nous ont amenés là où nous sommes aujourd'hui, mais ce sont des habitudes qui restent profondément ancrées de chaque côté. Il se peut que nous ayons besoin de plusieurs décennies pour rétablir une relation de confiance. Mais des petits pas tels que celui-là nous rappellent qu'il n'y a pas de fatalité à rester campé sur ses positions.

J'ai bien conscience que miser autant sur le dialogue politique peut sembler un peu trop optimiste, étant donné le fossé entre ce que l'Occident attend de l'Iran et le « penchant » du système iranien pour le compromis. Je me concentre sur le processus politique non parce que j'imagine que nous construirons de nouvelles relations dans un futur proche, mais parce que c'est la seule option que je vois. L'Iran, de son côté, doit passer en douceur à un gouvernement démocratique, qui représente la volonté de la majorité des Iraniens. Après la Révolution, encore trop récente, et les huit années qui ont suivi, les Iraniens en ont assez des effusions de sang et de la violence. Beaucoup d'entre eux sont prêts à aller en prison ou à risquer leur vie pour leurs opinions, mais je n'envisage pas l'Iran d'aujourd'hui comme un pays où les gens sont prêts à prendre les armes contre leur gouvernement.

L'Occident, pour sa part, a la possibilité d'user de diplomatie pour faire pression sur l'Iran afin qu'il change de politique – depuis le respect des droits de l'homme jusqu'à la nature de son programme nucléaire. La menace d'un changement de régime par la force – solution envisagée par certains pays occidentaux – met en péril tous les efforts accomplis ces dernières années par les Iraniens en faveur de la démocratie. La menace d'une intervention militaire donne au système un prétexte pour réprimer d'autant plus sévèrement son opposition, et mine la société civile qui prend doucement forme dans notre pays. Elle fait oublier aux Iraniens la haine qu'ils ont pour le régime islamique ; ils en viennent ensuite à soutenir des dirigeants impopulaires par pur nationalisme. À mes yeux, il n'existe pas de scénario plus alarmant, de changement interne plus dangereux, que celui engendré par le fantasme de l'Occident – apporter la démocratie en Iran en usant de la force militaire ou en fomentant une violente rébellion.

Le plus important est que l'Occident puisse garder en permanence un œil sur l'état des droits de l'homme en Iran, car le système islamique s'est déjà montré sensible aux critiques de cet ordre. La République islamique peut bien s'accrocher à son droit à l'énergie nucléaire, même si elle doit pour cela subir les sanctions de la communauté internationale. Mais ses responsables politiques les plus rationnels considèrent que le non-respect des droits de l'homme handicape l'Iran sur la scène internationale. Si l'Occident nous envoie des avions de chasse au lieu de diplomates, cela n'incitera pas les religieux au pouvoir en Iran à protéger les droits de leurs citoyens. La pression exercée par la communauté internationale est utile, mais il faut qu'elle soit ciblée. Car, tout compte fait, la révolution iranienne a engendré sa propre opposition, sans compter une nation de femmes instruites qui militent pour leurs droits. Il faut qu'on leur donne la chance de mener leurs combats et de transformer leur pays.

Le prix à payer pour la métamorphose pacifique de l'Iran est – ce que j'ai toujours su mais que je ressens plus vivement ces derniers temps – le sacrifice suprême, celui de la vie. C'est une réalité inéluctable : des gens comme moi ou les dissidents que je représente périront en chemin. Nous ne le savons que trop bien, puisque d'innombrables collègues et connaissances ont été tués au cours de ces longues années. Les menaces de mort à mon encontre sont plus nombreuses depuis que j'ai reçu le prix Nobel de la Paix, et le gouvernement iranien a affecté vingt-quatre gardes du corps à ma protection. Il va sans dire que c'est une décision absurde, sinon inutile. Il y a des moments qui semblent plus dangereux que d'autres, des moments où l'atmosphère politique est si tendue, cette tension si palpable, que nous parlons à voix basse, presque effrayés par l'air lui-même. Dans ces moments-là, mes amis et mes proches me conseillent de partir quelque temps à l'étranger. Mais je me demande : à quoi je sers, à l'étranger ? La nature de mon travail, le rôle que je joue en Iran... Pourrais-je accomplir les mêmes choses depuis un autre continent ? Bien sûr que non. Alors je me rappelle à moi-même que la plus grande de toutes les menaces est ma propre peur ; que c'est notre peur, la peur des Iraniens qui veulent un avenir différent, qui rend nos adversaires puissants.

Cependant, il y a des moments où je prends un peu de recul et où j'envisage de changer de rythme. J'ai à peine profité de l'enfance de mes filles. Bien sûr, j'étais présente physiquement, pour préparer leur déjeuner et les emmener à l'école. Mais je voulais tellement tout mener de front – ma vie professionnelle, calmer mes angoisses, veiller sur ma santé et la leur – que j'ai oublié de profiter de leurs tendres années. Maintenant que j'en prends conscience, elles sont déjà grandes, elles ont quitté la maison, alors oui, j'envisage de prendre un peu de temps pour moi. Mais je n'entretiens aucune illusion quant à une éventuelle retraite, car cela signifierait que l'Iran a changé et que l'on n'a plus besoin de gens comme moi pour protéger les Iraniens de leur gouvernement. Si je vois ce jour de mon vivant, je me détendrai et j'applaudirai depuis mon jardin les efforts de la jeune génération. Dans le cas contraire, je continuerai à agir comme je l'ai fait, en espérant que mes compatriotes seront plus nombreux à se battre à mes côtés.

J'ai rassemblé dans ce livre des affaires et des événements qui ont marqué ma vie. Ce n'est pas une autobiographie politique, ni une analyse politique de la manière dont ces événements se sont déroulés. La plupart des affaires que je décris mériteraient un traitement plus détaillé que celui que je leur réserve et j'espère pouvoir leur consacrer, dans l'avenir, des ouvrages plus analytiques.

REMERCIEMENTS

*J*E DOIS remercier Abdel-Karim Lahidji pour ces années de conseils indispensables. Je suis infiniment reconnaissante à mon ami Mohammed Sahimi pour sa sagesse et tous ses conseils pour mes actions en dehors d'Iran. Je dois beaucoup à Mansour Farhang, à son amitié et ses conseils. Ce livre n'aurait pas vu le jour sans l'équipe de Philip Lacovara, Anthony Diana & Ryan Farley, associés de Mayer, Brown, Rowe & Maw, qui, dans leur grande générosité, nous ont représentés gratuitement face au secrétariat d'État à l'Économie et aux Finances. Je remercie mon agent Wendy Strothman et son collègue Dan O'Connell de l'agence Strothman de leurs efforts pour faire paraître ce livre aux États-Unis. David Ebershoff, de Random House, a révisé le manuscrit avec le talent d'un conteur et la précision d'un historien. Ses efforts pour rendre cette histoire parlante à un public américain ont été une grande source d'inspiration. Enfin, je suis à court de mots pour exprimer toute mon estime et ma gratitude à Azadeh Moaveni, coauteur de ce livre, qui a combiné son immense talent à des jours et des jours de dur labeur pour produire, à partir de mon premier jet, la version finale de cet ouvrage.

*A*ZADEH MOAVENI est l'auteur de *Lipstick Jihad : A Memoir of Growing Up Iranian in America and American in Iran.* Ancienne collaboratrice du *Los Angeles Times,* elle est maintenant correspondante du magazine *Time* pour les questions islamiques. Elle a grandi dans le nord de la Californie et vit aujourd'hui à Téhéran.

TABLE